"信毅教材大系"编委会

主　　任　王　乔

副 主 任　邓　辉　王秋石　刘子馨

秘 书 长　陈　曦

副秘书长　王联合

编　　委　许基南　匡小平　胡宇辰　李春根　章卫东
　　　　　　袁红林　陆长平　汪　洋　罗良清　毛小兵
　　　　　　邹勇文　蒋悟真　关爱浩　叶卫华　尹忠海
　　　　　　包礼祥　郑志强　陈始发　陆晓兵

联络秘书　宋朝阳　张步云

信毅教材大系

物流服务营销

● 崔爱平 编著

Logistics Marketing

复旦大学出版社

内容提要

本书共分九章,结合物流服务特征和新的互联网营销环境的变化趋势,从理论上系统而全面地阐述了营销核心原理,服务营销的特征,物流服务的消费心理与购买决策,物流服务的市场细分与目标定位,体验式与一对一等营销模式,基于产品、价格、渠道和促销的物流服务产品组合策略,物流服务客户关系管理及客户满意度提升,基于移动互联网的物流服务营销创新等内容,并辅以大量的配套案例进行延伸阅读或分析思考。本书可作为大专院校本科物流管理和市场营销等专业师生的教材和参考工具书,也可作为从事物流管理实践或市场销售及相关行业的工商企业生产经营管理人员的参考书。

总　序

　　世界高等教育的起源可以追溯到1088年意大利建立的博洛尼亚大学,它运用社会化组织成批量培养社会所需要的人才,改变了知识、技能主要在师徒间、个体间传授的教育方式,满足了大家获取知识的需要,史称"博洛尼亚传统"。

　　19世纪初期,德国的教育家洪堡提出"教学与研究相统一"和"学术自由"的原则,并指出大学的主要职能是追求真理,学术研究在大学应当具有第一位的重要性,即"洪堡理念",强调大学对学术研究人才的培养。

　　在洪堡理念广为传播和接受之际,德国都柏林天主教大学校长纽曼发表了"大学的理想"的著名演说,旗帜鲜明地指出"从本质上讲,大学是教育的场所","我们不能借口履行大学的使命职责,而把它引向不属于它本身的目标",强调培养人才是大学的唯一职能。纽曼关于"大学的理想"的演说让人们重新审视和思考大学为何而设、为谁而设的问题。

　　19世纪后期到20世纪初,美国威斯康星大学查尔斯·范海斯校长提出"大学必须为社会发展服务"的办学理念,更加关注大学与社会需求的结合,从而使大学走出了象牙塔。

　　2011年4月24日,胡锦涛总书记在清华大学百年校庆庆典上,指出高等教育是优秀文化传承的重要载体和思想文化创新的重要源泉,强调要充分发挥大学文化育人和文化传承创新的职能。

　　总而言之,随着社会的进步与变革,高等教育不断发展,大学的功能不断扩展,但始终都在围绕着人才培养这一大学的根本使命,致力于不断提高人才培养的质量和水平。

　　对大学而言,优秀人才的培养,离不开一些必要的物质条件保障,但更重要的是高效的执行体系。高效的执行体系应该体现在三个方面：一是科学合理的学科专业结构，二是能洞悉学科前沿的优秀的师资队伍，三是作为知识载体和传播媒介的优秀教材。教材是体现教学内容与教学方法的知识载体，是进行教学的基本工具，也是深化教育教学改革，提高人才培养质量的重要保证。

一本好的教材，要能反映该学科领域的学术水平和科研成就，能引导学生沿着正确的学术方向步入所向往的科学殿堂。因此，加强高校教材建设，对于提高教育质量、稳定教学秩序、实现高等教育人才培养目标起着重要的作用。正是基于这样的考虑，江西财经大学与复旦大学出版社达成共识，准备通过编写出版一套高质量的教材系列，以期进一步锻炼学校教师队伍，提高教师素质和教学水平，最终将学校的学科、师资等优势转化为人才培养优势，提升人才培养质量。为凸显江财特色，我们取校训"信敏廉毅"中一前一尾两个字，将这个系列的教材命名为"信毅教材大系"。

"信毅教材大系"将分期分批出版问世，江西财经大学教师将积极参与这一具有重大意义的学术事业，精益求精地不断提高写作质量，力争将"信毅教材大系"打造成业内有影响力的高端品牌。"信毅教材大系"的出版，得到了复旦大学出版社的大力支持，没有他们卓越视野和精心组织，就不可能有这套系列教材的问世。作为"信毅教材大系"的合作方和复旦大学出版社的一位多年的合作者，对他们的敬业精神和远见卓识，我感到由衷的钦佩。

王 乔

2012 年 9 月 19 日

前　言

物流服务业已经成为全球极其重要的生产性服务业之一。随着消费多样化、生产柔性化、流通高效化时代的到来，社会和客户对物流服务的要求越来越高。面对激烈的市场竞争，物流企业在经营中不断寻求服务成本与质量的"黄金分割点"，物流服务的消费者也同样在市场中不断寻求服务期望与价值的平衡点。如何在市场中同时满足企业与消费者的需求，实现两者的准确对接，自然也就成为当前企业重点关注的内容之一。市场营销是一种认识市场、分析市场和利用市场的理论和方法，它在当前的社会经济中扮演着企业与消费者沟通桥梁的角色。本书以物流企业营销活动的开展为出发点，结合物流企业的特点和营销的理论，建立正确的营销理念、掌握合适的营销策略和工具，开展物流营销业务，涉及物流营销什么、物流企业如何营销、物流营销对象如何确定、物流企业如何去满足客户的需求、物流营销理念和方法如何借助互联网创新、如何去规范物流营销活动等方面内容。本书具有以下三个特色：

（1）结合物流服务特征和新的互联网营销环境的变化趋势，遵循"案例—概念—基本理论点—流程—技能"的脉络统筹安排各章节内容，保证知识的基本系统性，注重实用性，兼顾前瞻性，使读者阅读起来更加自然流畅。

（2）通过大量的案例导入、案例延伸阅读、案例分析思考，以便阅读者更加生动、针对性地理解理论知识点并进行运用。

（3）最大的特色是在行文过程中大量使用丰富多样、生动化的图表，保证读者轻松愉悦阅读的同时更利于对知识的理解记忆。

为了更好地完成本书的教学，根据各章节的内容安排，建议各章节的教学时数如下：第1章，界定市场营销（2学时）；第2章，物流服务营销（2学时）；第3章，物流企业如何营销（4学时）；第4章，物流服务市场的购买行为(4学时);第5章,物流服务市场定位(4学时);第6章,基于客户价值的物流服务营销模式(4学时);第7章,物流市场营销组合策略(4学时);第8章,物流客户服务与关系管理(4学时);第9章,互联网下的物流服务营销创新(4学时),共32学时。

  本书由崔爱平进行统一方案策划和具体内容的编写工作。在历年的教学过程中,得到了学生们,尤其是物流管理系宋闻男、胡云凤、陈洁、刘文玲、黄美珍、张祎、蔡忆辉、范远远、黄琳、朱丹等对问题反馈和资料整理作出的贡献,在此一并表示感谢。在教材编写过程中,作者借鉴、引用了大量国内外有关物流管理与市场营销方面的书刊资料和业界的研究成果,并尽可能地在书后参考文献中进行了罗列,如有遗漏,实表抱歉。由于作者水平有限,加上时间仓促,书中难免有疏漏和不足,恳请同行和读者批评指正,以便再版时予以修正。本书可作为大专院校本科物流管理和市场营销等专业师生的教材和参考工具书,也可作为从事物流管理实践或市场销售及相关行业的工商企业生产经营管理人员的参考书。

目 录

第一章 界定市场营销 ·················· 001
 导入案例 ·················· 001
 第一节 什么是市场营销 ·················· 001
 第二节 市场营销思想的演进阶段 ·················· 006
 第三节 市场营销的核心原理 ·················· 009
 第四节 营销对于物流服务业的价值 ·················· 018
 案例分析思考题 ·················· 023

第二章 物流服务营销 ·················· 025
 导入案例 ·················· 025
 第一节 什么是服务营销 ·················· 025
 第二节 服务营销在哪些方面不同 ·················· 032
 第三节 对物流服务业的多种定义 ·················· 033
 第四节 物流服务竞争优势的获取 ·················· 036
 第五节 物流服务业需要不同的营销方式 ·················· 041
 案例分析思考题 ·················· 043

第三章 物流企业如何营销 ·················· 046
 导入案例 ·················· 046
 第一节 物流市场调查和预测 ·················· 048
 第二节 物流营销环境分析 ·················· 057
 第三节 物流服务市场购买行为分析 ·················· 061
 第四节 物流营销策略 SWOT 分析 ·················· 063
 第五节 物流市场竞争战略分析 ·················· 066
 案例分析思考题 ·················· 068

第四章 物流服务市场的购买行为 ·················· 073
 导入案例 ·················· 073
 第一节 物流消费需求 ·················· 075

第二节　影响物流消费需求的主要因素 …………………… 078
　　第三节　物流消费者购买行为的类型及模式 ………………… 080
　　第四节　物流消费者的购买决策过程 ………………………… 083
　　第五节　物流消费者购买行为的引导性策略 ………………… 085
　　案例分析思考题 ………………………………………………… 086

第五章　物流服务市场定位 …………………………………… 089
　　导入案例 ………………………………………………………… 089
　　第一节　物流市场细分 ………………………………………… 090
　　第二节　物流企业目标市场选择 ……………………………… 096
　　第三节　物流市场营销定位 …………………………………… 101
　　案例分析思考题 ………………………………………………… 106

第六章　基于客户价值的物流服务营销模式 ………………… 109
　　导入案例 ………………………………………………………… 109
　　第一节　物流营销模式基本理论 ……………………………… 109
　　第二节　物流服务体验式营销 ………………………………… 115
　　第三节　物流服务一对一营销 ………………………………… 117
　　第四节　物流服务关系营销 …………………………………… 124
　　案例分析思考题 ………………………………………………… 127

第七章　物流市场营销组合策略 ……………………………… 130
　　导入案例 ………………………………………………………… 130
　　第一节　物流市场营销组合策略 ……………………………… 130
　　第二节　物流服务产品策略 …………………………………… 134
　　第三节　物流服务定价策略 …………………………………… 143
　　第四节　物流服务渠道策略 …………………………………… 149
　　第五节　物流服务促销策略 …………………………………… 158
　　案例分析思考题 ………………………………………………… 168

第八章　物流客户服务与关系管理 …………………………… 171
　　导入案例 ………………………………………………………… 171
　　第一节　物流客户服务质量管理 ……………………………… 172
　　第二节　物流客户满意度管理 ………………………………… 179
　　第三节　物流客户关系管理及策略 …………………………… 186

案例分析思考题 ·················· 193

第九章　互联网下的物流服务营销创新 ·········· 194
　　导入案例 ······················ 194
　　第一节　互联网下的物流服务营销 ·········· 196
　　第二节　物流服务的互联网营销工具选择 ······· 205
　　第三节　物流服务的互联网营销策略 ·········· 209
　　案例分析思考题 ·················· 216

主要参考文献 ······················ 219

第一章 界定市场营销

> **导入案例**
>
> **ALS"冰桶挑战":席卷全球的公益病毒**
>
> ALS,全称为肌萎缩侧索硬化症,俗称"渐冻人症",是世界罕见病种之一,由遗传和散发性病例引起。不仅无法治愈而且致命,一般会在发病后3—5年死亡。渐冻人都是在清醒状态下眼睁睁看着自己被"冻"住,全身逐渐瘫痪,直到不能呼吸。人们对于ALS的关注与了解程度通常很低,大多只是停留在斯蒂芬·霍金坐在轮椅上的形象。"冰桶挑战"用意在让公众体验到全身被"冰冻"的感觉,关注渐冻人群体,并为其募集善款。
>
> 游戏规则很简单:参与者只需将一桶冰水从头浇下,或者向美国ALS协会捐赠100美元。成功完成挑战的人可以公开点名3个人参与挑战,点名者要么在24小时内应战,要么向美国ALS协会捐款100美元,以此继续接力。两周内,"冰桶挑战"风靡美国,成为社交媒体的热门话题,Facebook创始人马克·扎克伯格、富豪比尔·盖茨、微软CEO纳德拉、苹果CEO蒂姆·库克及篮球明星、社交名媛等各界名人纷纷参与。ALS迅速进入美国公众视野。
>
> 在中国,雷军接受挑战后,通过其官方微博公布:已向美国ALS协会捐款100美元,同时向中国"瓷娃娃罕见病关爱基金"ALS项目捐款1万元人民币。雷军的1万元人民币,很可能是"瓷娃娃罕见病关爱中心"6年来收到的数额最大的单笔捐款之一。在冰桶挑战进入中国的一天半时间内,瓷娃娃共计收到善款4万多元。
>
> 零成本、短时间内引爆互联网,"冰桶挑战"是一场成功的且最具创意的营销。"冰桶挑战"是一种全新的营销方式。传播方式和规则的设计是成功的核心。倒冰水的方式,让大众看到平日衣着光鲜的名人们被浇冰水时的"狼狈"一刻,满足了娱乐时代大众对名人的围观和窥奇欲望,在与众乐乐中,慈善一改往日的温情脉脉与煽情催泪,令人耳目一新。
>
> 那么,为什么营销有如此之大的威力?究竟什么是市场营销呢?

第一节 什么是市场营销

"市场营销"这个词对于我们来说已经不陌生了。但是,"市场营销"这个词的含义究竟是什么？估计能清楚地回答出这个问题的人并不多。大多数没有深入接触过市场营销这方面知识的人可能仅仅把市场营销理解为推销和广告。人们这样理解并不奇怪，因为推销和广告都是营销的一种方式。在我们的日常生活中，每天都受到电视商业广告、报纸广告和推销电话的轮番轰炸。从上述的"冰桶挑战"案例中我们也能了解到信息的快速传播是营销成功的关键。虽然，我们每天都被营销包围着，但是，推销和广告只是市场营销的冰山一角而已，它们只是市场营销众多功能的两项功能。其实，市场营销并不是一个企业或公司才能进行的活动，作为一个社会人的我们每天都自觉或不自觉地自我营销或被营销着。人与人之间的交流，是进行营销；打开电视看广告，是接受营销；购物消费，是享受营销。市场营销从诞生到发展到现在，随着消费的多样化和个性化，顾客对营销者提出了更多更高的要求。那么，市场营销究竟是什么呢？

一、市场营销定义

简单来说，市场营销就是处理与顾客的关系，就是管理盈利性的顾客关系。如今，我们已经不能再从那种古老的"劝说和推销"去理解市场营销了，我们应该从满足顾客需要的新角度去考虑。现代市场营销的核心是基于顾客价值和顾客满意度来建立顾客关系。市场营销的双重目的在于：一方面通过提供优质的顾客价值来吸引新的顾客；另一方面通过传递顾客满意来保持和发展当前客户。

如果营销商能够很好地理解消费者的需要，开发出具有较高价值的产品，并且能有效地进行定价、分销和促销，那么他们将会很容易销售这些产品。因此，推销和广告只是影响市场的一系列营销工具中的一部分。

前面讲了这么多的铺垫，接下来我们来具体了解一下市场营销界权威学者——美国西北大学教授菲利普·科特勒的定义：市场营销是个人和群体通过创造产品和价值，并同他人进行交换以获得所需所欲的一种社会及管理过程。如图 1-1 所示，这些市场营销核心概念相互关联，并且每一个概念都建立在前一个概念的基础之上。

> **知识小贴士**
>
> 菲利普·科特勒（1931年—　）是现代营销集大成者，被誉为"现代营销学之父"，任美国西北大学凯洛格管理学院终身教授，是美国西北大学凯洛格管理学院国际市场学S·C·强生荣誉教授。美国管理科学联合市场营销学会主席，美国市场营销协会理事，营销科学学会托管人，管理分析中心主任，杨克罗维奇咨询委员会成员，哥白尼咨询委员会成员，中国GMC制造商联盟国际营销专家顾问。

现代营销学之父
菲利普·科特勒

根据这一定义,可以将市场营销的含义归纳为以下六个要点。

(1)市场营销的主体是个人或群体。

(2)市场营销是一种创造性行为,探寻、挖掘需求,为产品寻求市场。

(3)市场营销的目的是满足顾客的需求和欲望。

(4)市场营销的中心活动是交换,通过交换实现产品的内在价值。

(5)市场营销活动是一种与社会环境、社会利益相得益彰的活动。

(6)市场营销是一项系统的管理过程,包括市场调研、营销战略、市场分析、目标市场、营销组合等过程。

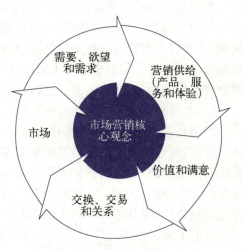

图1-1 市场营销核心概念

二、市场营销相关概念

为了更好地解释菲利普·科特勒对市场营销学的定义,我们需要讨论以下重要术语:需要、欲望和需求;产品;价值、满足和质量;交换、交易和关系;市场。

(一)需要、欲望和需求

人类需要是构成营销学基础的最基本的概念,是指人类本能地感受到的匮乏状态。物质方面,我们有着对食物、衣服、房屋和安全的最底层的需求;社会方面,我们需要亲密忠诚和慈爱仁义的社会关系;精神方面,我们需要学习知识和自我表达的空间。

> **知识小贴士**
>
> **马斯洛需求层次理论**
>
> 美国犹太裔人本主义心理学家亚伯拉罕·马斯洛于1943年在《人类激励理论》一书中提出的需要层次论,将人类需求像阶梯一样从低到高按层次分为五种,分别是生理需求、安全需求、社交需求、尊重需求和自我实现需求,这是行为科学理论之一。
>
> 马斯洛需求金字塔

欲望是指人类需要的形式,是个人经受不同文化和个性塑造后对基本需求的特定追求。比如,在北方人们饿了就会想要吃面条或馒头,而在南方人们饿了则会想到吃米饭。欲望是可用满足需要的实物来描述的。

人的欲望是无穷的,但资源却是有限的。在西方经济学中也有提到需求与欲望的区别,当我们光有购买的想法时是不能构成需求的,需求必须是有购买的想法又有购买的能力。消费者总是追求能最大限度地满足他们利益的产品。营销的目的就是发现需要中有支付能力的那部分,并且使得需要真正变成现实需求。

（二）产品

产品是指任何提供给市场并能满足人们某种需要和欲望的东西。产品的概念并不仅限于实物,任何能够满足需要的东西都可以被称作为产品。像本书所讲的物流服务就是一种无形的产品,为顾客提供能满足其需要的物流服务。除了货物和服务外,产品还包括人员、地点、组织、活动和观念。但是,在某些场合,"产品"一词看起来并不怎么合适,我们可以用其他的一些术语,如满足品、资源或提供物来替代。

我们不能过多地关注具体的产品而忽视了由这些产品所产生的利益。因为这样就有悖于市场营销的定义,这样就仅仅是在销售产品而不是提供能满足人们需要的解决方法了。只重视产品的核心而忽视产品附加利益是对产品片面的理解。

（三）价值、满意和质量

顾客价值是指顾客从拥有和使用某种产品中所获得的价值与为取得该产品所付出的成本之差。顾客并不是经常能够准确客观地来判断产品的价值,这就表明作为营销者所面对的挑战就是如何改变这些顾客对本公司的理解。

顾客满意取决于消费者所理解的一件产品的效能与其期望值进行的比较。如果产品的效能低于顾客的期望,购买者便不会感到满意;如果效能符合期望,购买者便会感到满意;如果效能超过期望,购买者便会感到十分惊喜。顾客的期望大多来自购买经验、朋友的意见以及营销者和竞争对手的信息与承诺。一些杰出企业中的大多数还在调高顾客期望值,因为那些对目前产品感到极为满意的顾客,在更好的产品出现时不太会愿意选择其他的供应商。

质量是指产品提供给顾客的,能反映其内在品质的东西。从最狭义的方面来说,质量可以被定义为"无瑕疵"。但是,绝大多数以顾客为中心的企业对质量的定义远不止这些,当今全面质量行动的基本宗旨已经变成使顾客完全满意。全面质量管理是指企业全体人员专心地、不断地改进产品、服务和业务流程质量的一种手段。

（四）交换、交易和关系

交换是指通过提供某种东西作为回报,从别人那里取得所需物品的行为。交换只是人们用来获得所需之物的众多方法之一。交换是市场营销的核心概念,而交易则是市场营销的度量单位。通过交换,人们没有必要再去掠夺他人或者依赖捐赠,也没有必要掌握为自己生产每一样必需品所需的技能。人们可以集中精力生产他们善于生产的东西,然后用它们来交换别人生产的自己所需要的产品。

交易营销是关系营销大概念中的一个组成部分。关系营销的目标是为顾客提供长期价值,它的成功与否是通过顾客长期和持续的满意来衡量的。除此之外,营销商还采用许多具体的市场营销手段来增强与消费者的联系:第一种方法是企业可以把财务利益增加到顾客关系中去创造顾客价值和满意;第二种方法是除了财务利益外再增加社会利益;第三种方法是除了增加财务和社会利益之外再增加结构联系。

(五) 市场

市场是指产品的现实和潜在的购买者。一个市场规模的大小就取决于这些现实的或潜在的购买者的数量。我们做市场营销的目的就是认识特定市场的需要和欲望,从而从众多的市场中挑选出他们能为之提供最佳服务的市场。接下来,我们就可以设计能为这些市场里的顾客带来价值和满意的产品和服务。

三、市场营销系统组成要素

在一般情况下,市场营销包括为最终用户提供服务,同时还要面对竞争对手。我们通常认为市场营销是由卖方负责的,但是实际上买方也要进行市场营销,比如企业的采购人员需要设法找到销售商并争取较好的交易条件的时候,他们也需要做市场营销,把自己的优势展现出来以吸引好的供应商。图1-2所示为现代营销系统的组成要素。

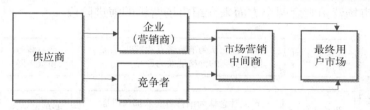

图1-2 现代市场营销系统中的主要行为者和主要势力

系统中的每一方都为下一级增加价值。因此,企业的成功不仅取决于它自身的行为,而且还取决于整个系统对最终消费者需要的满足程度。

四、市场营销与市场营销管理

市场营销的核心思想就是交换,而市场营销管理就是对与这一过程有关的一切事物进行计划、管理、控制和协调。如图1-3所示。

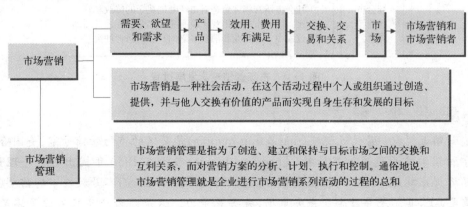

图1-3 市场营销与市场营销管理

第二节 市场营销思想的演进阶段

今天各个层次的成功企业都有许多促使其成功的原因,但是他们都有一个共同点,就是将市场营销观念作为其经营活动的基本指导思想,它是一种理念、一种态度或一种思维方式。市场营销观念的核心就是正确处理企业、顾客和社会三者之间的利益关系。

市场营销观念从市场营销概念产生至今,经过一系列的演变发展成为一门成熟并妙趣横生的学科。从"自我"和"市场"两个相反的角度考虑,将企业市场营销观念的演变划分为两大类:大生产观念和大市场营销观念。大生产观念一般将其称为旧观念,包括生产观念、推销(销售)观念,是以企业为中心的观念;而大市场营销观念一般将其称为新观念,包括市场营销观念和社会营销观念。

图1-4简明地概括了市场营销观念的发展过程,并且本节结合了市场营销的发展变化过程和市场营销观念两个方面来介绍市场营销的演进阶段。

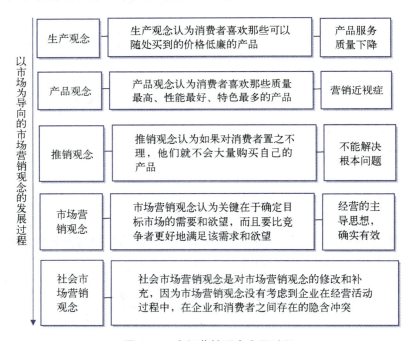

图1-4 市场营销观念发展过程

知识小贴士

营销近视症:营销近视症(marketing myopia)是著名的市场营销专家、美国哈佛大学管理学院西奥多·莱维特(Theodore Levitt)教授在1960年提出的一个理论。营销近视症就是不适当地把主要精力放在产品上或技术上,而不是放在市场需要(消费需要)上,其结果导致企业丧失市场,失去竞争力。这是因为产品只不过是满足市场消费需要的一种媒介,一旦有更能充分满足消费需要的新产品出现,现有的产品就会被淘汰。同时,消费者的需求是多种多样并且不断变化的,并不是所有的消费者都偏好于某一种产品或价高质优的产品。

一、以企业为中心的观念(19世纪末—20世纪40年代)

这一时期是市场营销学形成并且研究应用时期,显著特点是理论与实践相结合,理论的广泛使用使市场营销理论趋于成熟。主要原因是资本主义经济危机加剧,特别是1929—1933年发生的经济危机使得购买力严重不足,产品卖不出去大量积压,导致大量劳动者失业,形成了一个恶性循环。为了解决这一问题,企业家们纷纷求助于市场营销学者,营销理论与实际有了深入的结合。一方面理论指导实践,帮助企业家们解决销售、交易等环节的问题;另一方面解决问题的过程也是对原有理论的完善。

这一时期主要产生了三种以企业为中心的市场营销观念:生产观念、产品观念、推销观念。

(一)生产观念

生产观念是指导销售者最古老的理念之一。生产观念是一种重生产、轻市场的观念,认为消费者会喜欢那些随处可买到的价格低廉的产品。企业只要提高产量、降低成本便能获得丰厚的利润,企业的重点是扩大生产规模,生产足够多的物美价廉的产品而不必过多地关注市场需求差异。当产品的需求超过供给或者是产品的成本太高,必须靠提高生产率来降低成本这两种情况出现时,生产观念不失为有效的指导思想。

(二)产品观念

产品观念是指导销售者的另一个主要观念。产品观念认为消费者欢迎那些质量最优、性能最好、特色点最多的产品。因此,企业应该致力于对产品的不断改进、精益求精。生产观念也是典型的"以产定销"的观念,持有这种观念的企业往往与持有生产观念的企业一样重生产、轻市场,不同之处在于生产观念注重生产的数量而产品观念注重产品的质量。他们都过分重视产品而忽视顾客,最终都将导致"营销近视症"。

(三)推销观念

推销观念盛行于20世纪三四十年代。这种观念认为除非机构采用大规模的推销和促销活动,否则消费者不会购买。这一时期,科技进步和科学管理方法的运用,使得生产力大幅度提高,社会生产已经由商品不足进入商品过剩,推销观念典型地被运用于滞销商品。绝大多数企业都是在生产能力过剩时采用推销观念,目的是推销生产的产品而不是市场需要的产品,推销观念注重做成买卖而不是与顾客建立长期的可获利的关系。因此,这种营销观念的风险很高。大多数研究表明,对企业产品感到不满意的顾客不会再次购买该产品。更糟糕的是,对产品感到满意的顾客会告诉其他三个人有关他美好的购物经历,但是感到不满意的顾客会告诉十个人有关他不愉快的购物经历。

二、以消费者为中心的观念(20世纪50—70年代)

这一时期是市场营销发展变革的时期。经过了第二次世界大战后,世界经济环境发生了巨大的变化,许多国家将军事工业转为民用工业,一些更加先进的生产技术被运用,市场上的产品数量、品质、品种不断增加,企业生产效率更高,人们有了更高的收入和充裕的时间,人们对产品的需求也变得多样化和个性化。这时,传统的市场营销已经不能适应形势要求,应该站在新的角度和高度对其进行变革,企业由原来的"生产—市场"转为"市场—需求",从而确立起以消费者为中心的市场营销观念,也就是市场营销观念。

市场营销观念认为,组织目标的实现有赖于对目标市场的需要和欲望的正确判断,并能以比竞争对手更有效的方式去满足消费者的要求。也就是说,以消费者为中心,确定目标市场上消费者的需要与欲望,并且有效地满足目标市场的要求。市场营销观念形成于20世纪50年代,消费者手中握有选择大权,这使得企业不得不改变原有的以卖主为中心的思维方式,去认真研究消费者的需求,根据消费者的需求不断地调整自己的营销策略。推行市场营销观念的企业的宗旨是"顾客需要什么,我们就生产、供应什么",贯彻"顾客至上"的原则,将旧观念(生产观念、产品观念和推销观念)的"一切从企业出发"转变为"一切从顾客出发"。市场营销观念有时会与推销观念相混淆,表1-1对这两种观念进行了对比。

表1-1 推销观念和市场营销观念为代表比较新旧观念差别

观念、营销方式与目标	出发点	中心	方法	目标
推销观念	厂商	产品	推销和促销	通过扩大消费者需求获取利润
市场营销观念	目标市场	顾客满意	整体营销	通过满足需求创造利润

市场营销观念有四个主要指标:目标市场、整体营销、顾客满意和盈利率。市场营销观念是从选定的目标市场出发,通过整体营销活动,实现顾客满意,从而提高盈利率。这四者是层层递进的关系。

三、以社会长远利益为中心的观念(20世纪70年代至今)

随着全球环境破坏、资源短缺、人口爆炸等问题日益严重,要求企业顾及消费者整体与长远利益即社会利益的呼声越来越高。市场营销学界提出了一系列的新观念,如人类观念、理智消费观念、生态准则观念。其共同点认为企业生产经营不仅要考虑消费者需要,而且要考虑消费者和整个社会的长远利益——被称为社会营销观念。

(一)社会营销观念

社会营销观念是对市场营销观念的进一步完善发展。与市场营销观念相比,社会营销观念有以下特点:在继续坚持通过满足消费者和用户需求及欲望而获取利润的同时,更加合理地兼顾消费者和用户的眼前利益与长远利益,更加周密地考虑如何解决满足消费者和用户需求与社会公众利益之间的矛盾。

(二)大市场营销观念

大市场营销观念是 20 世纪 80 年代以来市场营销观念的新发展。它是指导企业在封闭市场上开展市场营销的一种新的营销战略思想,其核心内容是强调企业的市场营销既要有效地适应外部环境,又要能够在某些方面发挥主观能动作用,同时使外部环境朝着有利于企业的方向发展。大市场营销观念与一般营销观念相比,具有以下两个特点:第一,大市场营销观念打破了"可控制要素"和"非可控制要素"之间的分界线,强调企业营销活动可以对环境产生重要的影响,使环境朝着有利于实现企业目标的方向发展;第二,大市场营销观念强调必须处理好多方面的关系,才能成功地开展常规的市场营销,从而扩大企业市场营销的范围。

(三)全球营销观念

全球营销观念是 20 世纪 90 年代以后,市场营销观念的最新发展,它是指导企业在全球市场进行营销活动的一种崭新的营销思想。全球营销观念在某种程度上完全抛弃了本国企业与外国企业、本国市场与外国市场的概念,而是把整个世界作为一个经济单位来处理。全球营销观念强调营销效益的国际比较,即按照最优化的原则,把不同国家中的企业组织起来。以最低的成本、最优化的营销去满足全球市场需要。

第三节 市场营销的核心原理

一、市场细分、目标市场营销和市场定位策略

如今,各家公司都已经意识到,他们不可能吸引所在市场的全部消费者,至少是不能使用一种方法来吸引全部消费者。消费者实在太多、太分散了,他们的需求和购买行为也多种多样。因此,很多公司在选择目标客户的时候开始变得挑剔。很多公司都已经放弃了大众营销,转而对市场进行细分、确定目标市场,就是通过市场细分,确定自己的目标,开发相应的产品、展开相应的营销计划。他们的营销力量不再像霰弹那样分散,而是像步枪那样瞄准在最具价值的目标身上。

图 1-5 展示了市场细分的三个主要步骤:首先是市场细分,把市场划分为更小的群体,每个群体都需求明确,特征鲜明,追求特定的产品或营销组合;其次是目标营销,对每个细分市场的吸引力进行评估,确定一个或几个想要进入的细分市场;最后是市场定位,定位每种产品的竞争力,确定一个明确的营销组合。

(一)市场细分

市场细分是商品经济不断发展和市场竞争日益激烈条件下的产物。市场细分理论的产生,使传统营销观念发生了根本变革,在理论和实践中都产生了极大影响,被西方管理学界称为"市场营销革命"。从本质上讲,市场细分是指企业在市场调研的基础上,

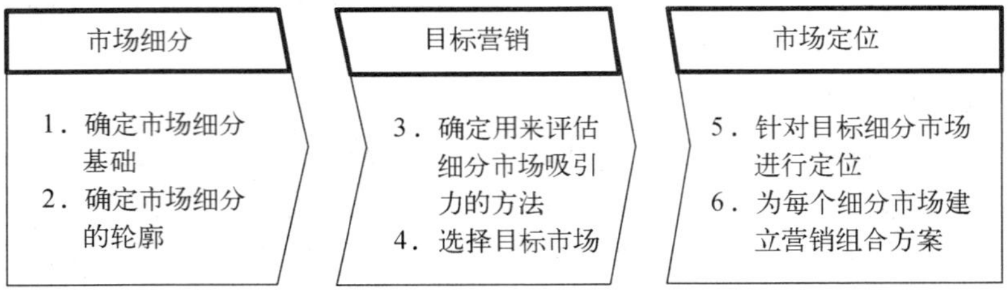

```
市场细分                    目标营销                   市场定位
1. 确定市场细分            3. 确定用来评估            5. 针对目标细分市场
   基础                       细分市场吸引               进行定位
2. 确定市场细分               力的方法                6. 为每个细分市场建
   的轮廓                  4. 选择目标市场               立营销组合方案
```

图 1-5　市场细分、确定目标市场、市场定位的步骤

根据构成总体市场的不同消费者的需求特点、购买行为与习惯爱好的差异，将他们细分为不同的消费者群体，与此相适应，把市场细分为不同的小市场。市场细分的方法有很多，我们可以根据不同因素列出一些主要的市场细分方法。

1. 消费市场细分

消费市场细分包括地理细分、人口统计细分、心理因素细分、行为因素细分。地理细分要求把市场划分为不同的地理单位，如国家、州、地区、县、镇以及居民区。企业可以在一个或几个地理区域开展业务，也可以在某些具有特殊需求或偏好的地区开展业务。人口统计细分又包括年龄和生命周期细分、性别细分、收入细分等。心理因素细分通过生活方式等特征，把买方划分为不同的群体。行为因素细分根据消费者的知识、态度、产品使用率或对产品的反应来划分细分市场。很多营销人员都认为，行为因素变量是进行有效市场细分的最佳选择。如表 1-2 表示了消费者市场的主要细分变量。

表 1-2　消费者市场的主要细分变量

地理因素	地区或国家	北美，西欧，中东，环太平洋，中国，印度，加拿大……
	地　　区	北部，南部，东部，西部，中部
	城市或都市大小	小于 5 000 平方千米；5 000—20 000 平方千米；20 000—50 000 平方千米；50 000—100 000 平方千米；100 000—250 000 平方千米；250 000—500 000 平方千米；500 000—1 000 000 平方千米；1 000 000—4 000 000 平方千米；4 000 000 平方千米或以上
	人口密度	城市，郊区，乡村
	气　　候	北方，南方
人口统计因素	年　　龄	6 岁以下，6—11 岁，12—19 岁，20—34 岁，35—49 岁，50 岁以上
	家庭人口	1—2 人，3—4 人，5 人及以上
	家人生命周期	年轻，单身；年轻，已婚，无子女；年轻，已婚，有子女；年长，已婚，有子女；年长，已婚，无 18 岁以下子女；年长，单身；其他
	收　　入	少于 10 000 美元；10 000—20 000 美元；20 000—30 000 美元；30 000—50 000 美元；50 000—100 000 美元；100 000 美元或更多
	职　　业	专业技术人员；管理者，官员和所有者；职员，推销员；工匠；领班；操作员；农夫；退休人员；学生；家庭主妇；失业人员

续　表

人口统计因素	教　　育	小学或以下；中学肄业；中学毕业；大学肄业；大学毕业
	宗　　教	佛教；天主教；新教；伊斯兰教；印度教；其他
	种　　族	华裔，印度裔，马来裔，其他
	年　　代	婴儿潮，X一代，Y一代
	国　　籍	中国，日本，韩国，泰国……
心理因素	社会等级	下下层，上下层，工薪阶层，中产阶级，上中层，下上层，上上层
	生活方式	成功人士，努力奋斗者，勉强糊口者
	个　　性	孝顺，群居，独裁，雄心勃勃
行为因素	使用时机	常规时机，特殊时机
	利益偏好	质量，服务，经济，方便，速度
	用户状况	从未使用，曾经使用，潜在用户，首次使用，经常使用
	使 用 率	使用较少，使用较多，大量使用
	忠 诚 度	无，一般，强烈，绝对
	准备程度	不知道，知道，清楚知道，有兴趣，想得到，准备购买
	对产品的态度	热情，积极，不关心，消极，敌视

2. 商业市场细分

实际上，很多用来细分消费市场的变量同样可以用来细分商业市场。不过，对商业市场的划分还有更多的变量，如经营因素、采购方式、情境因素、个性特征等，表1-3表示了商业市场的主要细分变量。

表1-3　商业市场的主要细分变量

人口统计因素	行业：购买这种产品的哪些行业是我们的重点？
	公司规模：我们的重点是多大规模的公司？
	地理位置：我们应该把重点放在哪些地区？
经营因素	技术：哪种顾客重视的技术是我们的重点？
	使用者/非使用者情况：我们应该把重点放在大量、重度、少量使用者，还是非使用者上？
	客户能力：我们的重点是需要多种服务的顾客，还是很少几种服务的顾客？
采购方式	采购组织能力：我们的重点是采购高度集中的公司，还是高度分散的公司？
	权力结构：我们的重点是技术人员占公司的主导地位，还是财务人员、抑或营销人员占主导地位的公司？
	现有客户关系的性质：我们应该把重点放在那些已经建立了良好客户关系的公司，还是去追逐那些最具吸引力的客户？

续 表

采购方式	总采购政策：我们的重点是什么样的客户，是喜欢租赁、服务合同的，还是喜欢系统采购，抑或是喜欢招/投标采购？
	采购标准：我们的重点是重视质量的公司，还是重视服务的公司，抑或是重视价格的？
情境因素	紧急程度：是否应该把重点放在那些交货要求/提供服务需求非常紧迫的公司上？
	特别用途：我们是否应该把重点放在本公司产品的某些应用上，而不是全部应用上？
	订单大小：我们的重点是大宗订单，还是小额订单？
个性特征	买卖双方的相似性：其员工和价值观都与本公司相似的客户，是否应当是我们的重点？
	风险态度：我们的重点是风险偏好型，还是风险规避型的客户？
	忠诚度：那些对供货商忠诚度很高的公司，是否应成为我们的重点客户？

3. 国际市场细分

世界市场也可以根据各种因素进行细分。公司可以根据一个或者几个变量的组合来细分市场。可以根据地理位置来细分，把亚洲国家按地域分为北亚、南亚和东南亚；也可以根据经济因素来进行细分，如国家可以根据人口收入水平或整体的经济发展程度来进行分类；也可以通过政治或者法律因素来进行细分，如政府的类型和稳定性、对国外公司的接受程度、货币管制政策和官僚程度。文化因素也可以用来细分市场，如共同语言、宗教、价值观和态度、风俗习惯和行为类型。

（二）有效细分的要求

虽然有多种多样的市场细分方式，但并不是每种方式都是有效的。为了保证细分市场的有效性，必须做到以下五点。

（1）可衡量性：细分市场的规模、购买力和分布必须可以衡量，有些细分变量是很难衡量的，这些变量就不能轻易地作为细分市场的变量。

（2）可接近性：能有效地到达市场并为之服务。

（3）足量性：细分市场的规模大到足够盈利的程度。

（4）差异性：细分市场在观念上能被区别，并且对于不同的营销组合因素和方案的反应不一样。

（5）行动可能性：为吸引和服务细分市场而系统地提出有效计划。

（三）目标市场营销

当公司进行了有效的市场细分后，下一步公司必须评价每个不同的细分市场，并且决定要为多少个和哪些细分市场服务。

1. 评估细分市场

在评估不同细分市场时，公司必须考虑三个因素：细分市场的规模和成长性、细分市场的结构吸引力，以及公司的目标和资源。首先，公司要收集和分析这些细分市场的现有销售量、成长率和预期盈利率;其次,公司还需要考虑到影响细分市场长期吸引力的主要结构因素;最后,公司还要考虑自己的目标和资源。

2. 选择目标细分市场

公司在对不同的细分市场评估后,还需要对为多少个和哪些细分市场服务作出决策。图1-6为目标市场营销战略。

图 1-6 目标市场营销战略

(四) 市场定位

在选定目标市场后,公司应该对目标市场上的定位作出决定。产品定位是指消费者在一些重要属性上对某一特定产品的定义——特定产品在消费者心目中相对于竞争者产品的地位。定位包括向消费者灌输品牌的独特利益和差异性。比如,在汽车市场上,丰田 Echo 车型定位于经济性,梅赛德斯定位于豪华,宝马定位于性能好,而沃尔沃定位于极高的安全性。

无论营销者是否努力去做营销,消费者都会对产品作出定位。所以,每个公司必须通过提供独特的利益组合来使得产品差异化,并且吸引细分市场上的消费者。定位包括三个步骤:辨认出定位所基于的所有可能优势的集合;选择合适的竞争优势;选择一个整体定位策略。公司必须在市场上有效地传播和确立这个选择的定位。

二、市场营销组合

(一) 产品、服务和品牌战略

我们将产品定义为任何能够提供到市场供关注、获得、使用或消费,并可以满足需要或欲望的东西。广义而言,产品包括物理形体、服务、事件、人物、地点、组织、创意或这些实体的组合。服务是这样一种形式的产品,它包括本质上是无形的且不会带来任何所有权的可供出售的活动、利益或是满意。

产品计划者需要在三个层次上考虑产品和服务,如图1-7。每个层次都增加了更多的顾客价值。产品和服务分类有消费品、工业产品和组织、人物、地点和创意。消费品是由

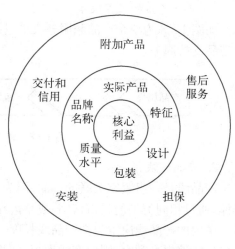

图 1-7 产品的三个层次

最终消费者购买用于个人消费的产品和服务。如表1-4为消费品的营销事项表。

表1-4 消费品的营销事项

营销事项	消费品类型			
	便利产品	选购型产品	特制型产品	非渴求产品
消费者购买行为	选购频率高,很少计划,很少比较和选购努力,低消费者参与度	购买频率低,大量的计划和选购努力,比较不同品牌的价格、质量和式样	强烈的品牌偏好和忠诚,特殊的购买努力,很少比较品牌,低价格敏感度	很少产品知晓度和知识
价格	低价	较高的价格	高价	多样的
分销	大范围的分销、便利的地点	在较少的店面里有选择地分销	每个市场区域内只在一个或几个店面里面独家经销	多样的
促销	制造商大规模促销	制造商和转售商的广告和人员销售	制造商和转售商更加谨慎的有目标的促销	制造商和转售商激进的广告和人员推销
例子	牙膏、杂志、清洁剂	大型电器、电视、家具、服装	奢侈品,如劳力士表或者高档水晶饰品	人寿保险、红十字献血

工业产品是适用于进一步加工或用于商业运营的产品。工业产品和服务有三组类型：材料和部件、资本项目以及供应品和服务。

（二）产品和服务决策

营销者一般会在三个层次上作出产品和服务决策：单个产品决策、产品线决策和产品组合决策。

1. 单个产品和服务决策

如图1-8为单个产品和服务决策过程。我们的重点是产品属性、品牌、包装、标签和产品支持服务。

图1-8 单个产品和服务决策

2. 产品线决策

产品线是一组紧密关联的产品,因为它们以相似的方式起作用,出售给同样的顾客群体,通过相同类型的渠道营销,或是落在给定的价格范围内。

主要的产品线决策包括产品线长度——产品线上项目的数量。如果管理者通过增加项目能够提高利润,则生产线太短;如果管理者通过放弃某些项目能够提高利润,则生产线过长。所以,公司必须仔细管理他的生产线。

3. 产品组合决策

产品组合由一个销售者提供或出售的所有产品线和产品项目组成。公司的产品组合有四个重要的维度:宽度、长度、深度和粘度。

(三) 品牌战略:建立强大的品牌

品牌也许是公司最持久的资产,比特定的产品和设备更持久。品牌不仅仅是名称和符号。品牌代表了消费者对产品及其性能的认知和感受——产品和服务对消费者意味的一切。正如一位品牌专家所言:"最终,品牌常驻消费者的脑海。"品牌资产是消费者对品牌名称的知晓给产品或服务所带来有差别的、正面的影响。建立一个强大的品牌需要营销作出挑战性的决策,如图1-9所示。

图1-9 主要的品牌战略决策

(四) 服务营销

这些年,服务业在不同国家和地区的GDP中所占比重越来越大。因此,对于服务这种无形产品的营销也越来越受到重视。

1. 服务的性质和特点

服务有四个特点,即无形性、不可分性、易变性和易逝性,具体表现如图1-10所示。

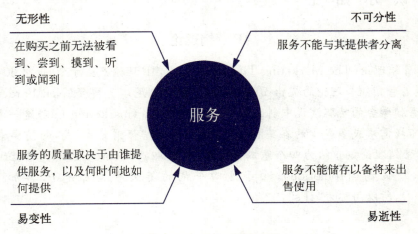

图1-10 服务的四种特点

2. 服务的营销战略

由于服务与有形商品是不同的,服务往往需要另外的营销手段。服务的提供者在整个服务过程中必须有效地与顾客进行互动，从而在服务过程中创造一流的价值。进而，有效的互动又取决于前线服务人员的技能和后方人员对此过程的支持。

服务营销战略有以下四种。

（1）服务—利润链。优秀的服务公司既关心它的顾客，也会重视员工。因为它们明白服务—利润链指将服务公司的利润与雇员和顾客满意度相连的链条，由如图1-11所示的五部分组成。

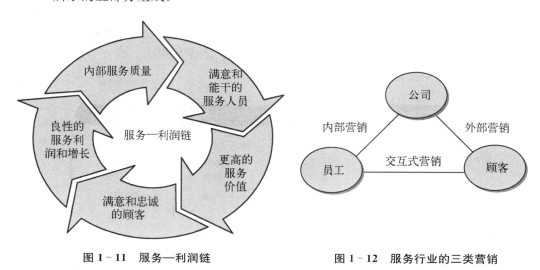

图1-11 服务—利润链　　　　图1-12 服务行业的三类营销

想要达到服务利润和增长的公司目标的起始点就是关心那些将要为顾客提供服务的员工。这样一来，服务营销比那些仅仅使用4P的传统外部营销需要做更多的工作。服务营销还需要内部营销和交互式营销，如图1-12所示。

> **知识小贴士**
>
> **4P营销理论**
>
> 4P营销理论(The Marketing Theory of 4Ps)，4P理论产生于20世纪60年代的美国，随着营销组合理论的提出而出现的。1953年，尼尔·博登(Neil Borden)在美国市场营销学会的就职演说中创造了"市场营销组合"(marketing mix)这一术语，其意是指市场需求或多或少的在某种程度上受到所谓"营销变量"或"营销要素"的影响。4P营销理论被归结为四个基本策略的组合，即产品(product)、价格(price)、渠道(place)、促销(promotion)，由于这四个词的英文字头都是P，再加上策略(strategy)，所以简称为"4Ps"。

内部营销是指有效地训练和激励公司中与消费者直接接触的员工以及服务支持人员，使其能通过团队协作来提供消费者满意。也就是说，营销者必须是组织的每个成员都做到以顾客为中心。交互式营销是指服务质量在很大程度上取决于服务过程中买卖双方的互动。不像在产品营销中,产品的质量和产品是怎样生产出来的并没有多大关系。

(2) 管理服务差异化。在现在我们所生活的社会,服务业逐渐发达起来,出现了涉及我们生活方方面面的各种各样的服务业。因此,服务业的竞争也越来越激烈。从某种程度上来说,消费者潜意识里认为服务的不同提供者是相似的,他们会更加关心价格,并不会介意由谁来提供服务,服务业的价格竞争也在日益激烈。

那么,我们该如何应对这些日益激烈的价格竞争呢?

我们发现,开发出差异化的提供物、交付和形象不失为一种很好的解决办法。开发出的提供物有着使本公司与其他公司区别开来的创新型特性。服务公司可以差异化它们的服务交付,通过雇佣更加能干和可靠的服务人员,开发一流的服务产品交付环境,或者是设计一流的交付过程,甚至可以通过标识和品牌差别化它们的形象。

(3) 管理服务质量。前面提到将自己与其他公司区分开来可以解决价格竞争,那么,服务公司将自己区别开来的主要方法之一就是持续传递比竞争者更高的质量。就像许多制造商一样,大多数服务业如今加入顾客驱动的质量运动中。像产品营销者一样,服务提供者需要识别目标客户对服务质量的期望。不幸的是,服务作为一种无形的产品,其质量比有形产品的质量更加难以定义和评估。顶级的服务公司是顾客至上的,并且它会设立超高水平的服务质量标准,他们不仅提供优质的服务,而且目标是100%无瑕疵的服务。

尽管如此,就像谚语所说"金无足赤,人无完人",即使是顶级的服务公司,即使定下了100%无瑕疵服务标准,偶尔犯错也是不可避免的,比如坏脾气的员工、煮坏了的食物。一旦错误出现后,补救措施是必需的,优质的服务补救可以将愤怒的顾客转变为忠诚的顾客,有些时候,与一开始所有事情都进行妥当相比,好的补救能够赢得更多的顾客购买和忠诚。

知 识 小 贴 士

服 务 补 救

服务补救概念最早是由 Hart 等人于 1990 年提出的。不同的学者对服务补救的概念有不同的表述。Tax 和 Brown 将服务补救定义为:服务补救是一种管理过程,它首先要发现服务失误,分析失误原因,然后在定量分析的基础上,对服务失误进行评估并采取恰当的管理措施予以解决。有的学者则认为,服务补救是服务性企业在对顾客提供服务出现失败和错误的情况下,对顾客的不满和抱怨当即作出的补救性反应。其目的是通过这种反应,重新建立顾客满意和顾客忠诚。

(4) 管理服务生产率。随着服务成本的快速增加,服务公司承受着提高服务生产率的巨大压力。我们有很多方法可以提高服务生产率。一方面,服务提供商可以向现有员工提供良好的培训,或是雇佣工作更勤奋和更有能力的新员工,或者可以牺牲一些质量来提高服务数量;另一方面,服务商还可以通过增添设备和标准化生产而使"服务工业化"。最后,服务的提供商可以利用技术力量来提高服务人员的生产率。

不管怎么样，公司必须避免太过强调生产率而导致质量的大幅下降。试图工业化一项服务或是削减成本能够在短期内使服务公司更加有效，但是可能也会降低公司在长期内的革新、保持服务质量，或是对消费者的需要和渴望作出反应的能力。

第四节　营销对于物流服务业的价值

经过以上三个小节的学习，我们已经基本上了解了市场营销的相关概念和核心理念。物流服务业作为我国新兴的产业，近年来发展迅速，对我国的经济发展有着极大的促进作用，做好物流服务业的市场营销工作是具有十分重要意义的，营销对于物流服务业的价值犹如眼睛对于一个人的价值一样。营销与物流之间的作用是相互的，营销对物流的发展产生影响，而反过来物流对营销的发展也是具有深远影响的。为了弄清楚它们之间的相互影响，我们首先了解物流服务与服务之间的关系。它的特点又是什么呢？

一、服务与物流服务

（一）服务业

首先，我们来具体了解到底什么才算是服务业。事实上，服务业的概念在理论界尚有争议。一般认为，服务业即指生产和销售服务产品的生产部门和企业的集合。服务产品与其他产业产品相比，具有非实物性、不可储存性和生产与消费同时性等特征。在我国国民经济核算实际工作中，将服务业视同为第三产业，即将服务业定义为除农业、工业、建筑业之外的其他所有产业部门。

在国民经济行业分类中包括除了第一产业、第二产业之外的其他行业。第三产业包括：批发和零售业，交通运输、仓储和邮政业，住宿和餐饮业，信息传输、软件和信息技术服务业，金融业，房地产业，租赁和商务服务业，科学研究和技术服务业，水利、环境和公共设施管理业，居民服务、修理和其他服务业，教育，卫生和社会工作，文化、体育和娱乐业，公共管理、社会保障和社会组织，国际组织，以及农、林、牧、渔业中的农、林、牧、渔服务业，采矿业中的开采辅助活动，制造业中的金属制品、机械和设备修理业等。

> **知识小贴士**
>
> 注意：1. 服务业有服务产业和服务事业之分。以增值为目的提供服务产品的生产部门和企业集合叫服务产业；以满足社会公共需要提供服务产品的政府行为集合叫服务事业。
>
> 2. 旅游业不是严格意义上相对独立的服务业部门。除旅行社活动隶属于租赁和商务服务业下的服务业小类外，其他如旅游设施建设、旅游餐饮、旅游住宿、旅游购物、旅游文化、旅游产品开发等活动均分属于其他产业部门范畴。这与流行使用概念有明显差别。

（二）物流服务业

物流服务业属于服务业，是一种服务性产品。物流服务业是为了保障客户能以一定速度和可靠程度得到所定购产品而开展的一系列活动。美国物流管理协会对其的定义是为满足消费者需求而进行的对原材料、中间库存、最终产品及相关信息从起始地到消费地的有效流动与存储计划、实施与控制过程。其产品的核心利益是为货主提供符合其需要的位移效用和成本的降低等利益。拥有顾客所希望的商品（备货保证）、在顾客所希望的时间内传递商品（输送保证）、符合顾客所希望的质量（品质保证）是物流服务的三要素，物流服务就是围绕上述三要素展开的。现代物流业呈现集约化、旋涡式、系统化和国际化等特征。

二、物流服务营销的特点

物流企业市场营销是指物流企业以市场需求为核心，通过采取整体营销行为，以提供物流产品和服务来满足客户的需要和欲望，从而实现物流企业利益目标的活动过程。它具有以下五个特点。

（一）物流服务供求的分散性

在物流服务营销活动中，服务产品不仅供方覆盖了第一产业和第二产业，而且还包括第三产业的各个部门和行业，物流企业提供的服务广泛分散，而且需方涉及各种各类企业、社会团体和千家万户不同类型的消费者。物流服务的特殊性要求服务网点要广泛而分散，尽可能地接近消费者，造成了物流服务供求的分散性。

（二）物流服务营销方式的单一性

物流服务营销由于物流生产与物流消费的统一性，决定其只能采取直销方式，中间商不可能介入（虽然有第三方物流组织的存在，但是从物流本身来说他们只是物流系统的一部分），储存待售也不可能。物流服务营销只能采取单一的营销方式，在一定程度上限制了物流服务市场规模的扩大，给服务产品的推销带来了困难。

（三）物流服务营销对象的复杂性

物流服务的购买者既可以是生产企业，又可以是消费者个人，而且购买服务的消费者的购买动机和目的各异，同一物流服务的购买者可能牵涉社会各界各业各种不同类型的家庭和不同身份的个人，因此造成了物流服务营销对象的复杂性。

（四）物流服务消费者需求弹性大

物流服务需求受外界条件（如季节变化、气候变化、地理条件、突发事件以及科技发展的日新月异等）影响较大，同时企业对物流服务的需求与对有形产品的需求在总金额支出中相互牵制，也是形成需求弹性大的原因之一。

（五）服务质量评价的不确定性

物流服务者的技术技能、技艺直接关系着服务质量。消费者对物流服务产品的质量要求也就是对服务人员的技术技能、技艺的要求。由于物流生产过程与消费过程同时进行，工业企业在车间进行质量管理的方法无法适用于物流企业。同时，同一物流服务提供者提供的同一物流服务会因其精力和心情状态的不同而有较大的差异,而且服务业绩的好坏也与消费者的行为以及消费者对服务本身要求的差异性密切相关。因此,服务者的服务质量不可能有唯一的、统一的衡量标准,而只能有相对的标准和购买者的感觉体会,这些便导致了服务质量评价的不确定性。

三、物流服务营销的客户消费者行为分析

（一）消费者购买决策过程

消费者在实际购买前就已经开始了其购买过程,并且在购买后的一段时间内仍然在持续。因此,作为营销人员的我们不应该只关注购买决策,而应该把注意力集中在消费者的整个购买过程。消费者的购买行为一般分为五个阶段：确认需要、信息收集、方案评价、购买决策和购买后行为。如图1-13所示。

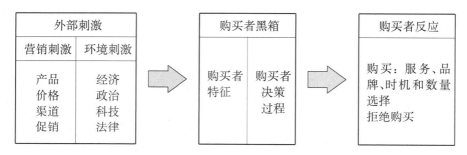

图1-13　消费者购买行为一般模型

（二）影响消费者购买行为的因素

消费者行为通常会受到许多复杂因素的影响,包括文化、社会、心理和经济等多方面因素的综合作用。如图1-14所示。

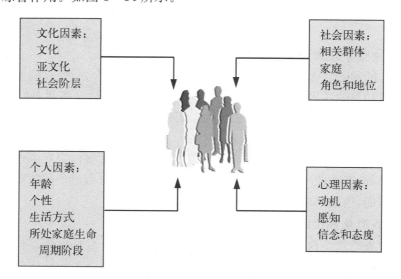

图1-14　消费者购买行为影响因素

四、物流服务营销环境分析

物流服务营销环境是指与物流活动有潜在关系的所有外部力量和相关因素的集合,是影响物流服务产生和发展的各种外部条件,包括微观环境和宏观环境两大类。

(一)微观环境

微观环境是指与企业紧密相连、直接影响企业营销活动的各种要素,包括物流服务的供应商、营销中介、客户、竞争者、社会公众、企业,是物流服务企业的直接营销环境。

企业的核心营销系统如图1-15所示。

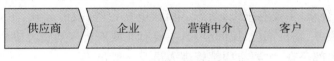

图1-15 核心营销系统

1. 供应商

供应商是指物流服务所需的各类资源的供应者,包括为物流服务提供设备、工具、能源、土地、厂房等。供应商对物流服务营销的影响主要体现在以下三个方面:① 供应的可靠性;② 资源供应价格及变动趋势;③ 供应资源的质量水平。

2. 企业内部环境要素

企业内部环境要素主要是指企业组织结构和企业文化对企业营销环境的影响。企业组织结构主要是指企业营销部门与其他部门之间的相互关系,企业文化主要是指企业信奉并付诸实践的价值标准、管理制度、行为准则、道德规范以及企业形象。

3. 营销中介

营销中介是指协助企业销售期物流服务给最终购买者的企业或个人,包括中间商、营销服务机构和金融机构等。营销中间商是指物流服务流向消费者的中间环节或渠道,他能帮助企业寻找目标顾客,为物流企业打开销路。营销服务机构主要包括市场调研企业、广告企业、各种广告媒介即营销咨询企业。金融机构则主要有银行、信贷企业、保险企业以及为物流服务提供融资或保险的企业。

4. 客户

客户是企业重要的环境因素,物流的最终目标市场。各类市场购买物流的动机划分如表1-5所示。

表1-5 各类市场购买物流的动机划分

市　场	购　买　动　机
消费者市场	满足个人和家庭需要
生产者市场	生产产品以赚取利益
政府市场	提供公共服务,或转让给其他需要的人

续表

市　场	购　买　动　机
国际市场	国外购买物流服务的个人或组织
中间商市场	购买为转售从中盈利的组织

5. 竞争者

竞争者是商品经济的基本特性，只要存在商品生产、商品交换就必然存在竞争。

6. 公众

公众是指对组织完成其目标的能力有着实际或潜在利益关系或影响的群体，包括金融公众；媒介公众，主要有报纸、杂志、电台、电视台等；政府公众，主要有行业主管部门、财政、工商税务、物价部门；民间公众，主要有非政府机构消费者协会、环境保护组织等；一般公众；内部公众，主要有内部管理人员及一般员工。

(二) 宏观环境

1. 人口

物流服务市场是由想购买物流服务且有购买力的人构成的。首先，人口数量可以推算物流服务市场的规模；其次，人口迅速增长促进物流市场规模进一步扩大；最后，人口迅速增长最快的是欠发达地区，市场需求层次低，基本物流服务需求为主。人口的结构也会对企业的营销环境产生影响，不同年龄的消费者对商品需求不同，不同年龄的目标市场的产品和物流服务差别很大；女性关注服装、化妆品、家庭生活用品及儿童用品，而男性关注大件商品；城乡存在差距，但内存消费逐渐城市化，开发物美价廉的产品，满足农民需求，降低物流成本；重视民族市场特点，开发适合民族特性、受其欢迎的物流服务。

2. 经济

经济因素分为直接影响和间接影响因素。直接影响因素有消费者收入水平的变化、消费者支出模式和消费结构的变化、消费程序和信贷变化。消费者收入是消费者从各种来源所得的全部收入包括个人工资、退休金、红利、租金、赠予等。消费结构是指消耗的各种消费资料(劳务)构成，即各种消费支出占总支出的比例关系。消费储蓄是推迟了的、潜在的购买力，与购买力是反比例关系。间接影响因素有经济发展水平、经济体制、地区发展状况和城市化进度。经济发展水平高的地区强调物流服务品种及特色，品质竞争多于价格竞争；反之，重于性价比，价格因素比服务品质重要。东部、中部和西部三大地区的因素制约。城乡居民存在某种经济文化差异。

3. 政治法律

政局稳定，人们安居乐业；相反，社会动荡、矛盾尖锐、秩序紊乱，影响经济发展和市场稳定。企业营销活动的准则，遵循本国法律制度及国外法律制度、国际法规、惯例和准则。

4. 自然环境

面对日益短缺的自然资源，环境污染加重，政府干预不断加强，不得不使得物流服务朝着绿色环保的方向发展。

5. 科学技术环境

每一次技术革命都影响人类社会文明的文明和进步,物流服务水平的提高需要靠物流设备的技术开发。

6. 社会文化环境

受教育程度的高低,影响消费者对物流服务的需求和选择;价值观念决定消费者购买行为,应根据价值观念设计物流服务;不同文化倾向和戒律,影响消费者需求和购买行为;不同的风俗习惯制约人们选购物流服务的形式和准则。

五、物流服务业开展市场营销的价值

(一)开展服务营销是现代物流企业取得市场竞争优势的重要手段

现代物流企业是典型的服务企业,物流服务质量的好坏是企业竞争力的重要组成部分,面临全球金融危机复苏、市场竞争日趋激烈的情况,通过服务营销来提升市场竞争力已经成为越来越多物流企业的制胜法宝。

(二)开展服务营销可以树立物流企业形象,赢得顾客忠诚

服务营销已经成为全面深入履行现代市场营销观念的有效方法之一。物流企业通过实施服务营销策略,给顾客提供高质量的物流产品和超过顾客预期的优质服务,将会大大提高顾客的满意水平,从而增强顾客对企业品牌的忠诚度。

(三)开展服务营销可以使物流企业及时得到反馈信息,提高企业利润

开展服务营销具有提高产品的差异化和增加产品附加值的功能,从而使物流企业同顾客保持密切接触,能够为企业提供巨大的市场信息。这些信息可以迅速反馈到物流生产经营系统,并使其及时改善,进而使其转化为企业利润。

案例分析思考题

士力架"饿货拳":让广场舞为年轻人洗脑

2014年8月份前后,"憨豆先生"复出的消息被广泛关注。罗温·艾金森自从宣布不再出演憨豆之后,让许多影迷觉得惋惜,近日一段憨豆出演的预告片在网上流传,便引起了媒体和影迷的广泛关注,媒体和影迷也非常期待憨豆的表现。在曝光的视频中,憨豆以其经典形象和搞笑的姿体语言打了一套简单易学的搞笑拳法,后被影迷和网友称为"憨豆饿货拳",不少影迷争相模仿,引起模仿狂潮。

在视频中,憨豆先生先是吊着威亚从屋顶间穿过,几度不平稳还差点从房顶掉下,幸好被华人演员饰演的江湖中人出手相助;几个人相约同行在房上行走,经过一个弧度跳跃,憨豆先生身体砸穿屋顶,直接落入房内;一个江湖大盗模样的人正在烤炭火,一群江湖人士围上来紧逼憨豆先生,但见憨豆不紧不慢,耍起了他的憨豆饿货拳……恶搞的故事和叙事脚本令得网友的满堂彩,与此同时,憨豆饿货拳也因为憨豆先生的复出和出色表演在全球尤其是华语世界蔓延开来。

作为视频中的最有趣桥段,如同小苹果的舞蹈一样,一发便不可收拾。穿越的剧情配上憨豆乌龙式的搞笑动作,立即掀起了一股强劲的模仿旋风。尤其是里面憨豆左扭扭、右扭扭的桥段,更是全片最集中被模仿的一段,虽然憨豆先生的表情不易被模仿,但有不少网友喜欢挑战。网上各种模仿版、舞蹈教学视频已满天飞。

据悉,这个由憨豆先生演绎的《憨豆饿货拳》的视频已经霸占各大视频榜单TOP3,仅在某视频网站的点击率就达到7 000多万次。迅速蔓延的"饿货拳舞"在网上的模仿版本满天飞,广场大妈、办公室OL甚至名人明星都在跳,制作方向记者透露,拍摄这支短片的并非别人,而是《地心引力》创作团队中的Daniel Kleinman。

思考题:
1. 营销是否能够成功的关键是什么?是什么促使了"饿货拳"的成功?
2. 案例中展现了哪些市场营销原理?结合案例简述这些理论。

第二章 物流服务营销

> **导入案例**
>
> **只隔一夜的售后服务**
>
> 戴尔计算机公司是美国20世纪90年代新崛起的一家专门经销计算机的公司。迄今为止,戴尔公司在欧美电脑杂志评比中已经获得60项大奖,1990年、1991年、1992年连续三年,戴尔产品的销售率连续上升,获得全美计算机评比第一。之所以取得这样的成绩,一个重要的原因是公司采用了只隔一夜的售后服务的方法。使用戴尔的产品一旦遇到了问题,任何用户都可以在任何时候给戴尔的维修服务部打电话。电话一旦接通,技术人员便会向你询问机器背后的一系列号码。几秒钟内,技术人员便会确切知道你是何时购买的机器,以及这台机器是如何配置的。一旦了解了你机器的型号、硬盘、内存、显示器、打印机等,技术人员便会准确知道购买的机器的毛病,并能迅速告诉你:如果需要更换零配件或者调换机器,戴尔公司通过联邦捷运公司连夜运达。
>
> 戴尔计算机公司能获得今天的成绩是实至名归。戴尔通过了解客户的心理需求,为客户提供及时的售后服务,为自己赢得了客户,也赢得了优质服务质量的好名声。服务对于一个企业的发展至关重要,通过戴尔的案例,让我们不禁思考,客户需要的是什么,怎样的服务能让客户满意,如何与客户建立好的关系……这些也是当今我国物流企业应该思考的问题,在互联网时代,物流服务业该如何发展,物流服务与互联网的未来在哪里。

第一节 什么是服务营销

早期,在市场经济日趋完善和全球经济一体化氛围里,服务业在国民经济中的比重已经超过第二产业,这意味着可以创造更多的就业机会和消费能力。发展服务业和服务营销已经成为促进服务业发展、提高我国竞争力以适应全球一体化趋势的重要途径。而今,在这个互联网经济日趋成熟的时代,服务营销成为营销的关键,如何处理好供应商、分销商、消费者以及政府等之间的关系成为营销的重点。

一、服务与服务业

（一）服务

1. 服务的定义

服务的概念主要是根据"产品"的概念来定义的,在市场经济条件下,服务作为一种商品,是通过交换来满足人或组织的某种需求而产生的一种产品,它是无形的。我们生活中存在着很多这样的无形服务,比如理发、看病等。

产品定义一般是指物质生产领域劳动者所创造的物质资料;广义的产品是指能够满足人们某种需要具有使用价值的无差别劳动成果,包括有形的和无形的产品。

"营销学之父"菲利普·科特勒认为:服务是一方向另一方提供的基本上是无形的任何东西或利益,并不导致任何所有权的产生。它的产生可能与某种有形产品联系在一起,也可能毫无关系。

由于服务自身的具有复杂性特点以及影响因素过多,所以对服务的定义不能面面俱到,存在着一定的局限性。在这里,我们列举三个其他学者具有代表性的定义。

（1）服务营销学家格鲁诺斯:服务一般是以无形的方式,在顾客与服务职员、有形资源商品或服务系统之间发生的,可以解决顾客问题的一种或者一系列行为。

（2）莱特南:服务是某个中介人或机器设备相互作用并为消费者提供满足的一种或一系列活动。

（3）佩恩在分析了各国营销组织学者对服务的界定之后,对服务有了这样的定义:服务是一种涉及某些无形性因素的活动,它包括与顾客或他们拥有的财产的相互活动,它不会造成所有权的改变。条件可能发生变化,服务产出可能或不可能与物质产品紧密相连。

众多学者对服务概念的定义中,都存在着一定的片面性,都只是强调了服务的某个方面的含义。在以上定义中,相对比较能全面反映服务的本质和内涵的是菲利普·科特勒所提出的。

2. 服务的分类

由于产品与服务的组合千差万别,因此各种服务在内容和形式上存在差别。下面,我们依据不同的划分标准,将服务进行分类。这里仅介绍三种分类方式。

根据服务的无形性以及服务在商品中所占的比例,我们结合肖斯塔克的产品/服务连续谱线图(见表2-1),将服务从纯产品到纯服务分为四大类。

表2-1 服 务 分 类

服务的含量	服务类别	例 子
低 ↓ 高	纯有形商品	盐、肥皂、牙膏,不附带明显的服务
	附带服务的有形商品	汽车制造商在销售汽车的同时提供相应的技术指导、配送、维修保养等服务
	附带少部分商品的服务	航空运输服务,以及旅途包含的食物、饮料、航空杂志
	纯服务	教育、理发、家政等

每种服务产品都具有有形的载体和无形的服务,不同的服务产品性质和规律由它的有形性和无形性的程度来决定。如图 2-1 所示,其表示不同的服务产品中的有形部分和无形部分的分配构成一个连续谱线。有形和无形部分的不同组合决定了不同的营销手段和方法。一般来说,无形性越大,表示越难使用有形商品的营销手段。相对于出版印刷这种依附于有形产品的服务来说,理发、教育这种单纯性的服务在营销上要显得复杂和困难得多。

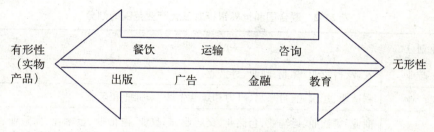

图 2-1 无形性/有形性含量连续谱线

根据服务对象的不同以及行为方式的不同分类。罗夫洛克提出两个问题:① 服务的本质是什么?② 服务的直接接受者是谁?

根据不同的答案将服务分成四类,如图 2-2 所示。

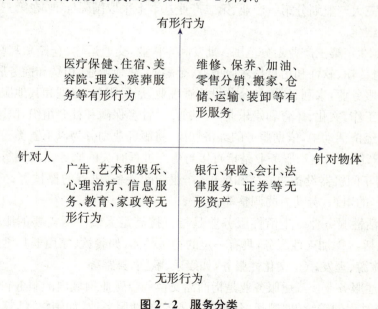

图 2-2 服务分类

根据顾客有无必要在服务现场出现进行划分为两类。
(1) 必须要求顾客在服务现场出现的服务,如美容理发、身体检查、就医等。
(2) 不需要顾客亲临现场的服务,如汽车修理、衣物干洗等。

(二) 服务业

1. 服务业定义

服务业是指专门从事生产和销售各种服务的产业。狭义的服务业是指商业、餐饮业、医疗卫生、出版业等传统的生活服务行业;广义的服务业就我们一般所说的第三产业它包括除第一产业和第二产业以外的产业。服务业是一个庞大的经济体系,其涉及的范畴一直备受国内外经济学家的争议。

2. 服务业分类

服务业的分类一般按照产业标准划分。表2-2是联合国组织和世界银行对目前世界三大产业范围的划分,也是通用的划分依据。

表2-2 联合国和世界银行对三大产业范围的划分

产业划分	产 业 范 围
第一产业	农业、畜牧业、林业、渔业、狩猎业
第二产业	制造业、建筑业、自来水、电力和煤气生产、采掘业和矿业
第三产业（服务业）	商业、餐饮业、运输业、仓储业、交通业、邮政业、电信业、金融业、保险业、房地产业、租赁业、技术服务业、职业介绍、咨询业、广告业、会计事务、律师事务、旅游业、装修业、娱乐业、美容业、修理业、洗染业、家政服务业、文化艺术、教育、科学研究、新闻传媒、出版业、体育、医疗卫生、环境卫生、环境保护、宗教、慈善事业、政府机构、军队、警察等

在我国三大产业划分第一产业、第二产业基本上采取国际标准,在第三产业上予以部分剔除和细化。

我国2013年第三产业划分范围:批发和零售业,交通运输、仓储和邮政业,住宿和餐饮业,信息传输、软件和信息技术服务业,金融业,房地产业,租赁和商务服务业,科学研究和技术服务业,水利、环境和公共设施管理业,居民服务、修理和其他服务业,教育,卫生和社会工作,文化、体育和娱乐业,公共管理、社会保障和社会组织,国际组织等。

在现代经济活动中,依据服务的经济性质,将服务业划分为以下五类。

(1) 生产服务。生产服务业是指直接与生产过程有关的服务活动的行业。主要包括:① 厂房车间机器设备的修缮和维护,作业线的装备,机器的擦拭等;② 经营管理活动,如生产的组织,劳动力的调整等。

(2) 生活性服务业。生活性服务业是指直接满足人们生活需要的服务活动的行业。主要包括:① 加工性服务,具有一定的物质载体,如餐饮、家用器具维修;② 活动性服务,如旅游、理发;③ 文化性服务,如娱乐、歌剧、舞蹈等。

(3) 流通服务业。流通服务业是指商品交换和金融业领域内的服务行业。主要包括:① 生产过程的继续,如搬运、包装等;② 交换性服务业,如销售、结算;③ 金融服务业,如银行、保险、会计等。

(4) 知识服务业。知识服务业是指为人类生产生活提供更高层次的精神文化需求的服务业。主要包括:① 专业性服务业,如信息处理;② 发展性服务业,如科研、文化教育、报纸期刊等。

(5) 社会综合服务业。主要包括:① 公共交通业,如运输业;② 社会公益事业,如消防、环境保护;③ 城市基础服务,如供水、供气、供电。

二、什么是服务营销

(一) 服务产品的特征

服务营销的战略和方法是根据服务产品的一般规律和特点来选择的,服务产品和实物产品有各自的特点和规律,只有掌握并熟知服务产品的特点才能正确选择营销战略。下面我们就来了解一下服务产品自身的特点。

1. 无形性

一切服务都是无形的、抽象的,它区别于有形产品的可见性和可触摸性。服务产品具有有形的载体和无形的服务,服务产品的使用并不发生所有权的转移,它只能被人享用,不能占有。如零售业的买卖服务,它是依附于有形产品进行的,看不见、摸不着,只是一个享用的过程。

2. 不可分离性

这一性质是指服务产品的生产和消费是同时进行的,是无法分离的。服务的不可分离性表示生产和消费是不能脱离的。服务的产生需要顾客的参与,比如就医时病人要向医生描述病情,这个时候医生和病人缺一不可,无法单独进行。

3. 可变性

服务的可变性是指服务的质量是可变的,缺乏一致性和稳定性。服务的质量可能根据服务发生的时间地点而变化,也有可能随着生产服务的服务人员而变化,还有可能因享受服务的顾客而变化。不同的服务环境、服务人员的态度等都会影响顾客的感知程度,所以服务产品具有不稳定性。

4. 易消失性

服务产品无法像有形产品一样储存起来,如食物、工业品等产品可以放入仓库保管;服务产品随着生产过程的结束而消失,如闲置的机器产生的折旧、船舱的空位、旅馆的空房间,都是由于服务的易消失性造成了损失和浪费。

(二) 服务营销的定义和组合

1. 服务营销的定义

服务营销,简单来说就是对服务产品的营销。当今,服务营销已经成为服务业竞争的主要战略之一。一方面,由于服务本身是一种产品,所以它本身就具有一般产品的特征;另一方面,服务产品的特征又不同于一般的有形产品,所以服务营销也不同于一般产品的营销,带有其自身的特点。

对服务营销概念的认识有以下三点。

(1) 服务本身就是一种产品,是为满足人的某种需求而产生的,所以服务营销是通过交换来满足人类的需求的一种社会活动。无论是产品营销还是服务营销,其基本目的和核心是没有变化的:完成产品交换。如果营销结果是没有达成物品交换,那么这就是一个失败的营销。所以,服务营销是给服务经济市场提供满足人类需求的服务产品的一种社会活动。

(2) 服务营销不仅包括服务产品的营销,还包括以有形商品为主的顾客服务营销。

服务产品的营销是指企业在整个的市场营销策划中包括营销活动的全部;顾客服务营销是指有形产品所包含的服务,是给客户的服务,这种服务不是单独存在的,而是有形产品的一部分。

(3) 服务营销与一般的市场营销在基本原理、理论方法、策略上都是一致的。服务与产品没有明确的界线,它们的主要不同取决于有形与无形的程度,所以服务营销与一般的市场营销的不同在于具体的内容、范围、手段和过程上。

2. 服务营销组合

如图 2-3 所示,服务营销主要由内部营销、外部营销以及交互营销三个部分和企业、职员、顾客三大主体组成。服务本身的特征具有复杂性和广泛性,因此仅仅用以 4P 为主的外部营销来征服服务市场是难以完成的,它不能保证服务的质量以及营销策略的准确性和高效性。

图 2-3 服务营销的组成

(1) 外部营销。外部营销就是传统意义上的市场营销,它是以 4Ps 组合,即产品、价格、分销渠道以及促销为主对顾客展开营销的组合。它从企业的角度来考虑思考市场策略,但是随着营销学理论和营销实践的不断发展进步,传统的外部营销开始改变,仅仅用"4Ps"来涵盖一个企业的营销组合显得越来越具局限性。

(2) 内部营销。内部营销就是对企业内部进行管理,具体表现为对公司的职员进行选择、聘用、培训、指导、激励和评价,使企业的职员树立正确的服务思想,能够更好地为顾客服务。内部营销作为一种管理策略,它的核心是如何使职员具有顾客意识,达成一种为顾客服务的意识,更好地辅助外部营销向市场提供产品(实物产品和服务产品)。

(3) 交互营销。交互营销是指企业的职员在为顾客提供服务产品时应该具有的各种服务技能。首先,企业的职员要具有一定的服务技能,为顾客提供服务产品,还要具有良好的沟通和倾听的能力,及时发现和了解顾客的产品服务需求,为企业服务的不断改善提供帮助。一个顾客在享受完该企业提供的服务时对其服务质量的评价是很重要的,而服务质量的好坏完全由顾客的心理满足感来决定的,而服务质量的高低能够影响企业的竞争力。因此,营销过程不仅要注重提供服务的技能,更要看重服务的效果。

最初的营销组合是根据制造商的生产制造企业来确定的,也就是以实物产品为营销对象。但是随着服务经济的发展,服务业在经济中的比重越来越大,因此这种比较传统的营销组合模式受到了种种质疑。传统的营销组合基本上是围绕着 4P 展开的,它反映了市场营销中普遍的规律,也是服务营销发展的基础。

但是,传统的营销组合模式并不能完全涵盖服务行业的需求。由于服务产品自身的特点以及影响因素的复杂,服务行业向传统营销框架提出了新的要求。因此,对传统营销组合的完善修正势在必行。20 世纪 80 年代,市场营销学者布姆斯和毕纳将服务营销组合扩充到七个要素,即从过去的 4P 扩充到现在的 7P,增加了人(people)、有形展示(physical)、过程(process)。

(1) 人。人是大多数的服务生产和交付的基本要素,因为服务产品的提供很难离开人独立存在。人这个要素包括服务的提供者和接受者,因此人对服务和服务营销是至关重要的。

(2) 有形展示。在交易市场上,没有有形展示的"纯服务"是极少的,通过实物和外观的展示可以在不同程度上表现出服务的特征。有形展示的要素有:实体环境以及提供服务所需的装备实物,还有其他实体线索。

(3) 过程。服务和服务营销本身就是一个过程。服务营销的过程家就是服务的传递过程,过程的不同将导致服务的不同,因此对过程的选择也是很重要的。服务过程分类:① 复杂程度和差异程度都较高档的服务过程,如大型手术;② 复杂程度高而差异程度低的服务过程,如酒店服务;③ 复杂程度低而差异程度高的服务过程,如美容美发;④ 复杂程度和差异程度都比较低的服务过程,如零售服务。

3. 4Cs 理论

4Cs 理论是美国营销专家提出的向传统 4Ps 理论发起挑战的理论,它强调以顾客为导向。基于市场的竞争以及物流服务的特殊性,4Cs 理论对物流服务业的发展更具导向作用。

(1) 顾客需求(consumer's need)。企业首先要了解、研究、分析消费者的需求和欲望,而不是先考虑能给消费者提供怎样的服务。企业完全有条件对顾客的需求产生影响,从而在满足需求的条件下创造需求,实现企业的最终营销目的。例如,宝洁在海飞丝洗发水上花费大量的人力和财力开发研究配方,满足顾客对洗发水的需求,但却花另外一段时间挖掘顾客的潜在需求,从而为其名下的其他洗发水产品开拓了市场。

(2) 顾客意愿支付的成本(cost)。该策略指出物流的价格与顾客的支付意愿密切相关,当顾客对物流的支付意愿很低时,即使某个物流企业能够为其提供非常实惠但却超出顾客支付意愿的服务时,物流企业与顾客之间的物流服务交易也无法实现。因此,要在分析目标客户需求的基础上,量体裁衣要制定出一套个性化的物流方案才能为顾客所接受。

(3) 顾客的便利性(convenience)。此策略要求物流企业要始终从客户的角度出发,考虑能为客户提供物流服务能给客户带来什么样的效益。如时间的节约、资金占用减少、核心工作能力加强、市场竞争能力增强等。只有为物流需求者对物流的消费带来效益和便利,他们才会接受物流企业提供的服务。

(4) 与顾客沟通(communication)。即以客户为中心,实施营销策略,通过互动、沟通等方式,将物流企业的服务与客户的物流需求进行整合,从而把客户和物流企业双方的利益无形地整合在一起,为用户提供一体化、系统化的物流解决方案,建立有机联系,形成互相需求、利益共享的关系,共同发展。

(三) 服务营销的重要作用

1. 服务营销是新的时代要求

随着人类社会的知识化、信息化和网络化,服务经济时代已经来临,服务产业在整个社会中的比重日益提高,服务对社会的重要性也日益增加。服务经济的到来,将极大地促进信息产业、咨询服务业、旅游业等服务业的加速发展,也必将推动服务营销学的大力发展和广泛应用。

2. 服务营销有助于塑造企业的形象和改善企业的市场地位

今天,服务营销对企业至关重要。以服务为导向,以服务理念为行动指南,积极开展和提高服务营销水平,将有助于塑造企业的形象和改善企业的市场地位。过去,IBM被认为是制造业的巨头,但是今天,IBM已经是世界上最大的服务企业。如今的IBM以服务战略作为其发展的主导战略,通过其业务部门在全球范围内提供产品服务支持、专业咨询服务和网络计算机服务。

(1) 服务营销能更好地满足顾客的需求,提高顾客满意度和顾客忠诚度。随着产品和技术的趋同,很多消费品之间并没有很大的差异。换句话说,现在是"大路货"盛行的时代,与此同时消费者不仅对产品或服务的质量要求越来越挑剔,而且更多的注意力转向了服务。国外研究表明,96%的不满意顾客不会向你投诉,但是其中的63%的人以后不会再买你的东西。另外,生气的顾客会先后对10个人诉说,10个人又对4.5个人说,我们发现,一个公司的服务满意度问题关系到至少11.5个顾客。因此,企业需要将营销的重点放在有潜力的顾客群上,通过提高他们的满意度来使他们成为公司最有价值的顾客群,这样一个公司就相当于拥有了上千万的销售代表,并且不需要付报酬。

(2) 服务营销有助于提高企业竞争力。随着市场竞争的日益激烈,服务已经成为竞争的重要手段和企业竞争的焦点。无论是服务业还是制造业,提供优质、高效、个性化的服务是形成企业竞争优势和提高竞争能力的有效手段,不仅能够增强企业的市场适应能力,而且能够促进企业业务能力的不断提高,推动企业不断发展。在互联网时代,如何留住顾客以及发展新的客户才是竞争的重点,服务营销的进行能够帮助企业培养客户。

第二节 服务营销在哪些方面不同

21世纪是服务经济迅猛发展的时代,"服务"已成为企业间的竞争的重点,越来越多的企业将"服务"作为克敌制胜的法宝。服务营销的理念也越来越受到企业界和经济学界的重视。我们将从服务营销与市场营销的关系和传统营销做一个比较,来突出服务营销的重要性以及自身发展的特点。

(一) 服务营销学与市场营销学的关系

古语有云:问渠那得清如许,为有源头活水来。服务营销学与市场营销学之间的关系就有如静潭与活水一般,市场营销学作为一个营销学的大水潭,包罗万象,而服务营销正是市场营销学的一个分支,但是它的不同在于"活",不断地有新的服务营销策略和理论在汇集。服务营销作为市场营销的一部分,是离不开市场营销这个大范围的,而市场营销如果缺少服务营销这一部分,就会失去活力、停滞不前。所以,它们之间是相互影响、相互制约的关系。

让我们从以下几个方面来具体认识市场营销学与服务营销学的关系。

首先,它们是包含关系。服务营销发展于市场营销。服务营销学是从市场营销学中派生出来的分支,在基本原理、理论方法、策略上都是与市场营销一致的,所以从本质上讲，它们俩没有区别。

其次，它们之间存在差异：① 侧重点不一样。市场营销侧重全面的营销方式，一般包括多种营销方式并且其目的性强；而服务营销只是市场营销中多种营销方式的一种，侧重于对服务产品的营销。② 营销研究对象不一样。市场营销的研究对象是以企业的产品整体营销作为研究对象，侧重于实物产品营销；而服务营销更加侧重于对"服务"的研究。虽然企业的产品包括了服务产品，但是由于目前还没有准确的标准来把无形服务与实物产品区分开来，所以服务营销与市场营销还是存在差异的。我们将在下一节具体介绍服务营销与传统营销的主要区别。

服务营销学是市场营销学的发展。服务营销从市场营销中派生出来只有短短的几十年，在不考虑和区分产品的有形性和无形性的前提下，服务业只是属于产品的一种，服务营销拓展了市场营销对象的范围，是比较高层次的一种营销，因此，从这个层面来讲，服务营销是市场营销的发展。

（二）服务营销与一般的市场营销的比较

服务营销与一般的市场营销没有本质的区别，但是由于服务产品的特殊性质，服务营销比一般的市场营销更注重和强调以下六点：

(1) 服务营销注重客户保留，追求顾客的满意度和顾客的忠诚度。
(2) 服务营销强调与顾客建立一种长期的关系，注重长远的利益。
(3) 服务营销强调对顾客的承诺，注重服务过程质量的保证。
(4) 服务营销强调与顾客的接触和沟通，注重与顾客建立一种相适应的关系。
(5) 服务营销强调注重产品的质量，服务质量受多种因素的影响。
(6) 服务营销强调以产品提供的利益为导向。

第三节 对物流服务业的多种定义

一、物流服务业

（一）什么是物流服务

物流服务是为了满足客户需求所实施的一系列物流活动产生的结果，即为客户的利益进行将物品从供应地向接收地的实体流动过程，将运输、储存、装卸、包装、流通加工、配送、信息处理等基本功能实施有机结合。

从物流服务的定义来看，物流服务就是一系列的物流活动的集合体，是物流各个基本功能的有机结合，而物流业作为第三产业，也可以看作是物流服务。

（二）物流服务业定义

服务业作为一个完整概念被提出并进行系统的理论，以及服务业作为一个产业在整体上快速发展，是在 20 世纪后出现的。从国际经济发展看，服务业将成为全球第一大产业和推动世界各国经济不断发展的持续动力。世界上发达国家从以工业为主导的经济演变为以服务业为主导的现代市场经济。但是，关于服务业的范围问题，一直来存在较大的争议，随着社会经济的发展，服务业的概念需要不断延伸。

在经济发展过程中，服务业内部的发展呈现不均衡的特点。从国际经验看，受技术进步、分工专业化程度的提高以及城市化趋势的驱动，服务业的发展演变大体经历五个阶段：① 企业规模小，结构散乱，以传统的生活服务业为主；② 规模扩大，服务业内部结构初步转换；③ 服务业结构发生质变，现代生产性服务出现；④ 服务业在经济发展占据突出地位；⑤ 服务业呈现新经济特点，知识密集型服务业日渐突出。

从顾客的角度出发，物流可以看作为一种服务产品创造顾客满意。也就是说，物流服务就是物流系统为顾客提供所需要的服务，从而带来顾客满意，促使顾客重复交易并达到顾客忠诚，最终实现公司赢利。物流服务具有以下一些特征。

（1）物流服务属于无形产品，具有无形产品的不可感知性、不可分离性、易变形等特征。物流服务并不改变货物本身的性质，只是以货物作为媒介，通过对货物实施储存、运输等功能实现其时间和空间价值，物流服务产品的生产和销售具有一致性和不可储存性。

（2）从属性。客户企业的物流需求不是凭空由自己创造出来的，而是以商流的发生为基础，伴随着商流的发生而产生的。对于这样的需求提供的物流服务，必然具有明显的从属于客户物流系统的性质。

（3）物流服务的基本目标是客户满意。在物流服务过程中，物流服务的直接对象大多是企业，客户是多层面和多层级的，既包括内部客户和外部客户，又包括直接客户（物流服务需求方）和最终客户（物流服务需求方的客户）。企业客户更加理性，他们多用绩效和利润来衡量自身的满意度，其满意度是多个部门满意度的综合，而且往往与客户企业的顾客的满意程度有很大的关系。同时，物流服务水平就可以通过这一系列活动的具体指标来衡量，企业绩效是客户满意和忠诚的回报，因此，需要将客户满意的物流服务需求转化为企业可运作的绩效评价并成为企业经营哲学的重要构成部分。

（4）物流服务是一个供应链过程，是通过节省成本费用为供应链提供重要的增值利益的过程，具有结构性、系统性、网络性。包括以核心企业为中心的各供应链环节的运作层面和各环节的客户感知层面，两者的统一特别是最终客户的满意是物流服务追求的目标。

（5）物流是由运输、包装、仓储等一系列活动构成，顾客满意的重要因素——物流服务质量（LSQ）就可以通过这一系列活动的具体指标来衡量，更容易量化处理，这也使企业持续改进和提高物流服务水平的目标更具操作性。

（6）物流服务的质量保障最终表现在物流服务能力的提供上。对于物流服务提供商而言，物流服务需求和物流能力供给的匹配与平衡是追求自身与物流服务需求方目标一致性的关键所在。

（7）物流服务的竞争优势体现在基于顾客细分的差异性满足。这需要物流服务提供商根据客户实际情况提供个性化、集成化的物流服务。同时，物流服务是营销与物流系统的界面，两者需要协调统一。

二、物流服务营销特点

(一) 物流服务营销的认识

物流服务营销是从事交通运输、仓储等一体化物流服务的企业针对物流及其相关服务所进行的综合性市场营销活动。现实经济生活中的服务可以区分为两大类。一种是服务产品,产品为顾客创造和提供的核心利益主要来自无形的服务;另一种是功能服务,产品的核心利益主要来自形成的成分,无形的服务只是满足顾客的非主要需求。物流服务营销是现代物流企业市场营销的一个新领域。作为一种新型营销模式,服务营销是提升客户满意度、获得客户忠诚度的主要方式,是物流企业在激烈的市场竞争中取得竞争优势的有效途径,也是树立企业口碑和传播企业形象的重要途径。

(二) 物流服务营销的特点

1. 物流服务供求的分散性

在物流服务营销活动中,服务产品不仅供方覆盖了第一产业和第二产业,还包括第三产业的各个部门和行业,物流企业提供的服务广泛分散,而且需方涉及各种各类企业、社会团体和成千上万不同类型的消费者。物流服务的特殊性要求服务网点要广泛而分散,尽可能地接近消费者,造成了物流服务供求的分散性。

2. 物流服务营销方式单一性

物流服务营销由于物流生产与物流消费的统一性,决定其只能采取直销方式,中间商不可能介入(虽然有第三方物流组织的存在,但是从物流本身来说他们只是物流系统的一部分),储存待售也不可能。物流服务的需求者在购买物流服务之前一般不能进行检查、比较和评价,只能凭借经验、品牌和推销宣传信息来选购,同有形产品的营销方式可以采取经销、代理和直销等多种营销方式。物流服务营销只能采取单一的营销方式,在一定程度上限制了物流服务市场规模的扩大,给服务产品的推销带来了困难。

3. 物流服务营销对象的复杂性

物流服务的购买者既可以是生产企业,又可以是消费者个人,而且购买服务的消费者的购买动机和目的各异,同一物流服务的购买者可能牵涉社会各界各业各种不同类型的家庭和不同身份的个人,造成了物流服务营销对象的复杂性。

4. 物流服务消费者需求弹性大

物流服务需求受外界条件如季节变化、气候变化、地理条件、突发事件以及科技发展的日新月异等影响较大,同时企业对物流服务的需求与对有形产品的需求在总金额支出中相互牵制,也是形成需求弹性大的原因之一。

5. 服务质量评价的不确定性

物流服务者的技术、技能、技艺直接关系着服务质量。消费者对物流服务产品的质量要求也就是对服务人员的技术技能、技艺的要求。由于物流生产过程与消费过程同时进行,工业企业在车间进行质量管理的方法无法适用于物流企业。同一物流服务提供者提供的同一物流服务会因其精力和心情状态的不同而有较大的差异,而且服务业绩的好坏也与消费者的行为以及消费者对服务本身要求的差异性密切相关。因此,服务者的服务质量不可能有唯一的、统一的衡量标准,只能有相对的标准以及凭购买者的感觉体会,从而服务质量评价具有不确定性。

第四节　物流服务竞争优势的获取

近年来,虽然我国物流行业总量发展速度较快,但是行业内发展水平参差不齐,大部分的本土物流服务提供商只能提供简单的物流服务,相比于外国物流供应商,我国的物流服务行业规模小、集约化程度低、一体化综合物流服务的现代物流企业较少。

物流企业在物流产业框架下展开物流服务竞争,从服务营销理论分析,物流服务是纯产品与纯服务之间的中介过渡,含有人员、技术、设备、设施等基础资源要素在其中,建立在资源要素基础上的竞争优势直接与企业竞争力相联系,物流企业如何获取物流服务竞争优势成为影响企业未来发展的关键因素。

一、商业模式创新——跨界、整合、价值链重组

20世纪90年代以来,以互联网为代表的信息技术快速发展,为企业的发展提供了比以往任何时期都更为丰富的创新途径与创新空间。与此同时,出现了一大批给予互联网技术的新型商业模式的企业,它们使用与传统企业完全不同的方式为顾客创造和提供价值。随着物流行业的发展,传统的物流服务模式已经无法满足互联网经济下各行业对物流服务的需求,物流服务商业模式创新势在必行。

(一) 跨界

21世纪是互联网成熟发展的时期,在互联网技术的冲击下,各行业进入了无边界时代。随着物流行业竞争越来越激烈,传统的物流服务行业,如运输业、仓储业等,其利润率逐渐下降,物流服务企业需要改变单一的发展方式来谋求未来的发展。

1. 跨界的含义与发展

跨界,指突破原有行业惯例、通过嫁接外行业价值或全面创新而实现价值跨越的企业品牌行为。作为一种新型的营销模式,"跨界"营销是基于用户体验的互补关系,在营销思维模式上实现了由产品中心向用户中心的转移,真正确保了用户为中心的营销理念。它通过行业之间、品牌之间的相互渗透和融合,改变了传统营销模式下单兵作战易受外界影响,而削弱品牌穿透力、影响力的弊端。

2. 物流服务行业跨界发展

随着物流行业盈利点、盈利率相对降低,不转变商业发展模式意味着等死。那些相对于大型的物流企业家们纷纷选择了"二次创业",开拓新领域、新项目。他们利用现代互联网技术、信息技术等,发展的范围也不仅仅局限于简单的物流行业,而是通过渗透的方式进行转型。

近年来,国内的电子商务领域呈现爆发式的增长,电子商务企业与第三方物流企业合作配送是现在普遍的做法。虽然相比于电商企业高调宣布跨界自建物流,物流企业跨界电商的脚步显得低调了很多,但是这不影响物流企业涉足电商。2010年宅急送推出自己的电商平台"E购宅急送",2014年顺丰速运在部分地区开始了"顺丰优选"的相关业务都表明物流企业跨成为物流发展的新的突破口。物流企业跨足电商首要的目的不是盈利,而是利用电子商务这一形式来完善物流资源,延伸物流服务的终端,提高整体的供应链的服务水平,从而获得额外收益。

(二) 整合

2011年11月,国内首个微博与电子商务平台结合的腾讯微博电商功能"微卖场"正式上线。2013年4月,阿里巴巴与新浪开始探索基于微博的社交媒体平台与基于阿里巴巴电商平台的社会化电商模式,同年8月,双方发布"微博淘宝版"。京东商城通过微博销售产品货额达5亿元。主打个性化、高品质商品的微电商在微博、社区、微信等平台受到高消费层次群体的追捧。以上这些成功的企业运作模式都可以成为物流行业未来发展的借鉴案例。在互联网发展的今天,"整合"基本上成为传统企业打破产业生命周期理论的突破口。

物流资源整合就是将分散在不同企业、部门的资源,按照一体化物流目标的要求进行剥离、重组、置换、联合或虚拟运作,以取得资源利用的整体最佳效果。

1. 网络整合

(1) 关系网络整合。现代物流是基于供应链的物流,是建立在供应链各成员战略合作关系基础上的物流。所以,能否和供应商分销商、零售商、顾客建立密切的合作关系,实施关系管理,是能否发挥供应链物流整体优势和增强竞争能力的基础。供应链战略合作关系的实质就是实现知识、信息共享,快速、柔性、创新地满足顾客需求。整合关系网络就是要重构供应链关系,其实质是重构价值链,获得竞争优势。

(2) 信息网络整合。要想整合关系网络,首先得整合信息网络。在当今新的环境下,信息网络的整合并没有使信息资源失去其价值,也没有损耗,可以很好地满足用户的需求。过去,我国的物流企业压根不重视物流数据的价值,每一个动态的信息都与成本、KPI数据相关,整合这些数据信息并且运用于物流运营管理和消费者需求分析需要一个更完善的信息网络,所以只有通过信息网络整合供应链各个成员信息以及消费者的消费分析,才能形成信息共享和实时传递。因此,信息网络是关系网络发展的基础。

(3) 物流组织网络整合。物流组织网络整合目的是为了实现物流服务相关组织的协同化或一体化,实现物流资源(信息、市场、能力)的整合。传统的以职能为导向、以企业运作效率为中心的物流组织结构已经不能适应现代物流服务的需要,需要转变为以顾客需求为中心的过程导向,实现物流过程的一体化。具体方法包括:在供应链环境下,建立以核心企业为中心的统一的物流协调机构,采用项目管理等方式合作开发物流服务内容、流程、技术与方法,建立供应链成员间的决策、学习、知识共享、激励与监督制约机制;同竞争对手加强横向协同,建立战略联盟,实现物流服务优势互补,加强同公共物流平台如物流园区、共同配送中等的协同,改善物流服务。

2. 供应链整合

供应链整合既是服务业发展过程中出现的一种新趋势，又是供应链研究的一个新方向。传统的产品供应链追求的是信息流、资金流、物流的"三流合一"，而服务供应链又增加了服务流和价值流，因此服务供应链整合要实现"五流合一"。

供应链整合是供应商、核心企业与顾客之间为了取得各方都能满的结果而进行的互动和合作，信息共享是供应链整合的一个重要因素。供应链一体化成为主流，企业生产从"纵向一体化"运作模式逐渐被"横向一体化"取代。

(三) 价值链重组

价值链概念是于1985年由哈佛大学商学院教授迈克尔·波特在其所著的《竞争优势》中首次提出的。波特认为，每一个企业都是在设计、生产、销售、配送和辅助过程中所进行的许多相互分离的活动的集合体，所有这些活动都可以用一个价值链来表示。

1. 价值链重组

随着供应链一体化的发展，供应链上合作企业间存在一定程度的利益冲突，如何协调供应链上的供应商之间的关系影响着整条供应链的运作效率，这就涉及价值链的问题。价值管理就是要达到对整个供应链上的信息流、物流、资金流和价值流的有效规划和控制。今天，价值链管理复杂性日益增加，越来越多的企业倾向于将价值链某些环节的生产转交给其他更擅长的企业，让专业的人做专业的事。

2. 如何进行价值链重组

一是对由客户、企业以及供应商组成的价值链上每项业务环节进行优化、重组，消除非增值活动，使企业资源能得到合理高效的利用。二是优化价值链整体结构，使得物流、资金流、工作流和信息流"四流合一"。这对于用传统经营方式来运作的企业来讲是很难实现的，必须借助 ERP 手段来整合企业内外部资源，通过对企业组织架构、管理模式、业务流程等方面改革，建立与上下游企业整个价值链的良好竞争优势来实现。

建立合理的物流价值链对整个集群式供应链系统起着基础性的价值推动作用，具体表现在：第一，可以降低集群式供应链系统中企业之间的交易成本；第二，可以促进集群式供应链系统中企业产品和服务的多样化；第三，可以提高集群式供应链的集聚效益。

二、技术应用

现代物流技术体系贯穿了整个物流领域的各种基本活动的专业技术和管理技术，从技术思想来源或科学原理来看包括物流机械技术、物流信息技术、物流电子技术、物流自控技术、物流数学方法和计算机技术等；从功能活动来看包括运输技术、仓储技术、装卸技术、包装技术、流通加工技术及物流信息技术等；从技术形态来看包括物流活动所需要的设施、设备、工具等硬技术和信息网络、物流规划、物流系统等软技术等。

(一) 信息技术化

信息技术在物流技术中的地位无疑变得越来越重要。人们对信息的重视程度日益提高,要求物流与信息流实现在线或离线的高度集成,使信息技术逐渐成为物流技术的核心。物流装备与信息技术紧密结合、实现高度自动化是未来发展的趋势。现场总线、无线通信、数据识别与处理、互联网等高新技术与物流设备的有效结合,成为越来越多的物流系统的发展模式。人们将会广泛采用无线互联网技术、全球定位系统(GPS)、地理信息系统(GIS)和射频标识技术、条形码技术等。电商务和因特网是最重要的,群件(groupware)指的是越来越多的用以增强人们之间交互作用的一整套信息技术,也是很重要的。

全球性连锁超市沃尔玛20世纪70年代就开始使用计算机进行管理,并且建立了物流管理信息系统;20世纪80年代发射物流通信卫星实现了全球联物流通信卫星联网;20世纪90年代采用了全球领先的卫星定位系统,控制公司的物流,提高配送效率,这些先进的信息技术的运用为沃尔玛成为全球性的大企业提供给了技术手段,充分说明了技术的重要性。

(二)集聚化

物流业发展至今,物流企业已经不满足于单一的服务功能,不同分工的物流企业,物流企业为了缩短物流各环节之间的间隔时间,最大限度地发挥物流及时配送的作用,正试图聚集在同一区域内寻求共同发展,期待通过减少运输成本,扩大规模效益,实现企业利润的最大化。目前,我国越来越多的城市发展物流园区,正是物流集聚化发展的一个表现。将众多物流企业集中在一起,共享基础设施和配套服务设施,发挥整体优势和互补优势,实现物流业的专业化和规模化。

(三)运输技术的高速化、重载化、节能化

运输技术有可能会朝着高速化、重载化、节能化、更安全的方向演进,陆上运输领域主要将会有以下一些技术得到重视:重载卡车、重载列车、集装箱拖车、道路交通信息通信系统(VICS)、无须停车的自动付费系统(ETC)、先进安全汽车(ASV)、互联网ITS、探试信息系统等ITS技术、节能型汽车等。海上运输领域主要将会开发高速船、新一代的内航船(超级生态船),建立有效利用IT的新一代的海上交通系统。航空运输领域将会有超大型超高速飞机、新一代的航空保安系统等。

(四)装卸搬运仓储技术的智能化和人性化

装卸搬运技术将会朝着更加节省人力、更加智能、更有效率的方向发展,例如自动引导小车(AGV)、激光导引自动车(LGV)和搬运机器人技术、更具人性化的叉车技术、更具标准化的托盘等。仓储技术将会朝着更加节约土地、节约空间、更加高效率的方向发展。例如自动化立体仓库、驶入式激光导引高密度储存系统等。

(五)物流技术创新环保化和低碳化

环保化物流系统或绿色低碳化物流系统,其目标和宗旨是使物流系统中的托盘、包装箱、货架等资源消耗大的装卸,运载工具在设计、制造、包装、运输、使用、维护,直至报废处理和善后处理的整个产品生命周期中对环境的不利影响最小,而对资源的利用效率最大。物流系统向环保方向发展使人们在设计和制造物流设备时,不但要考虑技术先进性、经济合理性、还要考虑环境友善性,如包装箱材料采用可降解材料、托盘标准化提高可重用性、不断完善供应链管理以降低托盘和包装箱的使用等。

三、物流服务创新

随着信息通信技术的发展和消费者需求的多样化,以往的物流服务形态已经无法全部满足客户的需求。经济全球化的趋势和企业间竞争的加剧等都将促使物流服务向高端化方向发展,物流业的服务创新已是大势所趋。特别是随着中国市场全面开放,跨国企业凭借资金、技术和人才优势,在中国获得较快发展,我国的物流企业要想在激烈的市场竞争中不被淘汰出局,进行服务创新是有效的解决途径。

(一)服务理念创新

我国目前大部分物流企业仍然主要是提供仓储、运输等功能性物流服务,现代物流企业应当冲破这种思想局限,以原来的主业为基础进行服务项目的延伸,向客户提供更加完善和全面的物流服务,树立"一体化物流服务"理念,提高物流服务的附加价值,从整个系统的角度出发,形成一个完整的价值链,通过对从原料、半成品和成品的生产、供应、销售直到最终消费者的整个过程中物流与资金流、信息流的协调,物流企业扮演的是物流管理者的角色,需要将多个物流功能进行整合,对客户物流运作进行总体设计和管理,为客户提供多种物流管理和决策服务,不断创造新的赢利机会。

一体化服务理念内容如下。

(1)不是多个功能服务的简单组合,而是提供综合管理多个功能的解决方案。

(2)一体化物流服务的目标不仅仅是降低客户的物流成本,而是要达到全面提升用户价值。

(3)与客户的关系不再是简单的博弈关系,而是双赢的合作伙伴关系。

(二)服务内容创新

在服务内容上,物流企业要跨越常规服务,为客户提供个性化的增值服务。传统物流服务是通过运输、仓储、配送等功能实现物品空间与时间转移,是许多物流服务商都能提供的基本服务。增值服务实际上是将企业物流外包的领域由非核心业务不断向核心业务延伸。增值服务是根据客户的需要,为客户提供超出常规的服务,或是采用超出常规的服务方法提供的服务。运输的延伸服务主要有运输方式和承运人选择、运输线路与计划安排,仓储的延伸服务主要有集货、包装、配套装配、条码生成、贴标签、退货处理,配送的增值服务主要有JIT工位配送、配送物品的安装调试维修等销售支持,以降低终端消费者的机会成本,创新地、超常规地满足顾客需求。

(三)服务管理创新

面对国外物流企业纷纷抢滩中国市场,我国现代物流企业必须迅速进行服务管理创新,以期在激烈的市场竞争中生存和发展。物流组织应由职能化向综合化转变。综合化的物流组织是在一个高层物流经理的领导下,将采购、储运、配送等物流功能整合到一个组织中去,通过管理物流过程而不是物流功能来提高物流效率,强调企业内部和企业之间的协同和利益互换,以使整个企业物流系统的运作效率得到提升。

服务经济时代来临的另外一个标志是产品质量的差距日益缩小。在这个服务质量比拼的时代,物流服务业通过服务的创新来培养客户的忠诚度是非常重要的。

第五节　物流服务业需要不同的营销方式

一、我国物流企业营销现状

近些年,我国物流业得到了迅速发展,物流产业的销售额不断增长,企业类型不断发生变化,产业得到升级,物流服务不断实现智能化、高效化、集约化,为我国经济的发展贡献了重要的力量。相对于发达国家,我国的物流企业发展还是很有很大差距。我国物流企业应该注重现代物流服务业的特点,从服务差异化、有形化、标准化以及品牌化出发,制定和实施科学的服务营销策略和营销方式,优化和创新营销组合,寻求企业物流业务的发展空间。

(一)我国物流企业营销现状

1. 物流企业规模小,服务营销刚起步

近几年我国物流行业发展迅速,物流企业层出不穷,但大多数物流企业都为中小型企业,规模较小且只能提供简单功能化的物流服务,竞争激烈,缺乏完善的公司内部管理制度、高端的物流设施以及具备专业技能的物流从业人员。市场上对物流的需求渐渐走向供过于求的发展态势,这些中小型企业在激烈的市场竞争中难以像前几年一样获得较高利润,如何存活已经成为企业迫在眉睫的问题。此时,服务就成为企业与竞争对手差异化的利器。另外,服务营销的理念在我国仍处于初级发展阶段,很多企业服务营销理念不够深入,采用的营销策略缺乏服务营销意识,仍然以产品营销策略为主,对服务营销的重视还不够,自主宣传促销意识薄弱,竞争观念、服务观念、营销观念淡薄。例如,我国很多物流企业服务品牌意识不强,对于品牌经营的作用重视不够,忽视品牌经营与保护工作,并没有充分认识到服务营销对企业竞争的推动作用,绝大多数企业对服务营销的理解仍处于皮毛阶段,能将理论运用于实践并取得成效的比率不高。

2. 缺乏增值服务,客户满意度低

大多数物流企业都是由传统的运输企业转变而来的,但其经营理念尚未完全转变,企业经营核心仍在运输与仓储上,还没有全面开展分销、物流方案设计、物流信息服务、物流成本控制等增值服务,很多企业强调服务业很重视服务,可是他们并没有意识到,在为顾客提供服务的时候,服务始终是从属于产品的位置。由于传统的营销观念对企业仍有深刻的影响,他们对服务营销的理解还停留在表面,没有对服务进行系统化的规范和全面管理。这种较差的客户体验和较低的客户满意度,使顾客迫切寻找能满足其需要的物流企业,从而降低了顾客对该企业的忠诚度,对物流服务产品的认识不清导致企业流失了对物流服务较关注的顾客群体。

3. 物流信息系统不完善,服务人员不够专业

随着科技的不断进步,大多数物流企业已经建立自己的物流信息管理系统,但仍存在着很多亟待解决的问题,如信息更新不及时,很多客户在查询物流信息的时候常常发

现，几天过去了，信息仍停留在发货地，客户难以及时得到货物信息。服务人员的职业素质普遍不高，大多数与消费者直接沟通的物流从业人员都不具备真正的物流服务相关知识，还有很多中小型企业聘用临时工，大大降低了服务质量。同时，企业并没有充分理解和重视企业员工的情绪和感受，所以很容易使员工把对企业的不满情绪带到工作当中，会严重地影响其服务质量，从而使企业无法达到消费者的满意度，引起消费者对企业的不满情绪，而最终导致企业的形象受损。再者，由于国内企业的服务人员普遍缺乏必要的培训，造成了企业服务不规范、质量水平不高，从而无法为消费者提供满意的服务，最终导致无法留住消费者。

4. 物流服务供求分散性大，客户管理难度高

由于大多数中小型物流服务企业一般占地小、资金少、网点覆盖有限，导致消费者的购买成本较高，提供的服务广泛分散。顾客群体包含各类企业、社会团体和千家万户不同类型的消费者，买卖关系是多元的、广泛的、复杂的。消费者购买服务产品的购买动机和目的也各不相同，消费者会因各自所处的社会环境和各自具备的条件不同而形成较大的差异性，客户管理是物流服务中有较大难度的问题。

（二）物流服务营销的重要性

开展服务营销是现代物流企业取得市场竞争优势的重要手段。现代物流企业是典型的服务型企业，物流服务质量的好坏是企业竞争力的重要组成部分在面临全球金融危机复苏，市场竞争日趋激烈的情况下，通过服务营销来提升市场竞争力已经成为越来越多物流企业的制胜法宝。

1. 开展服务营销可以树立物流企业形象，赢得顾客忠诚

服务营销已经成为全面深入履行现代市场营销观念的有效方法之一。物流企业通过实施服务营销策略，给顾客提供高质量的物流产品和超过顾客预期的优质服务，将会大大提高顾客的满意水平，从而增强顾客对企业品牌的忠诚度。

2. 开展服务营销可以使物流企业即时得到反馈信息，提高企业利润

开展服务营销具有提高产品的差异化和增加产品附加值的功能，从而使物流企业同顾客保持密切接触，能够为企业提供巨大的市场信息。这些信息可以迅速反馈到物流生产经营系统并使其及时改善，进而使其转化为企业的竞争优势。

二、物流服务业需要不同的营销方式

物流行业加大营销力度已经刻不容缓，应该借鉴其他的服务行业的营销手段。在现代营销过程中许多的营销方式，营销人员往往根据不同的环境来选择不同的营销方式。物流服务同样也需要不同的营销方式，下面就简单介绍三种现今运用比较广泛和普遍的营销方式。

1. 网络营销

网络营销是各参与方之间以电子的方式借助网络这一媒介来完成各种业务及营销活动，网络营销的核心是信息化，这里所说的信息化不仅是表现在产品交易和支付上，还贯穿于整个物流过程。因此，网络营销每一个过程都包含物流、信息流、资金流和商

流。在网络环境下进行的一切物流活动,都依赖于一个良好的网络营销物流系统的支持,网络营销能够促进物流服务发展自动化、智能化、系统化。

2. 体验式营销

体验式经济的到来对企业的发展有着深远的影响,这种影响最主要体现在营销观念上。所谓体验式经济是指企业以服务为中心,以商品为素材,为消费者创造出值得回忆的感受。体验是经济的发展促生了体验式营销方式,体验式营销有以下四个特点:① 围绕客户,关注客户的体验,以体验为导向设计、制作和销售产品,例如一杯咖啡作为商品只能卖十几块钱,但咖啡如果成为一种美好的体验就能卖出好几百;② 情景检验,从顾客的角度去思考,使得产品在顾客体验前、中、后为其满意度加分;③ 体验式营销需要一个"主题",体验式营销始终围绕这个所确定的主题展开;④ 更注重顾客在消费过程中的体验,除了考虑产品的功能和特点,更主要的是考虑顾客的感受、切身体验。苹果公司的成功大多来自 iPod、iPhone、iPad 等产品的体验升级和不断研发。腾讯游戏的系列新体验活动的成功推广就是以发放 Q 币、道具、特权等带有强烈体验诱惑力的产品为前提的。

由于观念滞后和缺少创意等原因,企业现在的体验式营销大多还停留在模仿阶段,没有形成自己的核心元素,也就无法带给客户杰出的消费体验。物流服务业可以借鉴体验式营销方式来拓展企业的发展空间和渠道。企业物流服务设施及布局的完善也为体验式营销搭建了桥梁,物流业体验式营销方式有利于企业建立物流服务的自主品牌和良好口碑。

3. 差异化营销

差异化营销是指整个市场按照需求的差异性划分为若干个不同的消费市场,并针对不同的细分市场的特点制定相应的营销策略。菲利普·科特勒将波特的差异化竞争战略扩展到营销的各个组合要素,他提出的"营销差异化"概念包括产品差异化、服务差异化、人员差异化、渠道差异化和形象差异化。物流技术和模式的趋同致使物流企业越来越多地采用服务营销差异化策略,希望能够在目标市场占据一席之地。例如,2012年6月1日,"顺丰优选"正式上线,它是顺丰速运旗下电商网站,主打高端商品。顺丰优选的客户范围为国内中高端客户,开启了高毛利电商模式,一大业务是生鲜日配,另一大业务是进口产品,注重为客户提供高端服务。顺丰长期承担国内高端用户市场的快递业务,拥有忠诚度极高的客户群体,推广起来相对容易。这便是顺丰在物流服务业细分市场采用差异化营销策略。

"得物流者得天下",物流企业想要在激烈的行业竞争中脱颖而出,就要合理地运用不同的营销方式,采用不同的或者综合的营销方式,找准消费者的痛点和痒点,切实解决物流需求。

案例分析思考题

宁波新星物流公司服务营销策略案例

公司介绍

浙江省宁波新星物流公司地处长江三角洲区域,于1994年成立,起初规模小,基础设施差,成立时人员也仅有4人,凭着创业的激情以及区域经济的快速发展,经过15年的努力,该公司至今已经发展成为本省区域具有较大规模、在国内外享有盛誉的国际物流公司,现有员工250人,下设海运、空运、报关、客服、销售等多个部门,2008年的营业额为3 500万元人民币。

该公司提供专业物流服务,具体业务范围如下。

(1) 进出口货物运输代理:包括报关报检、订仓、租船、集装箱拆箱拼箱、签发提单等。

(2) 集装箱门到门运输。

(3) 多式联运:包括公路联运、公铁海联运、铁海联运、公水联运。

(4) 仓储管理及配送。

(5) 流通加工、包装、装卸。

(6) 信息服务:包括信息反馈、报表生成、信息监控、远程数据交换(EDI)/网上订仓配。

(7) 供应链一体化物流方案的策划及实施。

公司经营现状

宁波新星物流公司1994年开始在浙江地区开展业务,全程见证了现代该省的飞速发展,15年的经营经历积累了宝贵的行业经验,汇聚了百名优秀物流人才。细节可以体现专业,从方案设计到实务操作,无一不体现着资深优势。曾经经过国内权威媒体报道的创造了国内货运史上两个之最的货运项目,而该项目的直接参与以及直接执行者,就是宁波新星物流公司。一是三峡工程世界最大转轮被安全吊入工程左岸电站厂旁,在转轮前举行交接仪式时,加拿大驻中国大使馆专门派商务参赞到场,祝贺这一次成功的跨国合作。二是某铝业有限公司是在该省投资的台资企业,在公司成立初期,需要大量进口设备,并且有一些设备是超宽超高无法用常规货柜运输,宁波新星物流公司在操作该公司业务时,充分显示了资深国际货运代理的专业水平,顺利完成设备在上海的清关、运输以及到该省工厂的卸货以及定位工作,赢得了客户的好评。

目前在浙江省同行中,宁波新星物流公司的全球代理服务能力以及国内分公司的服务延伸到世界各地,已经完全能够满足该省客户全球货运的需求。国内几家大型物流公司已经成功合作为东风汽车提供物流运输服务。浙江省物流公司与海外代理密切配合,圆满完成了该省UNIC公司价值1 500万美元的整厂设备从台湾等地搬迁到该省的作业,宁波新星物流公司发挥了中流砥柱的领头作用。台玻集团价值几千万美元投资的全球运输、南亚电子单件超过70吨的大型发电机组从上海到各地的运输服务等,专业的全球客户部门人员货托承运,犹如亲送。宁波新星物流公司的服务能力受到客户的高度赞扬。

宁波新星物流公司针对本省一些国际货运代理公司难以满足客户多样化需求的现状,充分发挥本企业的资源优势,为客户解难题,提供全方位优质服务。为了满足客户物流外包的需求,让客户无须每个环节都面对不同的供应商,减少由此引起的不必要的麻烦,宁波新星物流公司抽调专业人员为企业提供海关注册、商检备案/外商投资企业鼓励项目确认书、进口设备减免税备案等企业开始正常进出口业务之前的相关业务，为客户出谋划策、献策献计，使客户商在全过程中减少中间环节，达到提供工作效率，节约企业成本的目的，其服务信誉备受客户信赖。

宁波新星物流公司为客户提供全方位服务过程中，特别注重综合分析，做到细致入微，为客户排忧解难，使其从卓越的服务中得到实惠。根据不同的客户对象和不同的业务需求，宁波新星物流公司立足调查研究、综合分析，力求服务周全、巩固客户关系。针对非常规货物，诸如大宗散货、超限笨重物等货物的进口，宁波新星物流公司对客户需求进行全面的综合分析，提供完善的运输计划和周全的应变措施，确保各种货物尤其是重大工程设备能最安全、最经济地通过各种运输方式由起运地抵达目的地。已有包括三峡工程、台玻企业、南亚电子在内的很多客户从宁波新星物流公司国际货运专业、卓越的服务中得益。对大宗散货，宁波新星物流公司提供非常细致完善的服务，包括：事先进行多种运输路线的实地调查、探路，以掌握运输渠道中的各种限制因素和有利条件，从中择取最优路线，使客户在时间、效率、成本、安全等方面达到预期目标。在开展业务中，评估、选择、协调有足够操作重大件运输能力的供应商，共同制作项目的通关单证、办税、报关、转关、商检、理货和索赔等工作，通过GPS全球卫星定位系统全程跟踪货物运输，施工现场监督项目执行情况。针对新成立企业，宁波新星物流公司则提供OSS服务，主要包括针对新投资的企业，宁波新星物流的OSS服务模块解决了客人投资之后进出口物流相关业务的后顾之忧，服务内容包括海关注册备案、鼓励类项目确认书审批、见面税额度备案、进口机器设备减免税表、旧设备预备检验证书、旧机电证书等相关进出楼证件的办理，以及从海外发货人门点开始的包装、订舱、运输等全程服务，设备定位，即将展开的原物料进口，成品出口以及国内销售、结转的专业咨询。经过自身的努力，宁波新星物流公司在为客户提供全方位服务过程中，获得了荣誉、效益双丰收。

另外，宁波新星物流公司还有一个明显的经营特色优势，就是专业的物流外包模式。在新的经济形式下，在激烈的市场竞争中，所有的企业都在追求高效率，希望进一步加快货物流、资金以及信息流的流转速度。作为物流供应商的宁波新星物流公司，十余年来一直致力于如何为客户做好密切配合，做企业的好帮手、好伙伴，这也是企业求得发展壮大的经验所在。

思考题：
1. 现代物流企业的服务营销策略的侧重点应该是什么？
2. 现代物流如何获得竞争优势？宁波新星物流公司运用了哪些方式获取竞争优势？
3. 宁波新星物流公司在物流服务上作出了哪些改变？获得了怎样的成效？

第三章 物流企业如何营销

导入案例

海尔奥运营销战略中的网络营销策略

在这个要么触网、要么死亡的互联网时代,我们的生活已经随着互联网的出现发生了重大的改变。比如,它改变了我们的消费习惯,当我们在购买商品时,无论是想买一本书还是想买家用电器,无论是在国内各地还是在大洋彼岸,只要拥有一台电脑,只要能上网,我们"只有想不到的,没有买不到的",网购时代已经悄然来到我们身边。

海尔的网络营销——应时之需

为了迎合网络时代消费者的消费习惯和消费需求,作为国内家电行业的龙头老大海尔也不例外,搭上了互联网这个"便车"。纵观海尔发展的过程,我们就可以看到,海尔公司在2000年3月就已经开始与SAP合作,对企业进行自身的ERP改造,随后便搭建了BBP采购平台。2002年,海尔又建立了网络会议室,在全国主要城市开通了9999客服电话。尤其是在"非典"时期,当海尔总部坐在视频会议桌前"指点江山、挥斥方遒"的时候,这一做法的商业价值突出体现出来。

根据海尔的数据显示,"通过BBP交易平台,海尔每月接到6 000多个销售订单,定制产品品种达7 000个,采购的物料品种达15万种。新物流体系降低呆滞物资73.8%,库存占压资金减少67%",可以说已经达到世界领先水平。正如海尔集团首席执行官张瑞敏在评价该物流中心时说:"在网络经济时代,一个现代企业,如果没有现代物流,就意味着没有物可流。对海尔来讲,物流不仅可以使我们实现3个零的目标,即零库存、零距离和零营运资本,更给了我们能够在市场竞争取胜的核心竞争力。"

据有关人士分析:进军电子商务、实施"网上直销"战略是家电行业面临激烈的市场竞争拓展利润空间的必由之路。因此,海尔顺应时代潮流建立了自己的网站,不仅涵盖了其产品,更突出了海尔优质的服务这一特点,"时刻把客户的需要和利益放在第一位"。在海尔的网上商店中,除了推荐的常规产品,还有产品定制,海尔承诺"只要是您能想到的,我们都能做到"。此外,海尔的网站上还设置了友情链接,包括知名的门户网站、网上商城等,大大方便了客户的需求。

海尔的奥运营销——应事之需

在搭上互联网这个"便车"之后,海尔公司又把目光瞄准了"2008年奥运会"这块大蛋糕。随着中国获得奥运会的主办权后,海尔公司也相应地提出了"奥运营销战略"。2005年8月,海尔公司与北京奥组委正式签约,成为北京2008年奥运会唯一的白色家电赞助商。之后,海尔公司一直"以奥运主人的姿态传播奥运、建设奥运、服务奥运,并根据自身品牌特点展开了系统全面的奥运营销策略",借助奥运会,打造全球化的品牌。

综观其奥运营销战略,其提出的基础是海尔公司的企业文化和奥运精神的相互契合。在接受人民日报的访问时,张瑞敏就说:"如果说有一句全人类都能共同理解的语言,我觉得奥运的精神和理念是再贴切不过的了。它超越国界、超越民族。奥运能够得到全人类的高度认同,就是因为更高、更快、更强的奥运精神是一种不断追求、不断拼搏奋斗的精神。在企业看来,奥运精神的本质恰恰就是处于全球化时代企业面临激烈竞争的形势,要生存、要发展所必备的挑战自我、战胜自我的精神。"

在企业文化和奥运精神高度统一的前提和基础上,海尔的奥运营销战略总的分为三个方面。

第一个方面为奥运会提供相应的产品和服务。据有关报道,"在2008年北京奥运会的30多个场馆的中央空调配套招标中,海尔中央空调中标了以'鸟巢'工程为代表的21个奥运场馆"。另外,"随着奥运运动场馆、媒体村、物流中心等主体场馆的配套安装进入实质阶段,海尔热水器成功中标各大型场馆热水器工程项目"。据悉,"从2007年1月到9月,海尔中央空调在北京奥运服务培训基地举办了13次奥运服务特色测试赛,把每一个细节的工作、服务、保障都演练得非常成熟,发挥了海尔公司一贯的服务优势,得到了奥组委以及世界许多国家运动员的肯定"。"海尔除了提供高品质产品外,还设计了差异化的服务方案。在服务奥运场馆的同时,还将为现场观众提供延展服务"。据了解,目前海尔的奥运服务队成员已经超过了2 000名。

第二个方面是海尔公司开展了各种公益活动,"在履行企业社会责任的同时扩大自身的品牌认知度和认同感"。2007年2月16日,海尔联手央视启动了"CCTV海尔奥运城市行"活动,该活动在北京、上海、青岛、大连、西安、石家庄、深圳等地,通过举办富有当地城市特色的奥运主题活动吸引众多的百姓参与,选拔出这个城市的"生活奥运冠军",随中央电视台一起,奔赴全球曾经举办过奥运会的城市进行交流。之后,海尔又启动了奥运希望工程和"海尔奥运希望小学计划",把奥运精神带到小朋友的身边。此外,海尔还启动了"海尔金牌家庭总动员"的活动,为民众搭建了一个奥运体验的平台。

第三个方面是在海尔的奥运营销战略中,网络发挥了很大的作用。在海尔的网站中,专门设立了"海尔与奥运"的频道,不仅即时发布海尔参与奥运的新闻,同时还配合其公益活动,如"奥运家庭招募"等进行宣传,大大增加了点击量。

1999年达沃斯"世界经济论坛"提出了"企业内部组织适应外部变化、全球知名品牌的建立、网上销售体系的建立"三条原则。网络营销是海尔应时代的需要提出的营销策略,以"通过网络营销手段进一步增强海尔在家电领域的竞争优势,不靠提高服务费来取得赢利,而是以提高在B2B的大量的交易额和B2C的个性化需求方面的创新"。在此基础上，有人预测，"海尔的网络营销平台将发展成为公用的平台，不仅可以销售海尔的产品，也将销售其他各类产品"。奥运营销是海尔公司应奥运事件作出的营销计划。在国际上，企业利用奥运会开展营销由来已久，可口可乐、三星等奥运会的合作伙伴已经成为"奥运营销"的典范。把国际化作为重要战略的海尔紧紧抓住这次机会，成为2008年北京奥运会白色家电赞助商。这不仅提升了海尔在国内的品牌和形象，而且扩大了海尔在世界上的知名度。

无论是网络营销策略还是奥运营销策略，都是海尔公司整体营销战略的一部分，都不可或缺，只不过如何发展两者以及使这两者更有效的融合不仅反映了一个企业的战略眼光，还是对一个企业综合实力的考验。

通过以上的案例，大家可以感受到，企业若能够在重大机会来临时抓住机会，独辟蹊径，敢于突破，其成功绝非是一般。对于海尔来说，其营销战略能促成其在奥运会上的出彩表现，实属不易，这是毋庸置疑的，因此对于一个企业来说，如何进行市场调查，并把握制定正确的战略呢？下面我们一起来了解关于物流企业如何营销的相关知识。

第一节　物流市场调查和预测

一、物流市场的定义

物流市场是指为保证生产和流通过程顺利进行而形成的商品在流动和暂时停留时所需要的服务性市场以及包装、装卸、搬运等辅助性市场。

物流市场是一个新兴的服务业市场，是一种复合型产业。现代物流产业的发展要求物流资源都进入市场，通过物流市场来优化资源配置、实现规模经济、提高物流效率、降低物流成本。

二、物流市场的分类

（一）按物流的范畴

按物流的范畴分为社会物流市场和企业物流市场。

社会物流属于宏观范畴，包括设备制造、运输、仓储、装饰包装、配送、信息服务等，公共物流贯穿其中。

企业物流属于微观物流的范畴，包括生产物流、供应物流、销售物流、回收物流和废弃物流市场等。

（二）按作用领域

1. 生产领域的物流贯穿生产的整个过程

生产的全过程从原材料的采购开始，便要求有相应的供应物流活动，即采购生产所需的材料；在生产的各工艺流程之间，需要原材料、半成品的物流过程，即所谓的生产物流；部分余料、可重复利用的物资的回收，就是所谓的回收物流；废弃物的处理则需要废弃物物流。

生产过程的各个环节物流的特殊要求，分别形成了各自的专业化市场。

2. 流通领域的物流主要是指销售物流

在当今买方市场条件下，销售物流活动带有极强的服务性，以满足买方的需求，最终实现销售。在这种市场前提下，销售往往以送达用户并经过售后服务才算终止，因此企业销售物流的特点便是经过包装、送货、配货等一系列物流活动实现销售。

同样，流通过程的各个环节的物流要求，催生了各专业化市场，提供了各自所需要的市场行为平台。

（三）按发展的历史进程

根据发展的历史进程，将物流分为传统物流、综合物流和现代物流等市场。

（1）传统物流的主要精力集中在仓储和库存的管理和配送上，而有时又把主要精力放在仓储和运输方面，以弥补在时间和空间上的差异而形成了物流交易平台。

（2）综合物流不仅提供运输服务，还包括许多协调工作，是对整个供应链的管理，如对陆运、仓储部门等一些分销商的管理，还包括订单处理、采购等内容。由于很多精力放在供应链管理上，责任重大，管理也更复杂，这就是与传统物流的区别。

（3）现代物流是为了满足消费者需要而进行的从起点到终点的原材料、中间过程库存、最终产品和相关信息有效流动及储存计划、实现和控制管理的过程。它强调了从起点到终点的过程，提高了物流的标准和要求，是各国物流发展的方向。国际上大型物流公司认为现代物流有两个重要功能：能够管理不同货物的流通质量；开发信息和通信系统，通过网络建立商务联系，直接从客户处获得订单的一种市场行为平台。

（四）按服务的提供主体

根据提供服务的主体不同，将物流市场分为服务物流市场和企业内部物流市场。

（1）服务物流市场也就是物流市场。这是指由物流劳务的供方、需方之外的第三方去完成物流服务的运作模式。第三方就是提供物流交易双方的部分或全部物流功能的外部服务提供者。

（2）企业内部物流市场。这主要是指一个生产企业从原材料进场后，经过多道工序加工成零件，然后零件组装成部件，最后组装成成品出厂，这种企业内部物资的流动成为企业内部物流。

（五）按物流流向

按物流的流向不同，还可以分为内向物流市场和外向物流市场。

（1）内向物流是企业从生产资料供应商进货所引起的产品流动所形成的交易平台，即企业从市场采购的过程。

（2）外向管理是从企业到消费者之间的产品流动，即企业将产品送达市场并完成消费者交换的过程。

三、物流市场调查

（一）物流市场调查的概念

市场调查的根本任务是寻找和提供准确的信息来减少决策的不确定性。1961年，美国营销协会（AMA）把市场调查定义为"系统的收集、记录和分析与产品和服务营销有关的问题"。

由于市场竞争日趋激烈，消费品的种类和消费者的购买行为日趋多样化，现在的市场调查已经不再局限于"与产品和服务营销有关的问题"。市场调查不仅要调查与产品和服务营销有关的问题，还要发现相关的市场机会。由于市场调查职能的变化，市场调查的定义也发生了相应的变化，即"市场调查通过信息把消费者、客户、公众和营销者联系在一起，营销者利用这些信息发现和确定营销机会和问题，产生、改进和评价营销活动，监控营销计划的执行情况，加深对营销过程的理解。市场调查可以确定解决问题所需的信息，设计收集信息的方法，管理和实施收集信息的过程，分析调查的结果并汇报调查的结论"（Chisnall，1997）。

产品不同生命阶段的市场调查内容侧重点也不同，如表3-1所示。

表3-1　产品不同生命时期的市场调查内容

商业化前	新产品导入期	成长期	成熟期	衰退期
市场进入战略研究 目标市场细分研究 概念测试 名称、包装评估 产品、文案测试 预测市场 市场认知度测试	认知/态度研究 使用习惯研究 跟踪研究 产品包装测试 新广告策略 营销品牌策划	认知/态度研究 品牌跟踪研究 市场定位 促销测试 促销效果评估 市场跟踪研究	细分市场研究 生活类型研究 再定位研究 市场结构研究 重定价研究	价格弹性研究 价值减少研究

（二）物流市场调查的内容

物流市场调查的基本内容从识别市场机会和问题开始。制定营销决策到评估营销活动效果，涉及物流企业市场营销活动的各个方面。对物流市场进行调查，首先要知道物流调查市场的相关概念，其次要做好物流市场的调查，更要了解物流市场调查需要了解和获取的内容。一般进行物流市场调查，其内容主要包括两大主要板块，即物流资源调查和市场需求调查，如表3-2所示。

表3-2　物流市场调查的内容

物流资源调查	市场需求调查的基本内容
市场营运环境 物流基础设施装备调查 物流从业人员调查 物流技术资源和需求调查	市场需求调查 客户资源调查 产品和价格调查 物流流量和流向调查 竞争情报调查和收集

1. 物流资源调查

（1）市场营运环境。这是企业开拓物流市场的基础资料，主要包括政治环境、法律环境、技术环境、文化环境和自然环境等方面的资料以及区域内的物流调查（包括政府物流计划、物流设施建设、物流企业发展状况等）。

（2）物流基础设施装备调查。对此的调查通常包括仓储设施、运输车辆、装卸设备、搬运工具、分拣设备等。

（3）物流从业人员调查。物流从业人员也是物流资源中必不可少的人力资源，包括从业人员的数量和素质调查和物流人员的需求调查。

（4）信息技术资源和需求调查。对物流技术资源和需求调查主要包括信息网络、计算机及其辅助设备建设调查。对信息技术需求调查和信息技术计划调查也是重要的资源调查。

2. 市场需求调查的基本内容

（1）市场需求调查。市场需求调查主要包括市场容量的调查、物流需求特点的调查以及市场需求变化趋势的调查。

对市场容量需要调查物流市场的消费结构变化情况、消费量和分布情况、与竞争者企业的比较、潜在客户情况调查等。对物流需求特点的调查通常要分析和了解消费者的消费偏好和差异，以提供合适的产品。对市场需求变化趋势的调查则需要从消费者特点的变化状况，改变销售战略可能引起的变化、竞争者的变化等状况入手，做趋势调查。

（2）客户资源调查。对客户资源的调查要了解购买者信息，这些信息包括主要用户数量、主要用户行业分布和区域分布、主要用户的稳定性和亲和度、主要用户的物流发展计划、主要拥有的未来物流需求、购买者市场的基本结构和特征。

这些信息可以帮助第三方物流营销者进行状况分析并制定目标市场战略。

（3）产品和价格调查。在进行产品和价格调查时，要调查市场上同类服务的数量、性能、价格等，以及物流购买者对服务的认识、建议等；要了解服务成本及其变动情况；要了解影响市场价格变化的因素、同类服务供求变化情况、替代服务价格的高低、不同服务方案的定价方法；还要了解促销这一举措，包括物流购买者惯于通过什么渠道了解物流信息，竞争企业的促销费用、广告费用、广告、宣传、推广的效果等。

（4）物流流量和流向调查。物流流量和流向调查主要包括：库存商品的出入库调查、主要仓储方式；承运商品的数量、主要运输方式；商品资源的离散程度；商品的流向、商品流通过程所覆盖的区域。

（5）竞争情报调查和收集。竞争情报的调查和收集也是物流市场调查内容中重要的一项，我们应该系统地识别和收集企业现有和潜在竞争者的信息，并对信息进行分析以了解竞争者的营销战略和未来发展方向。其中，竞争情报多指竞争者现有物流资源和现有用户资源；竞争者第三方物流营销计划。

> **小 贴 士**
>
> 对物流市场的调查基本内容大致如上所述,但在实际的物流企业在进行产品和服务的营销时:要实事求是,不能一味地照抄照搬理论内容;要抛弃教条主义;要在理论的基础上加以拓展和创新,理论结合实际,力求做好物流市场调查内容的全面和真实。

(三) 物流市场调查的方法

对物流市场进行调查,仅仅知道物流市场调查的内容并不能完全地做好市场调查,运用恰当的方法能够给物流市场调查带来事半功倍的效果。

在营销调研的设计和执行阶段,要根据调研目的和具体研究目标选择合适的调查对象,采用适当的方法进行调查,具体的调查方法包括以下三种。

1. 访谈法

访谈法是通过向人们询问他们的知识、态度、偏好和购买行为来收集一手数据的方法。这是最常用的了解受访者的基本情况、态度和观点的方法。根据调查人员与被调查者接触方式的不同,又可以分为人员调查、电话调查、邮寄调查和网上调查等。调查过程由四个主要步骤组成,即明确研究目的、制定研究策略、搜集资料和分析资料。

(1) 人员调查。人员调查是通过调查者与被调查者面对面交谈以获取市场信息的一种调查方法。询问时可以按事先拟定的提纲顺序进行,也可采取自由交换方式。

人员调查的优点:具有很大的灵活性,拒答率较低,调查资料的质量较好,调查对象的适用范围广。

人员调查的缺点:调查费用较高,对调查者的要求较高,匿名性较差,调查周期较长。

(2) 电话调查。电话调查是通过电话中介与选定的被调查者交谈以获取信息的一种方法。由于彼此不直接接触,而是借助于电话这一中介工具进行,因而是一种间接的调查方法。电话调查适用于调查项目单一、问题相对简单明确的调查项目。

电话调查的优点:信息反馈快,费用低,辐射范围广。

电话调查的缺点:调查内容的深度不足,调查客体不完整,所获信息的准确性和有效性不能保证。

(3) 邮寄调查。邮寄调查是一种将事先设计好的调查问卷邮寄给被调查者,由被调查者根据要求填写后寄回的调查方法。

邮寄调查的优点:调查的空间范围广,费用低,可以给予被调查者相对更加宽裕的时间作答,便于深入思考或从他人那里寻求帮助、匿名性较好。

邮寄调查的缺点:问卷回收率低,影响样本的代表性,问卷回收期长,时效性差。

(4) 网上调查。随着信息技术的发展,电脑和网络越来越频繁地出现在人们的眼前,渐渐地在人们的生活中占据了一个很重要的地位。于是,在传统的面对面的市场调查中衍生出了一个新兴的网上市场调查,这种通过网络的市场调查方式极大地扩大了我们做市场调查的人群数及地域度,让更多的人能够参与到该市场调查的活动中来,这样既节省了人力物力，还能够使该调查数据更符合现今的市场状况。网上调查的主要方法为：E-mail、交互式 CATI 系统和网络调研系统。

网上调查的优点：辐射范围广、调查速度快、信息反馈及时、匿名性好、费用低廉。

网上调查的缺点：样本对象的局限性，所获信息的准确性和真实性程度难以判断，网上调查需要一定的网页制作水平。

近年来，随着云时代的来临，移动互联网技术的发展和快速传播，大数据的概念开始逐渐进入人们的视野。大数据技术的战略意义不在于掌握庞大的数据信息，而在于对这些含有意义的数据进行专业化处理。换言之，如果把大数据比作一种产业，那么这种产业实现盈利的关键，在于提高对数据的"加工能力"，通过"加工"实现数据的"增值"。

> **小 贴 士**
>
> 大数据技术（big data），或称巨量资料，指的是所涉及的资料量规模巨大到无法通过目前主流软件工具，在合理时间内达到撷取、管理、处理，并整理成为帮助企业经营决策更积极目的的资讯。在维克托·迈尔-舍恩伯格及肯尼斯·库克耶编写的《大数据时代》中大数据指不用随机分析法（抽样调查）这样的捷径，而采用所有数据进行分析处理。大数据的 4V 特点：volume（大量）、velocity（高速）、variety（多样）、value（价值）。

大数据最核心的价值就是在于对于海量数据进行存储和分析。相比起现有的其他技术而言，大数据的"廉价、迅速、优化"这三方面的综合成本是最优的。

2. 实验法

实验法是通过选择几组实验对象，对不同的组施加不同的影响，控制相关的变量，最后检查各组反应的差异，来获得数据的一组调查方法（Kotler et al.，1998）。具体是指将指定的刺激措施引入被控制的环境中，进而系统的改变刺激程度，以测定客户的行为反应。

实验法要求选择相匹配的目标小组，分别给予不同的处理，控制外来的变量和核查观察到的差异是否有统计上的意义。在剔除外来因素加以控制的情况下，观察结果与受刺激的变量有关，目的是解释事物之间的因果关系。实验设计的主要类型有简单时间序列实验、重复时间序列实验、前后控制组分析、阶乘设计、拉丁方格设计等。

试验完成以后要检测其有效性，包括检测其内部有效性和外部有效性。只有当内部和外部同时有效时，实验结果才能推广到总体。客观地说，内部有效性和外部有效性很难达到绝对一致，这就需要权衡两者之间的关系，同时检测起有效性程度，从而决定是否推广。

3. 观察法

观察法是通过观察相关的人、行为和情景来收集一手数据的一种调查方法，是指通过观察正在进行的某一特定营销过程，来解决某一营销研究问题。观察时采用的手段可以是机械观察、电子观察、人员观察等。

观察法的调查方式是：调查者凭借自己的眼睛或摄像录音器材,在调查现场进行实地考察,记录正在发生的市场行为或状况,以获取各种原始资料。这种方法的主要特点是,调查者同被调查者不发生直接接触,不介入调查过程,而是由调查者从侧面直接地或间接地借助仪器把被调查者的活动按实际情况记录下来,避免让被调查者感觉正在被调查,从而提高调查结果的真实性和可靠性,使取得的资料更加切合实际。在现代市场调查中,观察法常用语消费者购买行为的调查以及对商品的花色、品种、规格、质量、技术服务等方面的调查。

四、物流市场预测

(一) 物流市场预测的概念

预测是根据事物之间的相互联系、发展的历史和现实资料,运用科学的方法,对客观事物的未来发展状况或趋势进行事前分析和推断的方法。预测是决策的前提和客观依据,任何预测都是围绕决策所面对的各种环境来进行的。它可以及时地提供给决策者所需要的信息,减少决策时的不确定性,降低决策错误的风险,协助决策部门制定正确有效的决策。

物流市场预测就是利用一定的预测方法或技术,测算一定时期内营销物流的各种因素的变化,从而为营销物流提供科学的依据。

(二) 物流市场预测的种类

物流市场预测根据不同的标准可以进行不同的分类,按不同的标准,预测可以进行以下六种分类。

（1）按预测的范围可以分为外部预测和内部预测。

（2）按预测时期的长短可以分为长期预测、中期预测和短期预测。

（3）按预测性质的不同可以分为定性预测和定量预测。

（4）按预测的商品层次进行分类可以分为单项商品预测、分类商品预测和商品总量预测。

（5）按市场预测范围分类可以分为宏观市场预测、中观市场预测和微观市场预测。

（6）按市场预测的空间区域分类可以分为国际市场预测、国内市场预测和局部市场预测。

(三) 物流市场预测方法

市场预测的方法很多,但不同的方法有不同的适用范围,有时也可以同时使用几种方法对同一个预测对象进行预测。按方法本身的性质划分,可以将预测方法分为定性方法和定量方法两大类。这两类方法并不是孤立的,在进行物流市场预测时,经常要综合运用。

1. 定性预测法

定性预测法也称为直观判断法,是市场预测中经常使用的方法。定性预测主要依靠预测人员掌握的信息、经验和综合判断的能力,预测未来市场的状况和发展趋势。这类预测方法简单易行，特别适用于那些难以获取全面资料进行统计分析的问题。因此，定性预测方法在市场预测中得到广泛应用。

定性预测方法包括专家会议法、德尔菲法、销售人员意见法、管理人员预测法。

（1）专家会议法。专家会议法是指据规定的原则选定一定数量的专家，按照一定的方式组织专家会议，发挥专家集体的智能结构效应，对预测对象未来的发展趋势及状况，作出判断的方法。"头脑风暴法"就是专家会议预测法的具体运用。

专家会议有助于专家们交换意见，通过互相启发，可以弥补个人意见的不足；通过内外信息的交流与反馈，产生"思维共振"，进而将产生的创造性思维活动集中于预测对象，在较短时间内得到富有成效的创造性成果，为决策提供预测依据。但是，专家会议也有不足之处，如有时心理因素影响较大，易屈服于权威或大多数人意见，易受劝说性意见的影响，不愿意轻易改变自己已经发表过的意见等。

（2）德尔菲法。德尔菲法（Delphi Method）是采用背对背的通信方式征询专家小组成员的预测意见，经过几轮征询，使专家小组的预测意见趋于集中，最后作出符合市场未来发展趋势的预测结论。德尔菲法又名专家意见法或专家函询调查法，是依据系统的程序，采用匿名发表意见的方式，即团队成员之间不得互相讨论，不发生横向联系，只能与调查人员发生关系，以反复地填写问卷、集结问卷填写人的共识及搜集各方意见，可用来构造团队沟通流程，应对复杂任务难题的管理技术。

德尔菲法的优点是可以避免群体决策的一些可能缺点，声音最大或地位最高的人没有机会控制群体意志，因为每个人的观点都会被收集。另外，管理者可以保证在征集意见以便作出决策时，没有忽视重要观点。

（3）销售人员意见法。销售人员意见法是利用销售人员对未来销售进行预测。有时是由每个销售人员单独作出这些预测，有时则与销售经理共同讨论而作出这些预测。预测结果以地区或行政区划汇总，一级一级汇总，最后得出企业的销售预测结果。

销售人员最接近消费者和用户，对商品是否畅销、滞销比较了解，对商品花色、品种、规格、式样的需求等都比较了解。所以，许多企业都通过听取销售人员的意见来预测市场需求。

销售人员意见法的优点：比较简单明了，容易进行；销售人员经常接近客户，对客户意向有较全面深刻的了解，对市场比其他人有更敏锐的洞察力。因此，所做预测值可靠性较大，风险性较小；适应范围广；对商品销售量、销售额和花色、品种、规格都可以进行预测，能比较实际地反映当地需求；销售人员直接参与公司预测，从而对公司下达的销售配额有较大信心去完成；运用这种方法，也可以按产品、区域、顾客或销售人员来划分各种销售预测值。

销售人员意见法的缺点：销售人员可能对宏观经济形势及企业的总体规划缺乏了解；销售人员受知识、能力或兴趣影响，其判断总会有某种偏差，有时受情绪的影响，也可能估计过于乐观或过于悲观；有些销售人员为了能超额完成下年度的销售配额指标，获得奖励或升迁机会，可能会故意压低预测数字。

（4）销售人员预测法。销售人员预测法是指预测者依靠熟悉业务知识、具有丰富经验和综合分析能力的人员与专家，根据已掌握的历史资料和直观材料，运用个人的经验和分析判断能力，对事物的未来发展作出性质和程度上的判断，然后再通过一定形式综合各方面的意见，作为预测未来的主要依据。定性预测在工程实践中被广泛使用，无论是有意还是无意的。特别适合于对预测对象的数据资料（包括历史的和现实的）掌握不充分，或影响因素复杂，难以用数字描述，或对主要影响因素难以进行数量分析等情况。

2. 定量预测法

定量预测法是预测人员用历史统计资料，运用一定数学模型，通过计算与分析确定市场未来发展以及数量方面的变动趋势，具体有时间序列分析法、回归分析法和因果分析法。下面针对各种方法作一个简要的介绍，具体定量模型可以参考相关书籍了解。

（1）时间序列分析法。时间序列是指将市场现象的统计指数数值，按时间先后顺序排列而成的数列。时间序列分析法是通过对时间序列的分析和研究，运用科学方法建立预测模型，使市场现象的数量向未来延伸，预测市场现象未来的发展变化趋势，确定市场预测值。因此，时间序列分析法也称为历史延伸法或趋势外推法，主要包括简单平均法、移动平均法、指数平滑法。

① 简单平均法。简单算术平均法的优点是计算简便。当预测对象无显著长期趋势变动和季节变动时，采用此法其预测结果大致可以令人满意。缺点是所有观察值不论新旧在预测中一律同等看待，这是不符合市场发展实际情况的。

② 移动平均法。移动平均的具体方法有一次移动平均法、二次移动平均法和加权移动平均法。

A. 一次移动平均法。一次移动平均法也称为简单移动平均法。它是指由连续移动形成的各组数据，用算术平均法计算各组数据的移动平均值，并将其作为下一期预测值。

一次移动平均市场预测法也有其局限性：一方面，这种方法只能向未来预测一期；另一方面，对于有明显趋势变动的市场现象时间序列，一次移动平均法是不适合的，因为一次移动平均值大大滞后于实际观察值。

B. 二次移动平均法。运用一次移动平均发法求得的移动平均值存在滞后偏差，特别是在时间序列数据呈线性趋势时，移动平均值总是落后于观察值数据的变化。

二次移动平均法正是利用这一滞后偏差的演变规律，通过建立预测目标与时间的线性关系数学模型求得预测值。可见，二次移动平均法适用于时间序列数据呈线性趋势变化的预测。

二次线性移动平均法是对时间序列的一次移动平均值再进行第二次移动平均，以一次移动平均值和二次移动平均值所构成时间序列的最后一个数据为依据，通过建立线性预测模型进行预测。

③ 指数平滑法。指数平滑法是一种特殊的加权移动平均法，它有两个特点。第一，对离预测值较近的市场现象观察值赋予较大的权数；而对离预测值较远的观察值赋予较小的权数。这使得预测值能够在不完全忽视远期观察值影响的前提下，又能敏感地反映市场现象的变化，减小了市场预测的误差。第二，对于同一个市场现象连续计算其平滑值，对较早期的市场现象观察值不是一概不予考虑，而是赋予递减的权数。

（2）回归分析法。现实的世界太复杂，若想获得任何进展，必须对现实世界加以简化和抽象，简化、抽象的模型是获取所需要信息的最经济的途径。

因果关系是构成回归模型的基础。关键在于省略不相关的和不重要的事实及变量，但重要的因素必须包括在内。

建立和使用回归模型时，首先要在正确的经济理论基础上建立关于经济关系的理论模型，确定模型中应该包括的变量以及是否存在一种经济理论可以用来解释变量之间关系的性质和大小。

（3）因果分析法。因果关系分析法是根据事物之间的因果关系知因测果。常用的因果关系分析预测法有回归分析预测法、基数迭加法、比例推算法等。

① 回归分析预测法。利用统计分析，把两个或两个以上变量之间的相关关系模型化，建立回归方程，用以推算因变量随自变量变动的数值、程度和方向。根据回归方程中自变量的多少，它可以分为一元回归预测和多元回归预测。

② 基数迭加法。这是指在分析影响预测对象各种因素的基础上，通过确定各种因素的影响程度来进行预测的一种方法，也叫因素分析法。影响程度指各因素引起预测对象变化的百分比，可以通过对历史资料的分析得出。

用基数迭加法进行预测的最大优点是简单方便，但是确定各影响程度是难点。

③ 比例推算法。在经济现象之间往往存在着一种相关的比例关系，比如从配套商品的主件需求量能推出零部件的需求量；从一个地区的人口构成可以推算出该地区对婴幼儿用品或老年人保健用品的需求量。该法就是利用商品之间这种相关的比例关系进行预测的一种方法。由于用于预测的比例关系是通过分析统计资料计算而得，排除了人为的主观因素，所以预测结果具有较高的可信度。

第二节 物流营销环境分析

一、物流营销环境的分类与分析

环境是指事物外界的情况和条件，市场营销环境是指企业营销活动有潜在关系的所有外部力量和相关因素的集合。与物流服务营销活动有潜在关系的所有外部力量和相关因素的集合，是影响物流服务产生和发展的各种外部条件。接下来我们从微观环境和宏观环境两方面对物流营销环境进行分析。

（一）微观环境

微观环境是指物流企业服务及其顾客的能力构成直接影响的各种力量，包括企业本身及其市场营销渠道企业、市场、竞争者和各种公众，这些都会影响企业为其目标市场服务的能力。

1. 物流企业

物流企业本身包括市场营销管理部门、其他职能部门和最高管理层。

2. 未来市场营销渠道企业

物流市场营销渠道企业包括：① 供应商；② 商人中间商；③ 代理中间商；④ 辅助商。

3. 物流市场

市场营销学是根据购买者及其购买目的进行市场划分的。物流市场包括：① 消费者市场；② 生产者市场；③ 中间商市场；④ 政府市场；⑤ 国际市场。

4. 竞争者

竞争者包括：① 愿望竞争者；② 一般竞争者；③ 产品形式竞争者；④ 品牌竞争者。

5. 公众

公众是指对企业实现其市场营销目标构成实际或潜在影响的任何团体，包括：① 金融公众；② 媒体公众；③ 政府公众；④ 市民行动公众；⑤ 地方公众；⑥ 一般群众；⑦ 企业内部公众。

（二）宏观环境

宏观环境是指那些给企业造成市场机会和环境威胁的主要社会力量，包括人口环境、经济环境、自然环境、技术环境、政治和法律环境以及社会和文化环境。这些主要社会力量代表企业不可控制的变量。

1. 人口环境

目前许多国家企业的人口环境方面的主要动向有以下七个方面。

（1）世界人口迅速增长。

（2）发达国家的人口出生率下降，儿童减少。

（3）许多国家人口趋于老龄化。

（4）许多国家的家庭在变化。

（5）西方国家非家庭住户也在迅速增加。美国非家庭住户有三种：① 单身成年人住户；② 两人同居者住户；③ 集体住户。

（6）许多国家的人口流动性大。许多国家的人口流动都具有两个主要特点：① 人口从农村流向城市；② 人口从城市流向郊区。

（7）有些国家的人口由多民族构成。

2. 环境分析中的经济因素的影响

进行经济环境分析时，要着重分析以下三个主要经济因素。

（1）消费者收入的变化。消费者收入包括消费者个人工资、红利、租金、退休金、馈赠等收入。消费者的购买力来自消费者收入，所以消费者收入是影响社会购买力、市场规模大小以及消费者支出多少和支出模式的一个重要因素。

（2）消费者支出模式的变化。消费者支出模式主要是消费者收入的影响。随着消费者收入的变化，消费者支出模式就会发生相应的变化。这个问题涉及"恩格尔定律"。恩格尔定律的表述一般如下：随着家庭收入增加，用于购买食品的支出占家庭收入的比重就会下降；随着家庭收入增加，用于住宅建筑和家务经营的支出占家庭收入的比重大体不变；随着家庭收入的增加，用于其他方面的支出和储蓄占家庭收入的比重就会上升。

消费者支出模式还受以下因素影响：家庭生命周期的阶段和消费者家庭所在地点。

(3) 消费者储蓄和信贷情况的变化。储蓄来源于消费者的货币收入，其最终目的还是为了消费。所谓消费者信贷，就是消费者凭信用先取得商品使用权，然后按期归还贷款。消费者信贷主要有四种：期赊销；购买住宅，分期付款；购买昂贵的消费品，分期付款；信用卡信贷。

3. 物流企业自然环境的影响

企业的自然环境（或物质环境）的发展变化也会给企业造成一些环境威胁和市场机会，这个方面的主要动向如下。

(1) 某些自然资源短缺或即将短缺。

(2) 环境污染日益严重。

(3) 许多国家对自然资源管理的干预日益加强。

环境保护意识与市场营销观念相结合所形成的绿色市场营销观念，成为20世纪90年代和21世纪市场营销的新主流。绿色市场营销观念对生态环境的破坏和影响。这就是强调企业在进行市场营销活动时，要努力把经济效益与环境效益结合起来，尽量保持人与环境的和谐，不断改善人类的生存环境。

4. 物流信息技术环境的影响

要了解技术环境的发展变化对企业市场营销的影响，以便及时采取适当的对策。

(1) 新技术是一种"创造性的毁灭力量"。

(2) 新技术革命有利于企业改善经营管理。

(3) 新技术革命会影响零售商业结构和消费者购物习惯。

5. 政治与法律环境的影响

政治和法律环境是那些强制和影响社会上各种组织和个人的法律、政府机构的压力集团。

(1) 与企业市场营销有关的经济立法。

(2) 群众利益团体发展情况。群众利益团体是一种压力集团，主要是保护消费者利益的群众团体、保护环境的群众利益团体等。

6. 风俗与文化的影响

人类的某种社会生活，久而久之，必然会形成某种特定的文化，包括一定的态度和看法、价值观念、道德规范以及世代相传的风俗习惯等。文化是影响人们欲望和行为的一个很重要的因素。企业的最高管理层作出市场决策时必须研究这种文化动向。

(1) 国际物流市场营销决策必须了解和考虑各国的文化差异。不同国家的人们各有不同的态度或看法、风俗习惯。

(2) 物流市场营销决策还要着重调查研究亚文化群的动向。每一种社会或文化内部都包含若干亚文化群，如青少年、知识分子等。这些不同的人群也是消费者群。由于他们各有不同的生活经验和环境，又有一些不同的信念、价值观念、风俗习惯、兴趣等，因而他们各有不同的欲望和行为。

(3)图腾文化与物流市场营销禁忌。图腾文化是民族文化的主要源头,它渗入市场营销工作的全过程,往往决定着物流市场营销活动的成败。图腾文化影响着一个社会的方方面面,包括影响工商企业的行为并构成企业文化的基础。

总而言之,环境发展趋势基本上分为两大类:一类是环境威胁;另一类是市场营销机会。所谓环境威胁,是指环境中一种不利的发展趋势所形成的挑战,如果不采取果断的市场营销行动,这种不利趋势将伤害到企业的市场机会。

二、物流服务营销环境的特点

(一)客观性
客观性是不以人的意志为转移的客观存在,在特定的社会经济和其他外界环境条件下生存、发展的。物流服务营销环境存在着客观的因素和发展条件。

(二)差异性
差异性是指宏观环境和微观环境都存在广泛差异,具体问题要具体分析。

(三)相关性
物流服务营销环境的发展受经济、政治和文化的广泛影响和制约。经济、政治和文化等因素互相依存,共同促进发展。

(四)动态性
物流服务营销环境是一个不断变化的过程,物流企业要在实际发展的过程中不断调整和修正自己的营销策略。

三、物流服务与营销环境的关系

(一)既要适应环境又要设法改变环境
物流服务的付出和提升毫无疑问要与当前的物流营销环境相适应,与此同时,也要在物流服务的提升和发展中改变物流营销环境,两者相辅相成相互促进。

(二)以客户为出发点
企业必须清楚认识环境及其文化,发现客户需求,并比竞争对手更好满足客户需求。物流服务的对象是物流企业的客户,因此物流服务需要始终以客户为出发点,物流企业要认清自身,了解和发现客户的需求并满足客户的需求,做到人无我有,人有我优。

(三)企业对环境的适应必须与时俱进
物流企业在物流营销环境中要做到实事求是,且能够适应物流营销环境的改变,做到因环境的改变适应与时俱进。

(四)企业物流服务对营销环境具有能动性和反作用
物流营销环境对物流企业的服务具有一定的约束,物流企业需要在现有的物流营销环境中突破创新。同时,企业物流服务对营销环境也具有一定的能动作用和反作用,好的物流服务能够提升物流企业的营销环境;反之,则会阻碍物流企业营销环境的和谐。

第三节 物流服务市场购买行为分析

理解消费者购买行为的方法在很大程度上吸收了其他社会科学的精髓。四大因素构成消费者市场购买行为的基础：外部因素，如竞争性替代品；个人因素，如消费者的家庭需求、预算约束和社会关系；购买过程以及组织提供的产品或服务或某种有价值之物。这一切会激励消费者进行日常采购（见图3-1）。

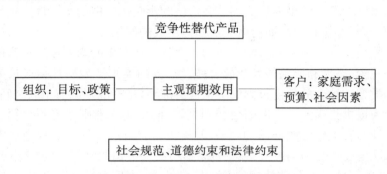

图3-1 客户—组织交互作用中的影响

影响消费者购买行为的外部因素包括文化、种族、法律约束、社会阶层、家庭内部交流以及其他影响过程。内部因素指个人自身的认知世界，它决定了个人对刺激的反应。个人的认知世界受到需求、以往的经历、人格、学习和态度的影响。组织在设计和提供适当的购买决策刺激方面也起着很大的作用。组织根据需求和消费者表达的主观预期效用来修改自己的营销组合。通常认为，如果组织能够成功地将营销组合市场明示的和暗示的需求相匹配，消费者就越有可能在现在和将来光顾组织的产品。

一、刺激购买行为

在理解消费者的购买行为时，一个应考虑的要素是组织制造的某种刺激和消费者在评估所有选择后所作出的反应之间的关系。这种刺激如新产品、消费者处理创新信息的方式。刺激可以通过营销组合中的一系列要素获得，而营销组合是公司用来实现自身目标的手段。这些刺激来自产品或服务本身或者来自公司用来支持其产品和服务的营销组合的其他要素。

流程是指内部加工这些消费者的影响的步骤的顺序，它突出了决策中的因果关系。这些流程包括对所评估产品或服务的感知的、心理的以及内心的感情，还有消费者的处理方式。这些内部流程体现了购买者的心态以及以某种特定方式作出反应的心情。

还有就是指消费者在行为改变、认知和注意、品牌理解、态度、意图和实际购买方面的反应。这一反应可能意味着消费者对产品或服务的心理反应的改变。由于刺激的某些变化,消费者会更好地认知产品,对产品形成了更好的态度或者相信它可以解决一个特定的消费问题。此外,这一反应是可以采用改变实际购买行为的方式。消费者可能会从一个品牌转移到另一个品牌,或者从一个产品类别转移到另一个产品类型。消费者的反应还可能采用改变消费习惯的形式,即消费者的行为方式发生了改变。

二、文化的价值和社会的影响

个人和家庭决策受到个人价值和社会价值的影响。价值的重要性决定于它们在理解社会中的个人、群体和组织如何适应及如何形成的作用。

文化以采用多种方式影响着购买行为。文化是社会中的人们创造出来的用以塑造人类行为的观念、态度和形象的复杂混合体。社会的准则影响着社会成员的购买的商品和服务的类型。社会的角色行为取决于社会准则,这些准则调节个人之间的关系,从而为社会行为提供指南。遵守准则会受到奖励,而不遵守准则要受到惩罚。表面上看起来强大的社会影响是参照群体,但个人购买行为有可能最强大的社会影响是家庭的作用。如果从消费者行为角度分析这一影响,有必要弄清楚谁在影响购买决策、谁制定购买决策、谁进行购买以及谁使用产品。通常认为,家庭是购买过程中主要的影响源头。成年人和儿童在家庭购买中有着不同程度的影响。与过去的传统相比,对大多数产品和服务来说,共同制定决策更为普遍。随着生活方式越来越非正式化,影响的来源及其重要性也随之发生改变。

三、从信念到偏好的轨迹

信念和态度是影响购买行为的个人因素。信念可能基于直接使用产品或品牌,或者从广告或者口头所获取的信息。态度是对产品或服务的喜好或厌恶的情感。通常认为信念有利于态度的形成。对产品或服务的信念和态度共同决定了买主对作为整体的产品或服务的喜好程度。

认知是人们从外部世界接收、解释或回忆信息的过程。通常认为认知会影响行为,特别是影响偏好。认知是指对一组产品或品牌的相似性和差异性的个人判断;偏好是指根据这些产品或品牌偏离某个理想偏好点所显示的满足客户的程度,对产品或品牌的所进行的排序。

四、介入购买行为

对大多数客户来说,许多快速流通消费品是"微不足道的",而且无论是对他们所需决策的数量还是对客户的个人关联度都是无须介入的。因此,客户行为可以看作两面的二分法:低介入行为和高介入行为(Engel et al.,1993)。介入通常采用产品对买主的重要程度来衡量:① 产品的认知重要性;② 与使用产品相关的认知风险;③ 产品的象征性价值;④ 产品的快乐价值。

认知的风险是指在选择不当时消极后果的认知意义。象征性是指消费者赋予产品的价值,即通过心理—社会风险区分产品的购买和消费。产品的快乐价值是其感情魅力,即提供快乐和感情的能力。

大多数购买行为是低介入的。低介入购买行为,重复性和相对不太重要的决策的主要目标不是作出"最优"选择,而是在使认知努力最小化的同时作出一个满意的选择。这类购买决策不太重要,决策也只是例行公事,而且买主受到时间限制。

一般而言,营销从业人员对这一低介入概念会摸不着头脑,特别是在日常采购中,如果低介入概念有效,特别是对于快速流通消费品而言,那么对制造商或零售商来说就没有任何经济上的理由从事昂贵的品牌活动,除非是为了在低介入产品类别内部引起反应以便选择熟悉的品牌。

通常认为,包括生活方式产品、特殊兴趣产品、娱乐产品和差异性产品在内的许多类型产品或品牌都存在高介入条件。

五、享受消费和冲动购买

在考虑品牌采购的介入时,消费者行为中的享乐角色具有特殊的兴趣。消费者从事有计划的、没有计划的和冲动购买的程度也很重要。

冲动购买和享乐冲动与享乐消费有关联。冲动购买被定义为当消费者经历突然的、通常是强大的且持续的想立即购买的迫切要求的冲动类型。冲动购买倾向于在对后果的关心下降时发生(Rook,1987)。买主立即采取行动的冲动或迫切要求会阻碍对该行为后果的考虑。对某些消费者来说,这种迫切要求被证明是不可抵抗的,尽管知道其潜在的消极后果。这些消极后果包括经济问题,对购买的失望、内疚感,其他人的反对,以及被打乱的非经济计划,如日常饮食。所以,冲动购买体现了消费者行为中一种特殊的类型。

非计划的购买有别于冲动购买,因为它包含了那些购买决策是在销售地点作出的,而不是事先作出的购买行为。因此,所有的冲动购买都是非计划的,但不是所有的非计划购买都是冲动购买。买主为他们的购买提出的理由显示,购买实际上是部分计划的,或者客户通过某种途径见过该商品被交易过。在这些情况下,对需求的认识可能是由销售地点的价格、质量和促销提示而引发的。

第四节 物流营销策略 SWOT 分析

物流营销策略是指物流企业立足于物流客户需求,获取长期效益的系统性计划策略。这一定义强调的是未来效益,在实际工作中的物流领域内的各项活动,极大地影响着企业的成本和利润,因此物流战略是企业成本控制和利润最优化的重要手段,是协调和促进物流企业管理从产品生产(或服务)到最终消费的所有物流活动的方式。

物流营销战略的基本出发点，企业应考虑以下七个方面。

(1) 主导服务业态的明确化，强化本企业具有发展方向性的物流特色业务领域。
(2) 经营"商圈"和服务对象的再评估。
(3) 物流服务水平的确定。
(4) 库存盘点的集约化。
(5) 与商品政策保持同步。
(6) 发展要明确投资方针。
(7) 与信息系统建设保持同步。

总体来说，客户对物流的要求是商品的储存和迅速、安全、准确的配送；而物流企业对谋求的输送网络的充实度呼声更大，希望信息和货物同步。此外，还要应付市场风险等问题。因此，物流营销的策略是必不可少的。

在物流市场上，制定一定的营销策略固不可少，学会对物流营销进行一定的分析同样至关重要。所谓"知己知彼，百战不殆"，在物流市场上生存发展壮大，不仅要清楚自身的优劣势，更要明白对于自身来说，所存在的机会和威胁。进行物流营销策略分析，需要借助科学的分析方法。

SWOT 分析模型，又称为态势分析法，EMBA 及 MBA 等主流商管教育均将 SWOT 分析法作为一种常用的战略规划工具包含在内。SWOT 分析代表分析企业优势(strength)、劣势(weakness)、机会(opportunity)和威胁(threat)。因此，SWOT 分析实际上是将对企业内外部条件各方面内容进行综合和概括，进而分析组织的优劣势、面临的机会和威胁的一种方法。

对物流市场进行分析，不能孤立地将其四个因素进行分析，应当进行综合因素的分析。SWOT 的综合分析如图 3-2 所示。

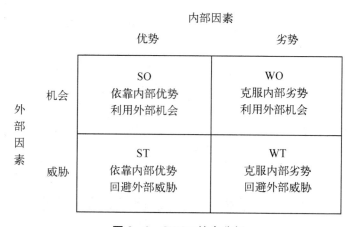

图 3-2 SWOT 综合分析

一、竞争优势(S)

竞争优势是指一个企业超越其竞争对手的能力，或者指公司所特有的能提高公司竞争力的东西。例如,当两个企业处在同一市场或者有能力像同一顾客群体提供产品和服务时,如果其中一个企业有更高的盈利率或盈利潜力,那么我们就认为这个企业比另外一个企业具有竞争优势。竞争优势的具体因素如表3-3所示。

表3-3 SWOT的影响因素

竞争优势 S	(1) 技术技能优势 (2) 有形资产优势 (3) 无形资产优势 (4) 人力资源优势 (5) 组织体系优势 (6) 竞争能力优势
竞争劣势 W	(7) 缺乏具有竞争意义的技能技术 (8) 缺乏具有竞争力的有形资产、无形资产、人力资源、组织资产 (9) 关键领域里的竞争能力正在丧失
潜在机会 O	(10) 客户群的扩大趋势或产品细分市场 (11) 技能技术或新产品新业务转移,为更大客户群服务 (12) 前向或后向整合 (13) 市场进入壁垒降低 (14) 获得并购竞争对手的能力 (15) 市场需求增长抢进,可迅速扩张 (16) 出现向其他代理区域扩张,扩大市场份额的机会
外部威胁 T	(17) 出现将进入市场的强大的新竞争对手 (18) 替代品抢占公司销售额 (19) 主要产品市场增长率下降 (20) 汇率和外贸政策的不利变动 (21) 人口特征,社会消费方式的不利变动 (22) 客户或供应商的谈判能力提高 (23) 市场需求减少 (24) 容易受到经济萧条和业务周期的冲击

二、竞争劣势(W)

竞争劣势是指某种公司缺少或做得不好的东西,或指某种会使公司处于劣势的条件。可能导致内部弱势的具体影响因素如表3-3所示。

三、公司面临的潜在机会(O)

市场机会是影响公司战略的重大因素、公司管理者应当确认每一个机会,评价每一个机会的成长和利润前景,选取那些可与公司财务和组织资源匹配、使公司获得的竞争优势的潜力最大的最佳机会。潜在的发展机会如表3-3所示。

四、影响公司的外部威胁(T)

在公司里的外部环境中,总是存在某些对公司的盈利能力和市场地位构成威胁的因素。公司管理者应当及时确认危及公司未来利益的威胁,作出评价并采取相应的战略行动来抵消或减轻所产生的影响。公司的外部影响因素如表3-3所示。

第五节 物流市场竞争战略分析

第三方物流服务在中国是一个新兴的行业,他们担负着为各行各业提供现代物流服务的使命。第三方物流企业竞争战略是这类企业战略管理中的一项重要内容。

一、竞争战略的背景

对于物流市场而言,它们的服务对象是物质交换市场上的供需双方。因此,物流市场的竞争战略与一般的市场都有所不同,主要体现在以下三个方面。
(1) 从产品战略到服务战略的转换。
(2) 服务营销的基本战略选择与战略组合的转换。
(3) 服务差异化策略向创新战略转换。

二、竞争战略选择

处于不同竞争地位的物流企业有不同竞争战略的选择。在制定了本企业的任务和目标,分析了竞争者的能力,确定本企业的竞争定位后,企业就可以根据自己的目标、资源、实力、地位,制定相应的竞争战略。

(一) 市场主导者竞争战略

市场主导者可从三个方面扩大市场需求量:一是发现新用户,二是开辟新用途,三是增加使用量。

(1) 发现新用户。每种产品都有吸引新用户、增加用户数量的潜力,因为可能有些消费者对某种产品还不甚了解,产品定价不合理或者产品性能还有缺陷等。

(2) 开辟新用途。为产品开辟新的用途,可扩大需求量并使产品销路久畅不衰。许多事例证明,新用途的发现往往归功于顾客。

(3) 增加使用量。促进用户增加使用量是扩大需求的一种重要手段。提高购买频率也是扩大消费量的一种常用方法。

市场主导者可采用的市场竞争战略有以下六种。

(1) 阵地防御。在现有阵地周围建立防线,这是一种静态的防御,是防御的基本形式。

(2) 侧翼防御。这是指市场主导者除保卫自己的阵地外，还应建立某些辅助性的基地作为防御阵地，必要时作为反攻基地。特别是注意保卫自己较弱的侧翼，防止对手乘虚而入。

(3) 以攻为守。这是一种先发制人式的防御，即在竞争者尚未竞争之前，先主动攻击，这种战略主张预防胜于治疗，达到事半功倍的效果。

(4) 反击防御。当市场主导者遭到对手发动降价或促销攻势，或改进产品，占领市场阵地等进攻时，不能只是被动应战，应主动反攻入侵者的主要市场阵地。

(5) 运动防御。这种战略不仅防御目前的阵地，而且还要扩展到新的市场阵地，作为未来防御和进攻的中心。

(6) 收缩防御。在所有市场阵地，全面防御有时会得不偿失，在这种情况下最好是实行战略收缩，即放弃某些疲软的市场阵地，把力量集中用到主要的市场阵地上去。

(二) 市场挑战者竞争战略

市场挑战者要向市场主导者和其他竞争者挑战，首先必须确定自己的战略目标和挑战对象，然后选择适当的进攻战略。

市场挑战者选择挑战对象与战略目标密切相关，对不同的对象有不同目标和策略。通常情况有三种：攻击市场主导者并占取其市场份额与服务优势；攻击与自己实力相当者并夺取市场阵地；攻击小企业并夺取其顾客甚至小企业本身。

市场挑战者的进攻策略是多样的，一个挑战者不可能同时运用所有这些策略，但也很难单靠某一种策略取得成功。通常是设计出一套策略组合即整体策略，借以改善自己的市场地位。但是，并非所有居次要地位的企业都可充当挑战者，如果没有充分把握不应贸然进攻主导者，最好是跟随而不是挑战。

(三) 市场跟随者竞争战略

服务创新需要投入大量人力、财力、物力，并且冒很大风险。从事服务仿造或改良不需要大量投资，风险性小，也可获得很高的利润，因此许多企业采用追随战略。跟随是在各个细分市场和营销组合方面，尽可能仿效主导者，但它不能直接侵犯到主导者。有距离跟随是其主要方面，如目标市场、价格水平、销售渠道等方面跟随主导者，但仍与主导者保持若干差异。有选择的跟随者是在某些方面紧跟主导者，在另一些方面又自行其是，择优跟随、独创是其主要特点。

当然，这并不是跟随者就没有战略，他们成功的关键在于能主动细分和集中市场，有效研究和开发市场，着重于赢利而不着重于市场份额。

(四) 市场利基者基本战略

利基者的战略关键在于专业化、精细化营销。营销者为取得利基可在市场、客户或渠道方面实行专业化。可供选择专业化方案很多，但其主要目的在于避免竞争、稳定企业。

企业还要利用一切可能性创造优势战略，利用企业资源的优势，通过实施与竞争对手不同的战略而获得顾客，称之为创造优势战略。实施这一战略值得探讨是什么手段、如何使用手段和如何创造有效手段等问题。

案例分析思考题

顺丰快递市场竞争战略选择

一、行业分析及公司基本概况

1. 物流行业分析

目前我国从事快递业的民营企业上万家,从业人员多达 100 万之众,年营业规模在 100 亿元人民币左右,主要分布在以上海、广州、深圳、北京为核心的长江三角洲、珠江三角洲和环渤海经济圈。

由于我国快递行业发展历史较短,绝大多数企业成立时间短,服务功能较少,不能提供有关法规和规章允许的所有服务。有的中国的民营快递企业坚持独立发展的道路,也有外资与民营企业的结合,有利于实现双方的优势互补。

2. 顺丰的简介

顺丰于 1993 年 3 月 27 日在广东顺德成立。初期的业务为顺丰与香港之间的即日速递业务,随着客户需求的增加,顺丰的服务网络延伸至中山、番禺、江门和佛山等地。在 1996 年,随着客户数量的不断增长和国内经济的蓬勃发展,顺丰将网点进一步扩大到广东省以外的城市。至 2006 年初,顺丰的速递服务网络已经覆盖国内 20 多个省及直辖市,101 个地级市,包括香港地区,成为中国速递行业中民族品牌的佼佼者之一。

顺丰作为一家主要经营国际、国内快递业务的港资快递企业,为广大客户提供快速、准确、安全、经济、优质的专业快递服务。

3. 顺丰的发展历程

(1) 从"深港挟带人"引发的第一桶金。1992 年后,"前店后厂"模式在深港之间形成。深港线上的货运商机,是那个黄金时代的缩影。当时,由于政策原因许多通港货件被私人以挟带的方式运送到内地。公司成立之初,王卫不仅是老板,也是"挟带人",亲自上阵送货。在这样发展不规范的模式下,许多在这条线路上起家,看似光鲜的企业最终逃不出"昙花一现"的命运,但顺丰的深港货运,却成就了王卫的第一桶金。

(2) 扩大市场后的整改。创业之初,由于缺乏资金的支持,因此选择了加盟制。顺丰客户对价格相对不敏感,而是更重视速度和可靠性。而在加盟制下,顺丰很多地方公司由于出身于运输公司,它们在承揽快件的同时,本身还会接一些别的货。这就出现了一个问题:无论是时效性还是装卸质量,顺丰人为造成了与服务定位之间的背离。

2000 年,在发生了几次大的事故之后,顺丰创始人王卫终于下定决心抛弃加盟制,重新自建网点,建立起国内快递市场中除中国邮政之外唯一的直营网络。

这个行业的竞争格局在过去的五年中被颠覆:曾经毫不起眼的顺丰速运,通过选择高价值的"小众市场"或者按照现代流行的说法是"利基市场",并重新构建资源和能力,最终成为整个行业的游戏规则制定者。

(3) 危机也是转机。2003 年的"非典",让很多人在足不出户的无奈选择下开始尝试网络购物。网络购物所依赖的快递服务,也进入了一个爆发增长期。那些城市中的年轻白领们,也开始通过网店购买一些电子产品和其他价值更高的消费品。为了消除这种非体验消费模式下的不安全感,他们中的很多人在购买商品时,宁愿多花5—10元钱,也希望找到一家更可靠的快递公司。顺丰抓住了这样的心理,快速发展,也成就了顺丰自己的粉丝圈。

(4) 全面发展。2003年,顺丰速运集团成为国内首家包机夜航的民营速递企业;2009年12月,顺丰集团旗下的顺丰航空有限公司也正式开航;2010年顺丰创建了属于自己的航空公司,并且将以每年平均新增2—3架自有货机的速度逐步扩充,同时,顺丰也仍将继续使用外部包机和散航班作为又一补充,结合航空枢纽基地建立,顺丰将抢摊国内外货运快递市场。

二、营销战略

1. 价值主张

(1) 探索客户需求,为客户提供快速安全的流通渠道。速度是快递市场竞争的决定性因素,也是顺丰的核心竞争能力。顺丰有着自己的专运货机。这无论从配货的机动性上还是从输送快件的时效性上来看,富有相当的主动性。据了解,无论是同城快递还是城际快递,民营快递企业都比EMS快约50%,而顺丰,则依然比其他民营快递快约20%。

(2) 标准化和科技化。统一全国网点,大力推行工作流程的标准化,提高设备和系统的科技含量。

(3) 打造民族速递品牌。以客户需求为核心,提升员工的业务技能和素质,谨守服务承诺,建设快速反应的服务团队,努力为客户提供更优质的服务。全天候不间断提供亲切和即时的领先服务。从客户预约下单到顺丰收派员上门收取快件,1小时内完成;快件到达顺丰营业网点至收派员上门为客户派送,2小时内完成,实现快件"今天收明天到"(偏远区域将增加相应工作日)。尽量缩短客户的贸易周期,降低经营成本,提高客户的市场竞争力。

(4) 不断推出新的服务项目,帮助客户更快更好地根据市场的变化而做出反应。顺丰把快递服务当作一般商品,不时地推出新的营销计划或者是类似电信业的套餐。时常有优惠更吸引顾客,也更有利于顾客。如:2010年7月1日起,顺丰打造高价值物品的安全通道,为客户的高价值物品(2万元以上,10万元以下)提供优质安全的快递服务。资费标准是快递的标准运费+保费(保费=声明价值总金额×5‰)等。把服务完全当作一种产品。在这样一个多变的市场条件下,消费者面对的是更多的选择、更多的优惠,如何才能抓住顾客的心,如何才能抓住市场,就是要不断地推新,在顾客还没有反应过来的时候,又不得不选择你。

2. 消费者目标群体

顺丰的价格与其他家快递公司相比相对较高,起初标准的价格是19元,而EMS是12元,其他的几家都差不多在10元左右,有的甚至更低。它的价格也就决定了它的目标客户。顺丰的大客户也是它的主要客户是月结客户,对象主要是企业。顺丰可以按照寄件方客户(卖方)与收件方客户(买方)达成交易协议的要求,为寄件方客户提供快捷的货物(商品)专递,并代寄件方客户向收件方客户收取货款;同时,可以提供次周、隔周返还货款的服务。它们由于贸易的需要,需要选择一家有能力承载大批量运载,效率高又安全的物流公司来帮助它们实现价值的转移。而顺丰正是看中了这样的机会,看中了这一块多金之地,不仅仅是因为顺丰所要配送的产品是大宗的多金的,同时也是因为顺丰所要服务的对象。虽然事实上,由物流公司代收款项,从以往的不愉快的经历(物流公司携款而逃)来看,对企业来说似乎存在着很大的风险,但是,随着物流行业的再次崛起以及顺丰这个品牌的形象地位不断提高,代收的业务还是会有很大的市场。所以,顺丰要提升自身的层次级别往高端发展。另外也有一部分是公司白领或者是金领,他们讲求的是效率,对价格不敏感,所以会自然地跳过价格这一层。

其次,近年来随着顺丰的发展壮大,业务不断扩张,这一条中国龙早已将龙须伸向了国外市场。所以,国外快递客户也在日益成为顺丰的目标客户。

3. 分销渠道

顺丰的网点覆盖范围正不断扩大。在中国大陆,目前已建有2 200多个营业网点,覆盖了国内31个省(青海省暂未开通)、自治区和直辖市,近250个大中城市及1 300多个县级市或城镇。1993年在香港特别行政区设立营业网点,目前营业网点覆盖了18个行政区中的17个(离岛区暂未开通)。2007年在台湾设立营业网点,覆盖了台北、桃园、新竹、台中、彰化、嘉义、台南、高雄等主要城市。2010年顺丰在韩国开通了收派服务,在新加坡设立营业网点,覆盖了新加坡(除裕廊岛、乌敏岛外)的全部区域。

对于一家物流公司来说,真正能够给顾客带来便利的是覆盖全国最大范围内的网点,这也是抢占市场的关键。但是,顺丰在全国的网点建设不够健全,在涉及较偏远和不发达地区,顺丰的业务尚未到达。

4. 客户关系

在客户关系管理这一方面,顺丰做得最多的是它的公共关系。由于顺丰自身业务的性质(即为一个传递方),它在传递货物、服务的过程中,也在传递着作为一个行业巨头的风范——在"非典"人心惶惶的时候,在地震一片混乱的时候,在世博被世界关注的时候,顺丰都在,在第一线以它的高效和专业的服务传递温暖。顺丰没有花很多的资金做营销,创始人甚至多次拒绝电台的专访。其实,真正精明的营销在这里。这些传递的其实是公司的品牌,让潜在顾客、固有顾客时刻感受这样一家快递公司的存在。顺丰在自身的企业文化建设上特别注意"企业公民"形象的建设。从2002年到2010年,顺丰先后为希望工程、各大慈善基金、地震灾区、各贫困山区捐赠现金和物资,助养地震灾区儿童,资助少数民族村落水电站建设项目等,并在2009年正式成立广东省顺丰慈善基金会。

三、经营战略

1. 明确的战略定位

扎根中端,发展中端产品,逐步拓展中高端。中高端的企业品牌,既对现有中高端客户产生拉动作用,也与未来的中高端客户的需求相匹配。顺丰在致力于提供质量稳定的标准产品/服务来满足目标客户基本需求的同时,研究开发各种增值服务,构建合理的产品体系,以满足更广泛类型的中高端客户的差异化需求,来打造中高端的企业品牌,提供给客户超值的感受。

2. 未来业务发展方向

立足核心业务、强化支持手段、稳步拓展多元化业务。顺丰将坚持以速递业务为核心业务,通过整合航空和地面关键资源、发展强大的信息系统等支持手段,保障核心业务领域的竞争力;以相关多元化为业务主要延伸方向,积极探索仓储配送服务、电子商务等与速递业务相关的多元化领域,并作为种子业务加以培育,储备未来业务新兴增长点。

3. 主要措施

(1) 自建网点、两级中转。顺丰坚持以自建网点的形式拓展业务,确保对运营网络的控制,从而保证快递产品流转过程中的作业标准化和信息透明化。顺丰目前拥有3个先进的分拨中心,通过建立两级中转模式,100余个一、二级中转场,应用大批先进设备,配备自动/半自化分拣系统,全部实现流水线作业,实现快件分拣数据传输信息化。干线采用的航空,中短途采用中小型车辆发运,速度快,安全有保障,网点丰富,但价格较高,仅适用于个人的非常零散小件,或高附加值货品。兼顾网点覆盖范围、密度和中转层级,保证快件产品的整体流转时效。在国内包括香港、台湾地区建立了庞大的信息采集、市场开发、物流配送、快件收派等业务机构,为广大客户提供快速、准确、安全、经济、优质的专业物流服务。

(2) 广泛的运营网络。顺丰集团分别从空中和地面两个维度构建快速高效、覆盖广泛的运营网络。自2003年开始包租货机运送快件以来,目前拥有15架专机,日执行30个航段,全网设有45个航空组,签约多家航空公司400余条航线,每日800个以上的常用航班,建立起了快速的空中网络,为客户提供飞一般的服务;顺丰集团目前拥有各类陆运干线1200余条,拥有营运车辆(含公司统购及收派员自带)7000多台,并配备先进的全球GPS定位系统,全程监控,为快件中转、速递服务提供强有力的支持。建立起了庞大的地面网络。空中和地面网络密切配合、有效衔接,为客户提供了快速、高效的快递服务。

(3) 直营网络自主化管理。顺丰为提升服务质量和快件安全,公司按照网点自营方式进行网络扩张,实现网点管理自主化、人员管理自主化、车辆管理自主化,但同时分区管理,每一级组织、每一个收派人员负责某个区域的业务拓展,职责明确。相对加盟商运营的方式,增加了公司对终端网络的控制能力,保证了派送时效和服务质量,确立收派提成制度,将收派人员的收入与业绩挂钩,充分调动收派员的工作积极性和主动性。在服务流程方面,公司从接单—收件—中转—分拨—航空—派件全流程实现上、下流程和系统间的计算机智能交叉验证和责任人到相关领导的KPI考核追究制度,建立了三级营运质量保证机制,能实时发现和纠正绝大部分差错,极大提升了运作质量和客户满意度。

(4) 服务模式。顺丰竭力构建一个专业、安全、快捷的服务模式。专业:专业的流程、专业的设施和系统、并且开通了VIP绿色通道等。安全:全方位的检测体系、严格的质量管控等。快捷:构建了12种服务渠道,使顾客能时刻体验轻松、便捷的顺丰服务。其中包括4种人工服务(收派员提供收派任务、服务热线、营运网点、在线服务)、8

种自主服务,特别是顺丰网站(包括一般业务查询,可查询收送范围、客户编码、快件跟踪等;顺丰网上寄件服务,在大部分服务范围内,工作人员1小时就可上门派收;体验并了解顺丰的一系列增值服务和自助工具,如顺丰速运通、网上寄件、移动助理、电邮助理、短信助理的使用)、客户自助端、运单套打程序、顺丰移动助理、顺丰MSG短信通、顺丰短信助理、顺丰电邮助理。利用不断创新的服务模式来赢取客户。

（5）跨界经营。顺丰开通网上商城顺丰E商圈,E商圈网经营的商品囊括了数码、母婴用品、商务礼品等商品。主打中高端物流服务的顺丰E商圈跨界经营网上商城,是凭借物流配送优势,并且顺丰E商圈将网上零售业务作为一个产品来运作。同时还推出了配套的支付工具——顺丰E商圈宝。但是目前仍处于起步阶段,难以和现在一些有名的B2C网站抗衡,并且仍存在一些问题。

思考题：

1. 服务型商品的消费者普遍注重售后服务,购买体验不好就会给差评,顺丰快递这类物流企业应该如何应对?

2. 顺丰快递如何做业务延伸和跨界组合提高客户的黏性?

3. 在当前经营环境中,你认为除了在电商领域发力外,顺丰快递还可以在哪些领域进行突破和结合? 为什么?

第四章　物流服务市场的购买行为

导 入 案 例

圣诞节前夜是平安夜,近些年兴起的"送平安果"的习俗并非是平安夜的传统,而是中国人取苹果的苹字谐音"平",寓以平安的意思,因此便有了平安夜送平安果的习俗。平安夜吃平安果为来年许愿的庆祝方式这个习俗在年轻人当中很流行,同样也带动了需求。

圣诞将要来临的时候,水果市场掀起了一场"苹果热":象征平安的苹果被商家争相包装成"平安果",带热了市场。超市水果区苹果成为主角,来自山东的红苹果和产自美国的红蛇果,因卖相诱人、口感香甜,成为送礼佳品,价格在12.8元到19.8元一斤不等,这个价格相当于进口红蛇果的市价,国产的红苹果价格翻了约十倍。

尽管价格比其他苹果贵了很多,可是购买的市民依然不少。选购的市民表示,虽然现在看起来比平时买要贵得多,但是等到平安夜当天或者前一天,价格还有可能翻一倍。

在这场苹果热里,物流企业也不愿放过这次节日的机会,加入了平安果生意的行列,以自己的方式应对平安果的购买热潮。这次进入平安果市场的物流企业有圆通和顺丰。

圆通速递一城一品就在官网、企业官网、微信公众号上线了"你是我的小苹果"活动,推广价格35元到79元不等的红富士苹果套装,以苹果的口感、营养、产地为主打卖点,着力推广苹果,借力圣诞节日经济进行推广营销。

圆通速递有限公司是一家民营企业,于2000年5月28日成立,在全国建立了8大管理区、多个派送网点,拥有12万余名员工,服务范围覆盖国内1 600余个城市,通达包括港、澳、台地区在内的全球200余个国家和地区,航空运输通达城市达70余个。业务范围遍及全国31个省(自治区、直辖市)的所有市县乡(镇),营业网点超过4.5万个,综合实力在同行业里排行前三。

一城一品是圆通蛟龙投资集团旗下上海圆通新龙电子商务有限公司所有,以各地名优特产和农产品为主营商品的网购电商平台。一城一品网经营原则是原产地直供,为消费者提供更优质的地方名优特产和农产品。2014年4月1日,一城一品网正式上线,集结超过200座城市,超过1 000种特色商品在线销售。

一城一品目前商品分类有米面杂粮、休闲零食、南北干货、冲饮谷物、优选名茶、酒水饮料、调味酱料、生鲜食品、滋补营养九大商品品类。一城一品网所售商品均为产地直供模式,即用户在一城一品网站下单后,商品从产地直接运到用户手中。

在一城一品的网站上通过搜索关键字红苹果获取商品列表，列表上可以看到产自各个地方的红苹果，有甘肃天水、山东栖霞、陕西的，商品还标有限时包邮的标志，应该是为了在平安夜前促销特意推出的包邮。

同是物流行业的顺丰速运，与中国苹果之乡的山东栖霞苹果商谈妥合作，并布局顺丰优选、嘿客、顺丰速运微信公众号、支付宝钱包顺丰服务窗，为平安果上市铺垫。顺丰"平安果"的发布，分别在电商、移动、PC、O2O上推广，产品发布不到两周，39元价格定位的首批"幸福平安果"已预订完。

顺丰速运是一家主要经营国际、国内快递业务的港资快递企业。于1993年3月26日在广东顺德成立。初期的业务为顺德与香港之间的即日速递业务，随着客户需求的增加，顺丰的服务网络延伸至中山、番禺、江门和佛山等地。随着客户数量的不断增长和国内经济的蓬勃发展，顺丰将网点进一步扩大到广东省以外的城市。至2006年初，顺丰的速递服务网络已经覆盖国内20多个省及直辖市，101个地级市，包括香港地区，成为中国速递行业中民族品牌的佼佼者之一。

2012年5月31日，顺丰优选正式上线，标志着顺丰开始踏足自营电商领域。顺丰优选是由顺丰速运倾力打造，以全球优质安全美食为主的网购商城，覆盖母婴食品、营养保健品、粮油副食、酒水饮料、冲调茶饮、休闲零食、饼干点心、生鲜食品、特色时令和美食用品，超过一万余种美食可供选购，为消费者提供全方位的一站式美食服务。

顺丰优选的特色是全球美食、产地直采、全程冷链、顺丰直达。凡顺丰速运可到达城市均可配送常温食品，而生鲜食品的配送服务当时只能覆盖到北京、天津、嘉兴、上海、苏州、无锡、杭州、广州、深圳、东莞、佛山这些城市。

进入顺丰优选的网页第一步是选择收货地区，然后在搜索红苹果或者点击分类导航中生鲜食品下选择国产水果，从商品图片下方的信息可以看到商品的产地，红苹果的产地有陕西、山东和甘肃，和圆通一城一品不同的是，红苹果是按照品牌来分的，而其他产品也是一样。

顺丰和圆通都以各自的方式进入平安果市场，两者相同的地方是以电商平台与物流配送结合的方式营销，不仅是在平安果市场上分一杯羹，更重要的目的是通过销售平安果的活动来推出自家的品牌，即顺丰优选和一城一品。

平安果作为一种特殊的商品，只能在平安夜前后销售，一旦不在这个时间段里面，平安果就失去了需求。换句话来讲，消费者购买平安果作为送礼品，是因为节日习俗而且以送平安果、吃平安果来表达对别人或者自己的祝愿。平安果本身不是必需品，而且具有很强的时效性。尽管不能在全年把苹果包装成平安果来销售，但是在平安夜前夕，平安果的需求量非常大。虽然主要消费群体是年轻人，但是随着时代的更迭，这个需求将会不断增大。

圆通和顺丰看准了这个特殊的需求，推出平安果商品，不仅可以达到营销的目的，还能获得利润，抢占市场份额。

从销售平安果发散开来，类似这种现象我们经常能看到，比如中秋节卖月饼，端午节卖粽子,春节卖糖冬瓜等。这些都是"节日性"的需求,而且市场几乎已经成熟了,圆通、顺丰这两家企业利用电商平台也可以试着进入,但是不像平安果这种新兴的市场来得容易。

第一节　物流消费需求

一、物流消费者的界定

有购买物流服务的需求和能力,并且能从物流服务中获利,满足以上条件的个人或企业,即为物流消费者。物流消费者可分为企业与个人两大消费群体,而目前在我国企业消费群体的物流消费需求逐步向整体解决方案发展,以往购买仓储或运输等单一的物流服务的现象正在逐步减少。

> **知 识 小 贴 士**
>
> 众所周知,在2014年"双十一"之际,阿里全天交易额571亿元,而全网交易额达805.11亿元,包裹数量更是达到4.09亿之多,与平时的物流需求相比,可谓是"天壤之别",时间上的不平衡性尤为凸显。

二、物流需求的定义

物流需求是指一定时期内社会经济活动对生产、流通、消费领域的原材料、成品和半成品、商品,以及废旧物品、废旧材料等的配置作用而产生的对物在空间、时间和费用方面的要求,涉及运输、库存、包装、装卸搬运、流通加工,以及与之相关的信息需求等物流活动的诸方面。

三、物流需求的特征

（一）派生性

物流的产生依赖于经济生活的进行,经济生活中形成的物品流动促发了物流需求的产生。

（二）不平衡性

时间上的不平衡性,主要起因于农业生产的季节性,贸易活动的淡旺季和节假日等。众所周知,"双十一"作为一个诞生不久的新节日,却引发了线上交易量的井喷式爆发,这对于物流的考验和冲击无疑是巨大的。

空间上的不平衡性,则主要起因于资源分布、生产力布局、地区经济发展水平、物流网络布局等。从快递角度来看,快递需求具有明显的地区差异,东部主要以揽投为主,西部则以接收快递为主。

（三）部分可替代性

当原料产地和消费市场分离的情况下,人们可以通过生产位置的确定,在运送原材料、半成品或产成品之间作出选择。如某些地区用于发电的煤炭物流就可以被长距离的高压输出电线线路代替。

（四）较小的需求弹性

物流需求日益渗透到生产、流通、消费等整个经济生产活动中,与经济生产活动的进行有着密切的联系,是经济生产活动的重要组成部分。物流需求作为经济运行的一向硬性活动,对于价格敏感度较低,因此需求弹性较小。

物流需求特征表现如图4-1所示。

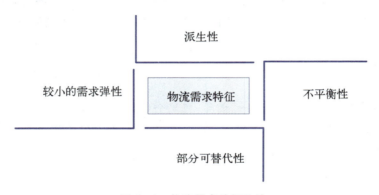

图4-1 物流需求特征总结

四、物流需求量化指标

（一）社会物流总费用

1. 社会物流总成本计算方式

社会物流总成本＝农业总产出×农业平均物流成本率＋工业总产出×工业平均物流成本率＋第三产业总产出×第三产业平均物流成本率

2. 社会物流总费用详细构成

社会物流总费用详细构成如表4-1所示。

（二）物流需求增长率

物流需求增长率是指T1期物流需求量与T2期物流需求量的差值同T1期物流需求量之比,它反映了物流需求在一定时期内的增长程度(T1、T2分别表示前后两个连续的时间段)。物流需求增长率的计算方法如下。

表 4-1 社会物流总费用详细构成表

一级指标	二级指标	三级指标
社会物流总费用	运输费用	铁路运输费用
		道路运输费用
		水上运输费用
		航空运输费用
		管道运输费用
		其他运输费用
	保管费用	仓储费用
		配送费用
		包装费用
		流通加工费用
		货物损耗费用
		货代业务费用
		保险费用
		信息及相关服务费用
		利息费用
		其他保管费用
	管理费用	物流管理人员报酬
		其他管理费用

物流需求增长率＝（T2 期物流需求量－T1 期物流需求量）÷T1 期物流需求量

（三）物流需求强度

物流需求强度反应单位国民生产总值产生的物流需求，表示国民经济发展对物流需求的强度。计算方法如下。

物流需求强度＝分析期物流需求总量÷分析期国民生产总值

（四）物流需求弹性

物流需求弹性反映了物流需求增长相对于经济增长的变化强度或变化幅度，即国民经济单位增长率对物流需求的影响程度，或物流需求相对于国民经济增长的敏感程度。计算方法如下。

物流需求弹性＝分析期内物流需求增长率÷分析期内国民生产总值增长率

物流需求弹性＞1，表示物流需求弹性大，即物流需求对于国民经济生产总值是敏感的；物流需求弹性＜1，表示物流需求弹性小，即物流需求对于国民经济生产总值不敏感。

> **知识小贴士**
>
> 物流需求强度反映了经济发展对于物流活动的依赖强度,随着电子商务的迅速发展,物流需求强度也随之增强。

第二节 影响物流消费需求的主要因素

一、经济因素

物流的派生性决定了物流消费需求必然会受到经济因素的影响。经济高速增长时期,必然会产生较大的物流需求;经济增速放缓时期,消费需求也必然会明显减少。

二、宏观经济政策和管理体制

宏观经济政策主要包括财政政策和货币政策。财政政策是税收杠杆的使用,货币政策是存贷款利率(货币供需量)杠杆的使用。当实行宽松的财政政策和货币政策时,社会上货币的流量增加,此时物流消费需求则会随着经济活动的活跃而"水涨船高";反之,当实行紧缩的财政政策和货币政策时,社会上货币的流量减少,此时物流消费需求则会随着经济活动的"降温"而有所减少。

三、市场环境

市场环境包括宏观市场环境和微观市场环境,其构成如图 4-2 所示。

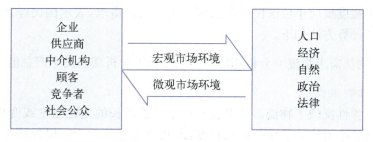

图 4-2 市场环境因素

以微观环境中的企业因素为例,随着电子商务的发展,对物流的需求也不断增加,物流作为电子商务必不可少的组成部分,也发生了巨大的转变。在 B2C 商业模式出现前,物流的消费群体主要为工商企业。电子商务的繁荣,也为物流市场开辟出了大量的个体消费者和用户。

> **知识小贴士**
>
> **《2015年电子商务工作要点》摘要**
>
> 开展电子商务与物流快递协同发展试点。指导试点城市落实试点工作方案,建立健全试点工作领导机制,开展电商物流规编制、管理制度改革、标准规范制定等工作,统筹规划基础设施建设。
>
> ……

四、消费水平和消费理念的变化

总的来说,物流购买行为主要来源于工商企业,因此工商企业总体的物流总量也就成了社会物流消费总量的主要组成部分。在第三方物流出现之前,工商企业物流选择自建物流,而在第三方物流出现之后,工商企业能够在自建物流和外包物流间进行选择,而该选择有赖于工商企业对于第三方物流的认可度和对物流理念的认知程度。

五、物流技术进步

技术进步是影响物流购买的重要的长远性因素。货物载运工具的改造和革新,仓储设施的机械化、自动化,物流信息技术的进步,都极大促进了物流购买行为的形成。

六、物流服务水平

如果物流服务水平过低,如延迟交货、货物破损或丢失以及成本过高等都会导致企业放弃第三方物流服务,转而选择自营物流。

影响物流消费需求的主要因素总结如图4-3所示。

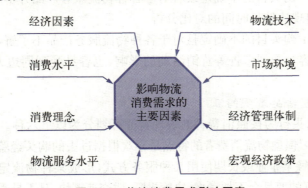

图4-3 物流消费需求影响因素

第三节　物流消费者购买行为的类型及模式

一、物流消费者购买行为的类型

物流消费者购买行为按照不同分类标准可以分为不同类型,主要分为以下三种。

(一)按照购买目标的选定程度划分

购买目标的选定程度主要取决于购买目的的确定程度和对于物流服务的了解程度。按照该标准划分,物流消费者购买行为可分为全确定型、半确定型和不确定型,如图4-4所示。

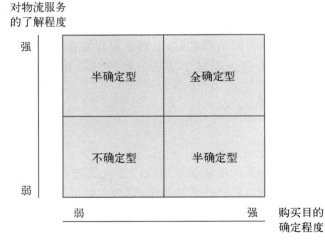

图4-4　按照购买目标选定程度划分购买行为类型

(1)全确定型:购买目的确定,对于各种物流服务产品也十分了解,一旦出现符合自己购买要求的产品,便会立即购买。

(2)半确定型:购买目的不确定或者对于各种物流服务产品并不了解,导致在产品服务选择过程中出现比较长时间的对比分析。

(3)不确定型:购买目的不确定且对于各种物流服务产品不了解,在购买中通常采取观望状态,比较容易受到广告等营销活动的影响,也容易受到周边人群的影响,成为从众消费者。

(二)按照消费者的表现特征

物流消费者购买行为按照消费者的表现特征可划分为以下六种。

(1)习惯型:习惯型物流消费者的特点是喜欢根据过去的购买经验和习惯来购买服务。他们会长期惠顾某企业或长期使用某种服务方式,形成某种物流定势。习惯型物流消费者对信任、偏好的商品会不加考虑,决策果断,成交速度快,且不易受其他因素影响。

(2) 理智型：理智型物流消费者的特点是以理智为主、感情为辅。他们根据自己的经验和对商品的知识，广泛收集关于物流服务产品的信息，经过周密的分析和对比作出购买决策。

(3) 感情型：感情型物流消费者的特点是带有浓厚的感情色彩。感情型物流消费者在选购商品时感情体验深刻、审美感觉灵敏、易受外界因素影响，如广告宣传、商品展销和社会流行等。它们对于产品的外观感受比较重视，而对产品质量、价格等因素考虑较少。随着人们消费能力的不断增强，感情型消费者的比重也不断增长。

(4) 冲动型：冲动型物流消费者的特点是情绪易于冲动，产品选择以直觉为主，常凭主观兴趣购买，交易迅速。

(5) 经济型：经济型物流消费者的特点是购买商品多从性价比方面考虑，乐于购买物美价廉型商品，这也多与他们的消费能力紧密相关。

(6) 从众型：从众型物流消费者的特点是易于受到周围人群消费行为的影响，消费时多会选择深受周围人群追捧的产品或服务。

(三) 按照消费者的参与程度和产品品牌差异程度

按此标准，物流消费者购买行为分为以下四种（如图 4-5）。

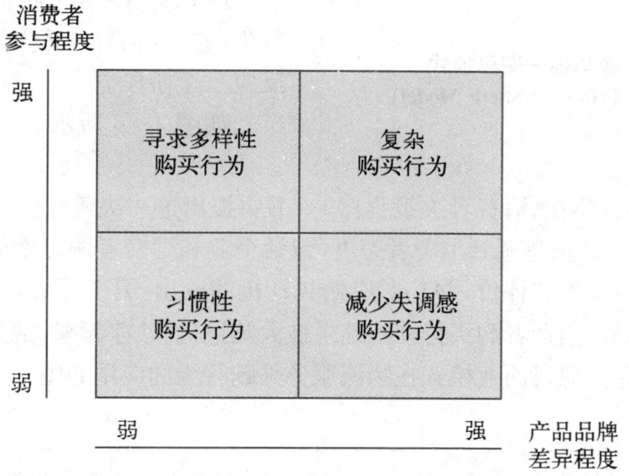

图 4-5　按照消费者的参与程度和产品品牌差异程度划分购买行为类型

(1) 复杂购买行为：消费者参与程度高，而产品品牌差异很大，这时候消费者就需要进行广泛的资料搜集和整理，并进行多次的对比分析，最终确定消费对象。

(2) 减少失调感购买行为：消费者参与程度低，且产品品牌差异大，消费者作出消费选择后，如果发现更符合自己要求的物流服务，将会产生严重的失调感，所以在这种情况下，消费者主要以减少失调感为目的。

(3) 习惯性购买行为：消费者参与程度低，且产品品牌差异小，无论消费者最终作出怎样的消费选择，都不会有太大的差异，此时的购买行为大多受到习惯的影响，习惯一经形成变化很小。

(4) 寻求多样性购买行为：产品品牌差异小，但消费者参与程度高，消费者更加热衷于对比服务的细小差异，或者是寻求更加符合个人兴趣点的服务。

二、消费者购买行为模式

(一) 霍华德—谢思模式(Howard-Sheth Model)

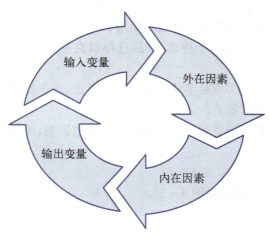

图 4-6 霍华德—谢思模式
(Howard-Sheth Model)

按照霍华德—谢思模式的解释,消费者购买行为有以下四个方面。

(1) 输入变量:刺激投入,包括产品实际刺激、产品符号刺激、社会刺激和相关群体等。

(2) 外在因素:消费过程中的外部影响因素,如文化、个性、财力等。

(3) 内在因素:介于刺激和反应之间起作用,主要说明输入变量和外在因素如何在心理活动中发生作用。

(4) 输出变量:指最终所产生的消费行为,它包括认识反应、情感反应和行为反应三个阶段。

如图 4-6 所示。

(二) 尼科西亚模式(Nicosia Model)

尼科西亚 1966 年在《消费者决策程序》一书中提出这一决策模式。该模式有四大部分组成:第一部分,从信息源到消费者态度,包括企业和消费者两方面的态度;第二部分,消费者对商品进行调查和评价,并且形成购买动机的输出;第三部分,消费者采取有效的决策行为;第四部分,消费者购买行动的结果被大脑记忆、贮存起来,供消费者以后的购买参考或反馈给企业。尼科西亚模式在物流服务采购行为的应用如图 4-7 所示。

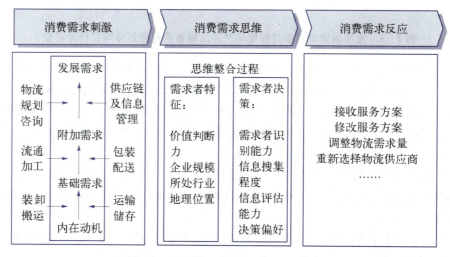

图 4-7 尼科西亚模式(Nicosia Model)

第四节 物流消费者的购买决策过程

一、消费者决策过程

消费者的购买决策过程是一个以特定目标为中心的解决问题的过程。一般意义上的决策，是指为了达到某一预定目标，在两种以上的备选方案中选择最优方案的过程。购买决策则是消费者作为决策主体，为实现满足需求这一特定目标，在购买过程中进行的评价、选择、判断、决定等一系列活动。购买决策在消费者购买活动中占有极为重要的关键性地位，是购买行为中的核心环节。

在消费者整个购买决策过程中，会受到不同角色主体的影响，他们分别为发起者、影响者、决策者、购买者、使用者等，如图4-8所示。

(1) 发起者：第一个想到或者建议购买物流服务的人。在工商企业中，发起者可能为该企业的物流总监或物流副经理，当其发现本企业的物流能力不足，自营物流运行成本居高不下，自身又无法解决时，开始将目光转向第三方物流。

图4-8 消费决策参与者示意

(2) 影响者：在物流服务采购决策的影响者中，主要有生产负责人、营销负责人和财务负责人，他们从各自不同的角度和关注点给物流服务采购决策施加影响，如图4-9所示。

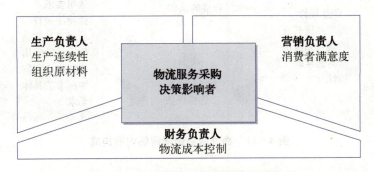

图4-9 物流服务采购决策影响者构成

(3) 决策者：企业的生产、营销和财务负责人协商决定。
(4) 购买者：可能是财务负责人，也可能是物流负责人。
(5) 使用者：生产、营销相关部门共同使用。

二、消费者购买过程

(一) 问题识别

物流消费者的购买过程从问题识别开始,问题识别的过程也就是需要的认识过程。需要可以有物流消费者的生理或心理状况引起,也可以由外部的刺激引起,需要上升到一定程度就成为驱使人们行为的力量。

(二) 信息收集

消费者信息来源主要有个人来源(如家庭、朋友、邻居、熟人)、商业来源(如广告、推销员、经销商、包装、展览)、公共来源(如大众传播媒体、消费者评审组织等)、经验来源(如处理、检查和使用产品)等,如图 4-10 所示。

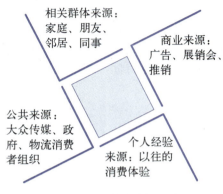

图 4-10 信息来源示意

(三) 选择评估

消费者得到的各种有关信息可能是重复的,甚至是互相矛盾的,因此还要进行分析、评估和选择,这是决策过程中的决定性环节。

在消费者的评估选择过程中,有以下三点值得营销者注意:① 产品属性是购买者所考虑的首要问题;② 不同消费者对产品的各种性能给予的重视程度不同,或评估标准不同;③ 多数消费者的评选过程是将实际产品同自己理想中的产品相比较。在物流服务决策选择的评估中,具体表现为产品属性、品牌信念和效用要求,如图 4-11 所示。

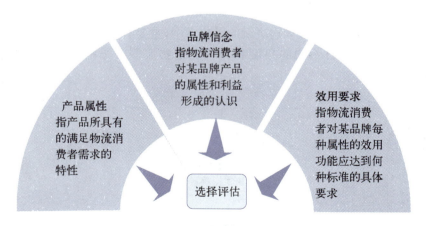

图 4-11 物流服务选择评估内容构成

(四) 消费决策

通过对可选方案的评估,物流消费者已经产生了初步的购买意愿。购买意愿如果不受外界因素的干扰,便会最终触发消费决策和消费行为。在具体决策内容中,一般包括了代理商决策、时间决策、品牌决策、数量决策、支付方式决策等,如图 4-12 所示。

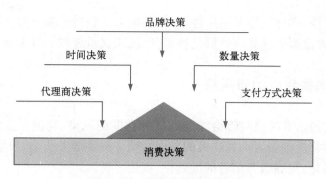

图 4-12　消费决策内容构成

（五）购后评价和购后行为

进行物流服务消费后，消费者会对本次的消费产生评价，并作为经验积累为下一次的购买行为提供参考依据。同时还会向周边的群体分享其本次的服务体验，这就对其他人的购买行为产生了一定的影响，如图 4-13 所示。

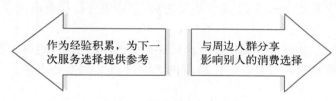

图 4-13　购后行为作用

第五节　物流消费者购买行为的引导性策略

一、认识物流消费者类型，输送新的物流知识与信息

识别购买者类型，了解购买者信息来源，向潜在物流消费者输送新的物流知识与信息，是改变人们态度最有效的方法之一。在一般情况下，掌握信息较少的人最容易改变原有的态度，从而激发出新的物流需求和欲望。

二、激发物流购买者的兴趣

激发物流购买者的兴趣，就是要发现人们潜在的消费需求。就物流服务而言，对于物流消费者产生物流需求的地理环境、交通条件等的分析是极其重要的。

三、合理设计物流服务

物流产品和物流项目都是为了满足物流消费，物流企业应该注意物流服务的新颖性、灵活性、科学性、多样性以及适应性等，使其能够以独特的服务魅力诱发消费者的消费欲望。当然，物流服务首先应该满足快速便捷、质优价廉的硬性要求。

四、消除消费者的消费风险

人们在做任何消费决策时都会感到有某种程度的风险，物流企业经营者应该尽量消除风险因素对物流消费者消费决策的负面影响。提高服务质量、质量描述的定量化、服务流程的可视化，提高服务信息的准确性，诚信经营。

五、消除物流消费者的疑虑

在作出消费决策之后，不少消费者仍存有疑虑。一般而言，可能有两方面原因：一是在决策时出现的信息过多，虽然经过筛选，但由于个人能力有限，作出选择之后仍有担忧，觉得可能会有更优选择；二是在决策之后，担心服务过程会出现意外情况，而引起心理不适。

针对这种情况，物流服务提供商应该建立良好的反馈机制，使消费者的这种心理可以得到释放，增强消费者对企业的信赖，同时据此不断提高服务水平。

案例分析思考题

百胜全球餐饮集团（以下简称"百胜集团"）是世界上最大的餐饮连锁企业，集团总部设在美国Kentucky的Louisville市，百胜集团全球年经营收入已超过200亿美元。截至2013年，百盛集团已成功在中国大陆900多个城市和乡镇开设了4 500多家肯德基餐厅，在大陆240个城市开出了900多家必胜客餐厅。另外，百盛还拥有180多家必胜宅急送、近30多家东方既白和早前收购的400多家小肥羊餐厅，员工人数近44万人。在2012年，创纪录地开出了889家新店，营业额达到522亿元人民币的惊人数字，中国大陆已经成为百盛集团在全球业务发展最快、增长最迅猛的市场。

所谓的冷链物流是一种特殊的物流形式，指的是易腐产品从产地捕捞或收购之后，在产品加工、贮藏、运输、分销、零售，直到消费者手中，各个环节的产品必须处于低温控制之下，以保证食品品质和安全，减少损耗，防止污染的特殊供应链系统。冷链包括低温加工、低温运输与配送、低温储存、低温销售这四个方面。冷链物流对技术标准要求很严格，操作要求程度高。随着国民经济的发展，居民生活水平的提高，人们对冷冻速食产品的认知度也越来越高，冷冻海鲜、冷冻蔬菜等以每年10%以上的消费速度增长。

进入新世纪的电商企业多以外包的形式将自己旗下的生鲜商品交给第三方物流公司，但在1987年，百盛刚进入中国的时候，当时中国的物流技术水平无法满足百盛旗下餐饮行业的需要，迫于形势，百盛不得不成立自己的物流公司实现自我服务。截至2013年，百盛集团自己负责的物流部分约占总物流需求的50%—60%。中国百盛餐饮所需的原材料有沙拉、肉类、土豆、蔬菜等，由于所需材料的特殊性，易腐烂变质，不易保存，这对物流提出了极高的要求，从而促使中国百盛必须尽快建立一个能够满足其保险以及长途运输需求的高效冷链物流系统。目前,百盛物流的冷链配送网络已遍布全国超过280个城市,全国共设超过13个大型配送中心,3个二级配送中心。其流程如下:首先,原始材料通过专门的采购部门集中采购后,送到加工车间进行加工和冰冻冷藏,通过冷链运输环节到最近一级的配送中心,然后由各个配送中心根据所负责的餐厅之前提出的送货要求,安排最佳路线统一冷链运输集散到每个餐厅。为减少物流成本,提供冷链配送效率,及时送达餐厅,中国百盛还在北京、杭州、成都等餐厅较密集的城市设置了二级物流配送中心,允许在夜间进入市区配货。正因为这样合理的更新配送模式,采用避开白天城市交通高峰期,最大减少了堵车概率的发生,夜间间歇配货的方式,不仅提高了车辆的配送效率,也保证了原材料的及时、准确送达。

百盛冷链物流的运输策略:由于百盛下属有三种类型的餐厅,数目庞大,分布区域广泛,且对食材需求差别较大。此外,中国幅员辽阔,地区自然与发展差异大,所以导致的物流成本也不容小觑。因此,在这个背景下,中国百盛制定了不同的物流策略,各配送中心根据各个餐厅的订货量,设计出最合理的配送路线,以最少的成本最大限度地覆盖辖区内所有餐厅,用最少的司机完成最大区域的配送任务,以最低的物流成本支出创造最高的物流效益。尽量减少不必要的配送,随时随地保持配送中心与餐厅的密切沟通,保证每一个指令都能顺利接收。即便百盛集团在冷链物流领域下了许多功夫,却依然存在以下五个问题。

问题一:冷链物流的国内行业标准不够健全。百盛自身在保障食品安全方面下了很大的力度,在甄选原材料供应商上颇下功夫,同时集团也就食品安全质量对外作出承诺,愿意主动接受来自政府、社会及消费者的监督和建议。在冷链物流上,从原材料采购、加工、冷藏、运输、销售到最终消费者手里的每一个环节,各项技术标准、执行标准和管理标准都不够完善和统一。

问题二:集团内部冷链标准化程度低。与麦当劳物流的标准相比,中国百胜物流的标准化工作并不细致。麦当劳的冷链物流涵盖了温度记录与跟踪、温度设备控制、货物验收、温度监控设定,运作系统SOP的建立等。即便是最微小的人工操作环节也会制定操作标准,这样做不仅能够避免人员对货物的接触污染,而且能够快速搬运大量的货物。由此可见,麦当劳的冷链物流作业标准化已经非常高了。虽然百胜冷链物流相比较国内一般的物流企业标准化已经很高了,但是和麦当劳冷链物流制定的标准化相比较,某些细节上的关注还是远远不够的。

问题三:冷链物流运作效率比较低。在国内物流行业中进行比较,中国百胜物流还属于物流运作效率较高的物流企业,但是与国外发达国家物流企业相比,中国百胜物流还处于相对落后阶段,技术基础设施薄弱,自动化程度不高。运作效率比较低的表现主要在以下几个方面:人在物流运作中还是处于主导地位,与高效的智能化、自动化设备相比,人还是处于低效率作业层面。

问题四:冷链信息化程度低。冷链物流信息化工程要求相对成本要比物流成本高得多,所以落实还需一段时间。冷链物流各个环节上没有高效的信息系统,物流信息严重不对称,缺乏透明度,从而增加各环节物流成本,同时在各环节衔接上也出现了问题,导致上下游企业无法信息共享,无法对信息实施对接。

问题五：冷链物流人才匮乏。很多大学生进入物流行业后，发现自己总是要干一些苦活累活，还需要经常跟一些素质相对较低的人打交道，时间久了会觉得自己心里不平衡，这种心态如不能及时扭转，也容易造成人才流失。这已成为制约冷链物流发展的瓶颈。

思考题：
1. 可以用什么方法来定性和定量的分析一个物流服务水准的高低？
2. 针对案例中的第五个问题提出可行的解决方案。

第五章 物流服务市场定位

导入案例

美国西南航空公司

美国西南航空公司成立于1971年,按营业额排名在美国的航运市场上算不上前5名,但是这家发源于德克萨斯州的航空公司却多次成为美国最受人仰慕的十家企业之一,也是过去25年当中全美国唯一一家连年盈利的航空公司。该公司之所以能在竞争十分激烈的美国航运市场取得如此辉煌的业绩,与公司成立伊始即有明确的经营目标和独到的经营战略有关,从而成为美国航运市场上独树一帜的典范。这家公司擅长短途飞行业务,最初是在德克萨斯州的几个大城市之间开展业务。在西南航空公司未进入这个市场之前,其他航空公司在这些航线上的票价是150—200美元,生意并不好,但是西南航空公司进入这个市场后把票价降到60—80美元,开创了全新的低价位飞行业务。一种奇怪的现象出现了,那些票价在150—200美元的公司并不赚钱,而票价在60—80美元的西南航空公司却非常赚钱,原因何在?

概括地说,这家公司成功的关键在于他清楚自己的优势和劣势,以及企业面对的市场环境,所以在创业伊始,就设计了一个非常有特色的企业文化和经营战略。在减少门到门旅行时间、体验轻松活泼和票价低廉三个方面远远优于其他航空公司;在飞行安全方面可与最出色的航空公司媲美;与此同时,在很多方面都远比其他大型航空公司差,正是这些优点和表面上的缺点形成了其个性,因为这些缺点在相当一部分乘客看来确实有点或者根本不在乎。如何能最大限度地减少门到门的旅行时间呢?首先,是在绝大多数城市选择离市区较近的二流机场,以减少用户往返机场的时间和由于机场繁忙而导致的航班延误,同时减少了机场的使用费用,同时由于周转速度加快,在两个城市之间如果其他航空公司每天飞6班,西南航空公司则可以飞8班;这对固定成本极高的航空公司来说,是20%左右的节约;其次,是减少在每个机场的停留时间,既加快了周转速度,又减少了在每个机场的费用;再者,增加航班数量,缩短航班之间的时间间隔,使用户有更多的选择余地。

如何让乘客体验轻松活泼的旅行生活呢?从招收乘务人员开始,就严格按这个宗旨执行,不能给乘客带来欢乐与笑声的人是不会被录用的,哪怕是其他方面很出色,有时候甚至让乘客参与乘务员的录用工作,讲个笑话如果令大家开心就合格。如何实现票价低廉而又能赚钱呢?公司通过周密的设计,圆满地实现了这种令人羡慕的黄金组合。战略之一是有选择的提供服务,因为并非所有的人都是其目标客户,遵照有所为有所不为的原则，在市场细分之后确定了两个目标客户群体，他们是自费旅游的人群和小公司出差的普通职员。战略之二是所有飞机均采用波音737机型，使得备件管理与库存管理变得简单，飞行员培训和机械师费用大幅度下降，这与许多航空公司什么机型都有形成了强烈的反差。战略之三可以从这家公司的几个缺点来分析，就因为这些缺点节约了成本。

第一个缺点是不通过旅行社卖票，旅客必须自己打电话或上网订票，这样做令很多大公司的人不满，但是由于减少了中间环节费用，还是受到了目标客户群的普遍欢迎；第二个缺点是所有的机票都不确定座位，这样既简化了订座系统，减少了工作量和费用，又加快了登机时间，为减少门到门的旅行时间作出了贡献，同时由于实施电子机票，减少了机票打印的时间和登机牌的消耗费用，给用可重复利用的厚塑料排座位登机牌；第三个缺点是没有头等舱，这样既增加了经济舱座位数，又减少了头等舱常常空置带来的浪费，当然需要头等舱服务的人不是该公司的目标客户；第四个缺点是大多数航线都是短距离"点到点飞行"，不提供行李转机服务，虽然给转飞机的人带来了不便，但是这种客户也不是他的目标客户，结果却极大地减少了地面服务人员的数量和费用，人均生产率大大提高；第五个缺点是不提供餐饮服务，节省了乘务员，由通常的4个变为2个，节省加热餐食的设备费用及占地，可以多安装6个座位，加快了打扫卫生的时间。这些缺点是节约成本的主要因素，但是在安全飞行方面却不能节省，其飞机平均机龄只有8年，优于其他航空公司，在安全方面保持着一流。

有意思的是，这种"优先服务"不能让所有的顾客满意，这家公司每年都要收到上千封用户的投诉信，对他们的服务项目太少提出异议。但是，西南航空公司有一封标准的信函给这些投诉者，意思大致如下：首先，感谢您搭乘西南航空公司的班机，但是本公司并没有计划提供您所需要的这些服务，如果您需要这些服务的话，请搭乘其他航空公司的班机，如果有朝一日您不再需要这些服务，我们更欢迎您回来，成为西南航空公司的客户。

西南航空公司之所以能够从竞争极为激烈的美国航空市场脱颖而出，成为众多教材的经典案例，离不开其极富"个性"的市场细分、目标市场确立和市场定位策略。事实上，对于任何一家企业而言，从市场细分到市场定位，中间的每一环节都大有可为。借助于正确的市场细分和定位策略，企业得以成功突围。反观目前中国散乱小的物流服务企业市场，能否也有"黑马""逆袭"呢？让我们带着这些思考，开始本章的内容。

第一节　物流市场细分

一、物流市场细分的本质

物流市场细分是指根据物流需求者的不同需求和特点，将物流市场分割成若干个不同的小市场的分类过程。通过物流市场细分,物流市场将区分为不同的子市场,而每个子市场的物流需求者都有类似的消费需求、消费模式等,而不同子市场的需求者则存在着需求和特点的明显差异。

与其他行业市场细分一样,物流市场细分也是基于消费者多样化的需求。因此这一过程就是物流企业不断识别出具有不同需求和特点的消费群体,从而发现自己需要服务的市场群体的过程。

物流市场细分的本质是有选择的专业化服务细分,它可以物流企业确定提供何种专业化服务。

二、市场细分的原因

物流企业进行市场细分,是由主客观原因共同决定的。

1. 主观原因

物流企业本身所掌握的资源有限,很难动用有限的资源满足数量庞大的消费者群体需求,只有进行市场细分,才能够动用相应的资源更好地服务和兼顾各个群体。同时,市场细分可以帮助物流企业识别现有市场竞争中的潜在消费者需求,发现新的商机,为企业创造效益,这也符合企业为了营利的终极目标。

2. 客观原因

这是由当前我国物流行业发展现状和市场供需状况决定的。我国物流企业大多是由原来的运输、仓储类企业发展而来,这导致目前我国物流企业开展的物流业务多集中在附加值较低的物流基础服务上。这种现状不仅限制了整个物流行业技术水平的提高,还容易导致物流市场出现恶性竞争。站在整个物流行业的层面上看,通过物流细分市场来调整各类物流企业比例刻不容缓。从市场供需方面看,物流企业市场细分的目的不外乎弄清楚市场的供需状况,从而根据这一比例关系,选择企业目标市场。

三、市场细分目的及作用

物流市场的需求复杂多样,这些需求都有待于企业去满足。但是,任何企业都没有能力去一一满足这些需求。企业只有通过市场细分,选择自己最合适的市场来服务。物流企业进行细分市场的目的在于通过市场细分发现客户差异性的需求,为其提供丰富化的产品,借此提高物流企业在消费者心中的地位和市场中的份额,实现物流企业盈利增加。企业可针对不同的细分市场,采取相应的市场营销战略,使物流企业的产品(服务)更符合各种不同特点的客户需要,从而在各个细分市场上扩大市场占有率,提高产量和服务的竞争能力,通过市场细分对物流企业的生产、营销起着极其重要的作用。

具体作用表现在以下三个方面:① 有利于物流企业更好地分析和认识市场结构;② 有利于物流企业发现新的机会,开拓新市场;③ 有利于物流企业选择目标市场,制定和调整市场营销策略,开展针对性较强的营销活动,占领自己的目标市场。

四、物流企业市场细分原则

市场细分对于企业来说是一个复杂的创造性的过程,物流企业同样也不例外。这一过程必然伴随着成功和失败,而成功与失败的关键因素在于市场细分是否有效。企业要使细分市场真正具有实用价值,保证细分市场能为企业制定有效的营销战略和策略服务,企业细分市场要具备以下条件。

(一)可衡量性

这是指市场细分的标准和细分之后的市场是可以运用一定的标准进行衡量的,可以从三个方面加以理解:① 客户的需求具有多样性,对服务有不同的偏好,对企业的营销策略具有明显的不同反应,这是市场细分的基础和本质所在。② 对于客户需求的特征信息易于获取和衡量,能衡量细分标准的重要程度并进行定量分析。③ 经过细分之后的市场范围、容量、潜力等也是可以衡量的。对于这些可以衡量的指标,可以采用相应的定量方法加以分析。

(二)可进入性

这是指企业凭借着现有的能力能够进入细分的市场,可以从两个层面进行理解:一方面,市场细分后要具有一定的规模和容量,企业进入后能够获得支撑其发展的业务量;另一方面,企业进入市场后,通过各种营销手段向消费者宣传企业产品,能够引起消费者的注意,进而产生购买兴趣。

(三)可持续性

它包含两个方面的含义:一是指细分的物流市场具有相当规模的体量,并能够持续地发展下去;二是指物流企业在进入细分市场时,面向细分市场的战略目标在短期内不能有过大的改变,市场的变化瞬息万变,如果频繁改变目标,不利于企业的长远发展,等到目标市场趋于稳定,才是制定物流企业长远目标的最佳时机。

(四)可盈利性

可盈利性是指物流企业选择的细分市场的规模和体量,可以抵扣企业投入其中的成本,并带给物流企业经济效益。企业的目的就在于盈利,如果细分市场无法带来经济效益,也就没有细分的必要了。

五、物流企业细分步骤

美国市场学家麦卡锡在对一般企业的市场进行细分时,提出了一整套的程序,包含以下七个步骤。

(1)依据需求选定产品市场范围。
(2)列举潜在顾客的基本需求。
(3)分析潜在顾客的不同需求。
(4)抽象掉潜在顾客的共同需求,而以特殊需求作为细分标准。
(5)根据潜在顾客基本需求上的差异方面,将其划分为不同的群体或者子市场。

(6) 进一步分析每一细分市场需求与购买行为的特点,并分析其原因。
(7) 测量各分市场的大小。

下面结合具体的案例加以分析。

联邦快递是世界上最大的货运快递运输类企业,其网络遍布全球各地,各方面都有极强的竞争力。联邦快递根据市场细分,在国际快递上采取全面进入的市场细分策略,通过不同的市场细分依据将目标客户群分成不同的子市场。根据行为变量的客户使用程度,可以将客户定义为大客户和中小客户。目前联邦快递客户群主要集中在大客户上,他们占用了大部分资源,但未产生较大利润,大客户议价能力强、服务要求高,一旦服务上出现失误,将会对公司造成严重损失;同时,由于大客户数量有限,也限制了联邦快递未来货量的提升。我国外贸出口的主力军是中小客户。相对于大客户,国内大多数中小客户的议价能力较弱,虽然他们对价格的敏感度较高,但由于航班舱位有限、快递寄送安全方便等原因,不得不接受相对高昂的快递价格。因此,联邦快递在维护好现有大客户的同时,应将更多的注意力放在潜在的中小客户上,针对中小客户提供更多的促销手段和灵活的营销措施,这样才能为公司带来更多的溢价空间。正所谓无大不强,没有大客户作为支撑,快递企业就无法增强自身实力,与其他快递企业竞争;无小不稳,没有中小客户的支持,就无法扩大自己的业务量并获得发展,最大效率地安排舱位和车辆。

从地理因素和经济发展水平方面考虑,江浙一带和广东、福建等地的民营出口企业居多。这些客户的国际运输需求极其旺盛,他们对转运时间会更加敏感,而中西部的客户则对快递费比较敏感,对转运时限要求不高。在选择不同区域的市场时,也要运用不同的营销策略。通过对客户货件种类的分析,可以将客户分成高附加值货运群体和低附加值货运群体。高附加值货的客户通常对价格敏感程度低,服务和时限性要求比较高;而低附加价值货出口的客户则对快递价格相当敏感。因此,联邦快递应根据不同类型的客户,适时调整策略,针对不同子市场客户的特性,制定出适合他们的营销模式。联邦快递刚进入中国市场时,在国内快递行业还是新手,各方面运营条件不成熟,其服务区域和资源配置也限制了其发展。联邦快递运营成本比其他快递企业高许多,这就决定了联邦快递要本着服务市场集中化的市场细分策略,走高端市场路线。在不断完善限时服务的同时,更要将精力投放在快递业的空白领域,从客户的需求和动机的角度,积极寻找其他快递企业不能递送的盲点,例如化工品、危险品等方面,从而保证公司的利润空间。

根据上述联邦快递的小案例,我们可以理顺一下联邦快递市场细分的具体步骤,如图5-1所示。

图5-1大致体现出了市场细分所具有的通用步骤。

(1) 市场调研确定了消费者的需求状况,大致摸清了潜在消费市场的规模和体量。

(2) 联邦快递作为一家外国公司,在结合了中国的国情和自身在国际市场上的具体市场细分标准,确定出新的细分准则,从而锁定新的潜在顾客群体。

(3) 在抽象掉潜在顾客群体的共同属性后,联邦快递选取了客户行为变量,区域地理经济发展水平和客户货件种类这三类具有代表性的特殊需求,对其进行深入。

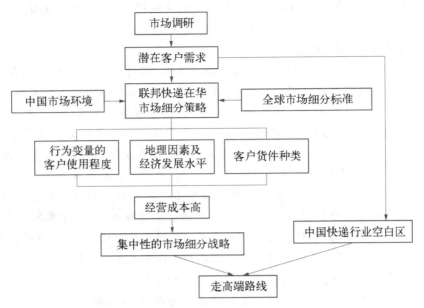

图 5-1　联邦快递中国市场细分步骤

（4）面对化工及危险品这类其他快递公司不敢触及的中国快递行业"空白区"，联邦快递投入大量精力加以挖掘，试图打开这一"新大陆"。

（5）在锁定了这些新的目标群体和市场机遇后，联邦快递决定走高端路线，采取集中性的市场细分策略，服务于这些客户。

不难发现，市场调研在物流市场细分过程中发挥了重要作用，它是发现客户需求的起点，而调研的好坏也决定了最终市场细分标准确定的正确与否。

市场细分是物流企业树立市场竞争力和地位的重要一环，就像人体的各个组织一样，从市场细分至最终的市场定位，是一个相互联系的整体，他们牵一发而动全身。

六、我国物流企业的主要细分类型

企业应该如何进行市场细分呢？根据物流市场的特点，可以用以下六类标准进行细分。

（一）功能要素

物流是一个涵盖面非常广泛的领域，它包含物品从发出地到接收地的运输、储存、装卸搬运、包装、流通加工、配送和信息处理等很多方面。按照物流的功能要素，可以将物流企业划分为传统的物流企业（主要包括运输、储存、装卸搬运等附加值较低的行业）和新兴的物流行业（如供应链物流企业、第四方物流企业等附加值较高、对信息的依赖程度高的行业）。

（二）服务方式

根据客户所需物流服务功能的实施和管理的要求不同而细分市场。按服务方式将物流市场分为以下两类。

(1) 综合方式服务，就是客户需要提供两种或以上的物流服务。例如有实力的大企业在为其客户提供仓储、运输服务的同时，还为客户提供咨询服务。

(2) 单一方式服务，就是客户只需要提供某一种方式的服务。

（三）行业特征

同一行业的客户，其产品的构成差异不大，对物流的需求也是具有一定的相似性。不同行业的客户，其产品的构成存在很大差异，对物流需求各不相同。按客户行业一般可以将市场细分为农业、工业、商业和服务业等。例如，上海的某民营物流公司在市区配送方面很有优势，他们的客户都是大型的食品企业。根据物流企业提供服务的行业特征，可以将物流市场分为多种多样，主要包括IT电子设备物流、医药物流、家电物流、冷链物流、农产品物流等。对于这些具有较强行业特征的细分市场，物流企业进入时的选择必须与企业自身的竞争优势相匹配，如顺丰速递成熟后涉足做生鲜物流，其冷链物流发展较好，对此，顺丰可以凭借其经验，在与冷链物流相关的行业中选择新的市场。

（四）物流属性

根据物流的归属和性质属性，可以将我国物流划分为第一、第二、第三、第四方物流。

同样，按照物品属性标准，还可以将我国的物流市场分为生产资料市场、生活资料市场和其他资料市场。

(1) 生产资料市场，指用于生产的物资资料市场。其数量大，地点集中，物流活动要求多且高。例如，有些物流公司专门负责某些化工企业的物流业务管理。

(2) 生活资料市场，指用于生活需要的物资资料市场。其地点分散，及时性要求高。

(3) 其他资料市场，指除以上两个细分市场以外的所有物质资料市场。

物流企业在进行物流活动过程中，由于物品属性的差异，使得企业物流作业的差别也很大。

（五）地理区域

按地理区域标准，一般可以将物流市场分为以下两类。

(1) 区域物流，指在一定的时空内具有某种相似需求物流的一定区域，通常是指省内或省际的物流。

(2) 跨区域物流，指在不同的区域内进行物流活动，包括省际、行政区之间和国际物流。

（六）客户业务规模

按照客户对物流需求的规模细分市场，可以将客户分为以下三类。

(1) 大客户，是对物流业务要求多的客户，它们是企业的主要服务对象。

(2) 中等客户，是对物流业务需求一般的客户，是物流企业的次要服务对象。中等规模的客户，一般操作起来比较容易，而服务的利润空间比较高。

(3) 小客户，是对物流业务需求较小的客户，是物流企业较小的服务对象。

以上是对物流市场的一些简单概括分类。需要明确的是，物流市场可以从多个方面加以划分，具体的划分标准还得根据实际情况确定。

第二节 物流企业目标市场选择

一、物流目标市场的概念

物流目标市场就是物流企业决定为其提供产品或者服务的细分市场。这是在物流企业对整个物流市场进行细分的基础上,经过评价和筛选所确定的作为企业经营目标而开拓的特定市场。

二、物流目标市场的选择标准

分析目标市场的影响因素,一般采用的是 SWOT 分析,结合 PEST 和波特五力竞争模型法。然后根据细分市场的市场潜力、竞争状况、本企业资源条件等多种因素进行评估。通常而言,企业考虑进入的目标市场,应当符合以下标准及条件。

（一）有一定的规模和发展潜力

企业进入某一市场是期望能够有利可图的,如果市场规模狭小或者趋于萎缩状态,企业进入后难以得到发展,此时企业应当审慎考虑,不要轻易进入。当然,企业也不宜以市场吸引力作为唯一取舍,特别是应当力求避免"多数谬误",即与竞争企业遵循同一思维逻辑,将规模最大、吸引力最大的市场作为目标市场。大家共同争夺同一顾客群的结果是造成过度竞争和物流资源的无端浪费,同时使消费者的一些本应得到满足的物流需求遭受冷落和忽视。现在国内很多物流企业动辄将城市尤其是大中城市作为首选市场,而对小城市和农村市场不屑一顾,很可能就步入"多数谬误"的误区,如果转换一下思维角度,一些目前经营尚不理想的物流企业说不定会出现"柳暗花明"的局面。

（二）竞争者没有完全控制

物流企业应当选择竞争相对较少,对手相对较弱的市场作为目标市场。如果竞争已经十分激烈,且对手强劲,贸然进入势必会付出惨烈的代价。在移动互联网时代,利用新的商业思维和新的商业模式重新定义细分市场未必没有进入机会。例如,人人快递通过创新商业模式,重新定义市场格局明晰和竞争激烈的快递市场,获得快速发展,并展现出强劲的竞争优势。

（三）细分市场结构的吸引力

细分市场可能具备理想的规模和发展的特征,然而从营利的观点来看,它未必有吸引力。根据迈克尔·波特的五力竞争法,通常可以认为细分市场具有如下的五种威胁。

1. 细分市场内部的激烈竞争

如果某个细分市场已经有了众多强大且竞争意识强的企业,那么该市场的吸引力将会大打折扣。如果该细分市场处于稳定或者衰退、生产能力不断大幅度扩大、固定成本过高、撤出市场的壁垒过高、竞争者投资很大,那么情况会更糟。这些情况常常伴随着价格战或广告的争夺战,公司参与其中必须付出高昂的代价。

2. 新竞争者的威胁

如果某个细分市场可能吸引会增加新的生产能力和大量资源并争夺市场份额的新的竞争者,那么该市场同样不具有吸引力。问题的关键是新的竞争者能否轻易地进入这个市场。某个细分市场的吸引力随其进退难易程度而有所区别。根据行业利润的特点,最有吸引力的细分市场应该是进入的壁垒高、退出的壁垒低。在这样的细分市场里,新的公司很难打入,经营不善的公司却可以安然退出。

3. 替代产品的威胁

如果某个细分市场存在着替代产品或者潜在替代产品,那么该细分市场就会失去吸引力。替代产品会限制细分市场内价格和利润的增长,公司应当密切关注替代产品的价格趋向。如果在这些替代产品行业中技术有所发展,或者竞争日趋激烈,这个细分市场的价格和利润也会相应下滑。

4. 购买者讨价还价能力加强的威胁

购买者会设法压低价格,对产品的质量和服务提出更高的要求,这会使竞争者互相斗争,所有这些都会使物流服务的提供商的利润受到损失。如果购买者比较集中或有组织,或该产品在购买者的成本中占据较大比例,或产品无差别化,或顾客转换成本较低,那么购买者讨价还价的能力会更高。物流服务提供商为了保护自己,可选择议价能力最弱或转换服务提供商能力最弱的购买者。

5. 供应商讨价还价能力加强

如果物流公司的供应商能够提价,或者降低产品和服务的质量,或者减少供应数量,那么该公司所在的细分市场就会没有吸引力。如果供应商集中或者有组织,或替代品少,或转换的成本高,那么供应商的讨价还价能力还会得到进一步加强。为此,与供应商结成战略合作伙伴关系并努力开拓多种渠道才是解决之策。

(四)符合企业目标和能力

某些细分市场虽然具有较大的吸引力,但无法推动企业实现其目标,甚至分散企业的精力,那么这样的细分市场企业应当选择放弃。同时,企业应当考虑凭借自身的能力和现有的资源条件,是否适合在这样的细分市场内部经营。

三、物流企业目标市场选择模式

物流企业选择目标市场时,主要有五种模式:选择单一的细分市场、产品集中化、市场集中化、选择多个不同的细分市场、选择全部的细分市场。后两种模式其实是前三种模式的组合和折衷。

(一)选择单一的细分市场

物流企业的目标市场无论从市场角度还是从产品角度,都是集中在一个市场层面上,企业只提供单一模式的物流服务,满足单一客户群体需要。开篇案例中的西南航空公司实质上就是选择这样一种模式。它通常适用于小企业或者初次进入市场的企业,它不需要很大的投入,而且可以随时调整策略,但一般而言,经营风险也相对较大。

（二）产品集中化

物流企业提供一种形式的物流服务，满足各类顾客群体的需要。比如说，仓储中心面向各个顾客开通仓储服务，而除此之外的任何服务，仓储中心均不提供。这种模式有利于企业摆脱对个别企业的依赖，降低风险，同时企业得以在某一领域提高发展技术，从而树立较好的声誉。

（三）市场集中化

物流企业向同一客户群体提供不同种类的物流服务。这一模式有助于发展和利用与顾客之间的关系，降低交易成本，树立良好的形象。

（四）选择多个不同的细分市场

物流企业选择几个不同的细分市场，为不同的顾客提供各种不同的物流服务。采取这种模式，企业即使在某一细分市场失利，在其他市场仍然能够获利，从而较好地分散经营的风险。

（五）选择全部的细分市场

物流企业决定全方位进入各个细分市场，为所有的顾客提供他们所需要的不同种类的系列物流服务。这种模式通常被那些占据绝对市场优势的大型物流企业所采用。

四、物流目标市场营销策略

一般而言，物流企业目标市场的营销策略可以分为四类：无差异性市场策略、差异性市场策略、密集性（集中性）市场策略和一对一营销策略。物流企业在选择营销策略时，应当综合考量各方利弊，并依据相应的选择标准，审慎采用。目标市场的营销策略具有相对稳定性，当企业的内外部条件发生变化时，目标市场的营销策略才会得到相应的改变和调整。

（一）无差异性市场策略

采用无差异性市场策略时，物流服务提供者对于细分市场各方的需求一视同仁，只满足客户需求的共同点，而不考虑差异性。此时，物流企业只推出一种产品或者服务，运用一种营销组合，力图吸引尽可能多的顾客，为整个市场服务。

在这种无差异性的市场策略下，企业视整个市场为一个整体，认为所有的消费者都只具有一个共同需求，故通常采用大众化的广告和大规模的分销渠道，以此试图在消费者心中建立产品形象。

采取无差异性的市场策略的优点：由于采用的是大批量的生产和运输，其平均成本较低。同时，由于不需要细分市场，可以节省大量的物流调研费用、开发和广告宣传费用。但是，它完全忽视了物流市场需求的差异性，毕竟像这样的同样的物流产品被所有消费者接受的情况是很少出现的。

采取无差异性的市场策略的缺点：企业产品及营销策略的针对性不强，无法发挥竞争优势，故不能充分满足市场需求。当其他企业同样采取这一策略时，必然导致市场竞争的加剧。同时，由于满足不了部分消费者的需求，极有可能导致这部分客户群体的流失，失去市场机会。

这种策略只适合消费者具有共同需求特征的同质性产品市场,故不适合大多数消费者需求多样的异类产品市场。

结合目前我国物流行业总体情况来看,以服务同质化为背景的市场竞争很有可能导致价格战,这会导致物流行业的无序竞争、盲目发展。同时,这不利于我国物流行业市场结构的优化。所以,准确定位自身、找到合适的目标策略对于物流企业来说非常重要。

(二)差异性市场策略

差异性市场策略是指企业同时针对不同的细分市场,设计生产或者经营不同的产品,并且根据每种产品分别制定出相应的营销策略,利用产品与市场营销的差别,占领每一个细分市场,从而增加自身的销量。

采取该策略的优点:物流企业可以更好地满足不同物流服务需求者的要求,企业的生产经营针对性较强,风险得以分散,从而增加了物流企业在市场中的竞争力。

缺点主要表现在:由于需要满足不同群体消费者的需求,物流企业需要提供多种品种的产品,采取多种营销渠道及推销的方法,广告宣传方面也要加大力度,这样一来,物流企业的生产成本和销售费用也会大大增加。采取此种策略,物流企业需要对细分市场作出认真评价。

顾客资源在激烈的竞争中是物流企业宝贵的财富。获取顾客资源,有赖于顾客的满意度,只有努力提高顾客的满意度并把这些顾客转换成为忠诚的顾客,物流企业才能够留住并获取顾客的终身价值。

(三)密集性(集中性)市场策略

密集性市场策略就是以一个或者少数几个细分市场为目标市场,集中企业的营销力量,实行专门化的生产和销售。采取这种策略的企业,往往力图在较小的市场上获得较大的市场份额。企业在面对若干细分市场时,都希望能够网罗这些市场的全部或者大部。但是,如果企业自身水平或者实力不够,这些都会成为企业不切实际的空想。明智的企业家会努力集中全力去争取一个或者几个市场。

采取该策略的优点:营销对象集中,物流企业可以深刻地了解到该细分市场的需求特点,从而采取针对性的产品、价格、渠道和促销的组合策略,进而降低成本,提高企业自身的盈利水平,获得市场声誉和更大的份额。

劣势在于:风险较大,毕竟物流企业需要将自身的发展前途寄托于此,若该特定的目标市场不景气或者遭遇其他特殊情况,企业极有可能在这个瞬息万变的市场环境中大伤元气。因此,多数企业在采取该策略时,仍然愿意局部采取差异性的市场策略,将目标分散于几个细分市场中,以便获得回旋的余地。

(四)一对一营销策略

一对一营销策略是一种适应顾客特殊化需求而存在的新的模式。它的核心在于"一对一"和"量身定制"。在一定层面上,这可以说是物流目标市场中最为精细的策略,它可以很好地满足顾客的个性化需求,牢牢抓住顾客的心,但是推行成本较高,仅仅适用于那些发展成熟、资产雄厚或者目标群体小众化的物流企业。各个营销策略优缺点对比如表 5-1 所示。

表 5-1 营销策略优缺点

营 销 策 略	优 点	缺 点
无差异性市场策略	具有规模效应,有利于降低企业生产及销售成本	针对性不强,无法发挥竞争优势;容易导致恶性竞争
差异性市场策略	满足各消费群体需求;生产小批量,多品种,机动灵活;生产经营针对性强,风险分散,有利于提高市场占有率	成本较高;企业难以各个兼顾
集中性市场策略	资源集中,可以很好满足这部分顾客,增强市场的竞争优势和主导地位	企业抗风险能力低;容易丧失在其他较小市场环境中的竞争地位及优势
一对一市场策略	满足顾客个性化需求	客户规模小,规模不经济,企业抗风险能力低

五、物流企业目标市场营销策略选择的影响因素

物流企业采取何种市场营销策略,应该综合考虑企业、产品和市场等多方面的因素加以判断,主要的影响因素包含以下五个部分。

(一)企业的资源和实力

如果企业的资源实力雄厚,具有较多的高素质人才,则可以选择较大的市场作为服务对象,即采取无差异或者差异性的市场营销策略;反之,则比较适宜采取密集性的营销策略,针对性地使用有限的资源。

(二)产品所处的生命周期

市场中的产品都会经历四个阶段的发展:投入期、成长期、成熟期和衰退期。处于投入期的产品,物流市场的需求没有完全打开,同类型的竞争者较少,此时,物流企业可以采取无差异的营销策略。当产品进入成长期,人们会逐渐意识到物流的优势,涉及的客户会逐渐增加,竞争会进一步加剧,为了保住企业的竞争优势,此时应当采取差异性的市场营销策略,开拓市场、刺激需求,或者采取密集性的市场营销策略,努力保持原有市场,延长产品生命周期。进入衰退期的产品市场,物流企业为了保持住市场地位,延长物流服务的生命周期,全力对付竞争者,可以考虑采用集中性的营销策略。当然,不同生命周期的策略不是一成不变的,需要根据市场环境和用户需求做灵活性的调整。

(三)市场的同质性

一般而言,不同市场的消费群体具有不一样的消费需求和属性。但是,不排除在某一类细分市场中,物流客户的需求比较接近或者大致相同,购买习惯相似,那么这一类市场可以认为是同质或者相似的。在这种情况下,物流企业可以采用无差异的营销战略。如果没有出现这样的极端现象,物流企业应当采用差异性或者集中性的营销策略。

(四)竞争对手采取的营销策略

目标市场策略的选择,往往会视竞争对手情况而定,商场如战场,唯有知己知彼,方

能百战不殆。当细分市场上强有力的竞争者采取无差异的策略时,就有较次要的市场被冷落,这时物流企业应当"乘虚而入",抢夺这一部分的市场。但是,竞争市场是瞬息万变的,物流企业应当在竞争中对比分析力量对比和各方面的条件,掌握有利时机,采取适合策略,方能取胜。

(五)物流产品本身的特点

产品的特征不同,应分别采用不同的市场策略。对于那些差异特征并没有得到消费者特别重视的物流产品,可以实施无差异的市场策略;对于物流产品之间的差别较大,顾客的需求差异同样较大的产品,此时物流企业应当在这一细分市场采取差异性或者集中性的营销策略。

整体影响因素表现如图5-2所示。

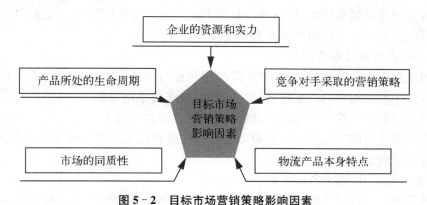

图5-2 目标市场营销策略影响因素

第三节 物流市场营销定位

一、物流市场定位

物流企业的市场定位是指物流企业通过自身的物流服务创造鲜明的个性,塑造出与众不同的市场形象,使其在顾客心中占据一定的位置,从而更好地抓住顾客、赢得顾客。这包括对现有产品的再定位和对潜在产品的预定位。前者只是努力改变产品的外表变化,以此在消费者心中留下印记;后者却要求营销者从零开始,使产品的特色符合企业所选择的细分市场。这两种方法的施行前提都是研究客户的想法、了解产品的特性。

二、物流市场定位步骤

物流市场定位的关键在于企业是否能够在自己的物流服务上寻找出竞争优势。这包括价格优势,即在同等质量的前提下,定价低于同类产品竞争者;偏好竞争优势,即在同等价位下,产品能够满足顾客需求偏好。这些都说明了要想在市场竞争取得优势,物流企业必须在市场定位中下大功夫,发挥物流特色。

物流市场定位是一个认识和比较的过程,其具体实施步骤如下。

1. 确定定位的层级

对于物流企业及物流目的而言,一般应该考虑三个层次的定位:组织定位、产品线定位及单一产品定位。组织定位是指一个企业整体或目的地整体的市场定位;产品线定位是对一组或一系列产品和服务的定位;单一产品定位是对于某一项产品和服务的市场定位。

显然,企业不需要同时在所有经营层次上去有效地提高定位的准确性和效率。一般情况下,营销人员不会随时在这三个层次上同时进行市场定位。组织定位往往与企业的长远发展战略紧密相关,短时间内很难发生变化。更多的情况是企业会针对不同目标市场的组合开发不同的产品并为其定位。

2. 确定产品和服务的特征

当市场定位的层次确定之后,企业应根据目标市场的需求选定能够使本企业产品和服务区别于竞争对手的产品特征。这些产品特征既是物流服务产品必须具备的,又是目标顾客最看中的核心"利益点",因为消费者正是在不同竞争产品和服务的差异性评估的基础上进行购买决策的。企业需要研究在选择决策中哪一个是关键属性,这将形成定位的基础。

3. 绘制定位图,确定定位位置

当选定了产品和服务差异化的产品特征后,企业要为这些特征寻找最佳的市场位置。一个简单有效的办法就是把企业的关键属性与竞争对手的属性标注在同一张图上,形成专门的定位图,如图5-3所示。

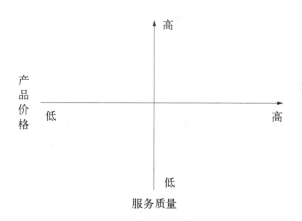

图 5-3 市场营销定位

通常,市场定位图是由两个坐标轴分别代表产品的两种特征,各竞争产品以这两种特征为标准而确定在定位图上的位置。营销人员可以根据定位图判断并分析企业自己的产品与竞争对手的产品的相应位置,从而更好地了解竞争产品之间的相似性和差异性。定位图不仅可以帮助企业识别竞争对手的市场优势,还能及时发现市场机会,为企业选择最佳的"位置"。当市场类别以及影响竞争的属性比较复杂时,企业可以绘制多维定位图,也可以为每一个市场绘制单独的定位图,以做好更细致的分析,更准确地反映市场特性,为企业或者产品找准位置和机会点,找准市场位置。

4. 制定发挥核心优势的战略

物流企业在市场营销方面的核心竞争优势不会自动的在市场上得到充分体现。对此,企业必须制定明确的市场战略来充分表现其优势和竞争力。例如,通过广告传导核心优势战略定位,使企业核心优势逐渐形成一种鲜明的市场概念,并使这种概念与顾客的需求和追求的利益相吻合。

5. 实施定位

市场定位最终是通过企业与目标市场的互动过程实现的。这些互动过程包括企业各个部门、员工及市场营销活动对目标市场的各种接触和作用。企业的运营制度、内部的人力资源、财务方面的政策则直接影响着各部门、员工及市场营销活动对目标市场的接触和作用。因此,除了企业的市场营销活动和对顾客的服务过程之外,企业的内部制度及政策的制定也应反映并适应市场定位策略。

一个企业及其服务如何将市场定位贯彻到所有与顾客的内在和外在联系中去,是企业实施市场定位的主题,这就要求企业内部的所有元素,包括员工、政策和形象等都要反映一个相同的并能传播共同期望且占据市场位置的形象。这意味着企业必须确立一致的战略定位并沿着它组织所有的战略营销。也就是说,企业成功定位,一方面要强化执行并注意与整个营销策略的协调一致;另一方面要控制定位过程,及时纠正定位过程中出现的问题。

此外,企业在定位过程中应避免容易出现的几种错误:第一种是定位过低,它使人们没有真正认识到企业的独特之处;第二是定位过高,这也使人们不能正确地了解企业;第三是定位混乱,这可能与企业推出的服务差异过多或定位频繁有关;第四是定位的真实性问题,它使人们对企业的定位产生怀疑。显然,企业出现任何定位失误都会在目标顾客心中产生不利的影响。

结合目标市场细分的步骤,可以将市场定位的过程绘制成图 5-4。

下面通过一个案例来说明。

在通往 O2O(电子商务模式之一,意为"在线离线/线上到线下")的大道上,有多少人结伴同行?有多少次走走停停?又有多少人喝醉了扶着路边的大树寻找北极星的方向?电子商务从普及的那一刻起,中国的互联网巨头就从未停止过探索 O2O 的步伐,但一直没有谁找到真正的闭环。记得百度乐活的王凯写过一段话,其中形容"O2O=呕吐呕",看似调皮的等号实际上也反映了他们在 O2O 之路上的辛酸。

近两年移动互联网的高速发展似乎让 O2O 前景豁然开朗,激烈的抢滩战中一匹黑马吸引了所有人的眼球,这便是顺丰"嘿店"。2014 年 5 月中旬,顺丰的 518 家线下"嘿店"集体亮相,看似便利店却没有商品陈列,这一创新引来了漫天的关注与评论。乍一看,"嘿店"好像就是为了卖东西,消费者通过手机扫描二维码或通过终端选商品下单,然后顺丰通过物流配送到家。目前重点是与顺丰优选电商平台的对接,同时也推送其他电商平台的产品,比如麦包包、飞飞商城等。如果说卖货是顺丰的醉翁之意,我想应该不在酒,或是不只在酒。

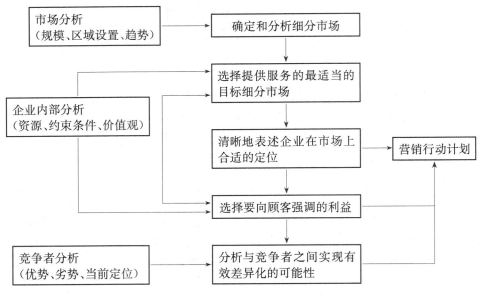

图 5-4　市场定位步骤示意

物流一直被认为是货物电商 O2O 最核心的竞争力，京东在物流方面的大胆布局也是造就京东目前如此高估值的重要原因之一，而顺丰作为中国最大的物流公司，一向做事专注的王卫这一次为什么会下如此大的决心做线下便利店呢？

布局社区生活服务。社区是 O2O 重地，是物流电商的最后 100 米，抢占了这条赛道等于把握了线下 O2O 的咽喉。除了生活消费必需品之外，水电气缴费、通信缴费、银行服务等也将是顺丰碗里的菜。生鲜蔬果方面，在大城市顺丰已经可以做到上午下单，下午就到货的快速反应能力。水电气缴费、电话通信费，甚至连存取款以后都可以在"嘿店"里一站式轻松完成。有人说这些也可以上网完成，但是对于大众居家消费群体来讲，很多人还是不习惯面对电脑来做这一切，如果能在便利店完成对他们来说将是一件特别新奇靠谱的事。"嘿店"担负着服务社区居民，同时接触线下 O2O 支付环节的重要使命，真正地开始做起了离用户近、离钱近的生意。

减少收取件成本，提高物流效率。很明显每一个"嘿店"都可以当作顺丰的中转站，长期以来顺丰一直和便利店有收件合作，也就是说顺丰早就知道便利店对收取件很有帮助。如今自己开了线下便利店，收取件的功能当然首当其冲。有人评论顺丰这是要"干掉快递员"，而我不这么认为，如果有一种好的方式能代替快递员上门收取件，为何不可推广呢？"嘿店"遍及社区门口，用户在买菜购物的时候就可以发快件，在下班时进入小区前接到预先通知就可以顺便取件回家，不需要与快递员预约，非常科学统筹的生活方式应该推广普及。

电商平台的 O2O"集市"。之前提到顺丰"嘿店"除了卖自家顺丰优选的商品，同时也卖其他电商平台的商品，这样一来小小的"嘿店"就成了各类电商平台打入线下 O2O 的入口，只要价格有优势必定吸引大量的路人。电商是无孔不入的电钻行业，只要哪个渠道能卖出货，他们就不会轻易放过，哪怕入不敷出也要去抢一席之地。"嘿店"一旦形成电商平台的线下O2O集市,推荐与广告又会让顺丰多一种赚钱的渠道,并在O2O阵地有一定的话语权。

也许顺丰想要的远不止这些,也许在前进的路上又会发现新的大陆,这一路上会碰到对其刮目相看的欣赏者,也会碰到泼冷水者,但敢于创新的探路者是值得我们尊敬的。也许顺丰只能给O2O画上浓妆淡抹的一笔,也许能创造出一个更大的奇迹!

顺丰作为中国民营快递企业的龙头,一直在快递行业内部享有极高的声誉,此次在大中城市布局"嘿店",实质上是一种O2O模式的下沉和转型,如何打通中国社区这个庞大的市场,相信会是中国快递企业未来很多年思考的问题。

与传统的O2O模式不同,此次顺丰"嘿店"的定位显然更加高端和接地气,它集成了多种社会公共设施的功能,同时本身发挥了货运中转站的作用,从线上直接对接到社区,对接到百姓身边,这可以看作是解决快递"最后一公里"的一种新型尝试。

眼界决定高度,顺丰目前市场定位策略的对错在短期内还不好评说,但可以肯定的是,任何新事物的发展路径都不会是直线,都会经历很多波折,"嘿店",任重而道远!

三、物流企业市场定位策略

物流企业推出的每一种产品,往往体现了自身的产品特性和形象。市场定位作为一种竞争战略,就是要努力使物流企业的产品在市场上获得相对于其他类似产品的竞争优势。定位的好坏,关系到企业竞争态势的高低。

这里提到的是三种比较宽泛的策略。

1. 避强定位

简单地说,避强定位就是通过合理的定位避让市场中的强有力竞争对手,减少或者不与他们产生正面冲突。

2. 迎头定位

迎头定位是一种以强对强的方式,按照中国的古话来讲,就是"明知山有虎,偏向虎山行"。虽然在很多场合下这是一种危险的战术,但是有些物流企业却以此来激励自己。实行迎头定位模式,物流企业一定要清楚自己的实力,不一定要压垮对方才算胜利,即使能够与强劲的对手平分秋色,也是巨大的成功。

3. 重新定位

重新定位是指企业结合以往的实际情况,在实践中修正自身的做法,寻求合理的定位。它通常被那些销路少,市场反应差的物流企业所采用,因为他们试图借此摆脱经营中的困境。

除此之外,企业还可以结合自身的资源优势和在市场上的竞争地位作出如下选择。

1. 市场领先者的定位策略

采取市场领先者的定位策略的物流企业通常具备下列优势:客户对于品牌的忠诚度较高、具有完善的营销渠道、运行机制高效、营销经验丰富等。市场领先者为了保持自身的优势和领先地位,通常可以采取以下方式:扩大市场需求的总量、保持原有的市场占有率,在此基础上努力提高市场占有率。

2. 市场挑战者的定位策略

当居于次位的物流企业实力很强时,往往会以挑战者的姿态出现,攻击市场领导者和其他竞争对手。对于这样的物流企业,其挑战目标可以大致划分为攻击市场主导者、攻击与自身实力相当的企业和攻击地方性的小企业。与此相结合通常采取正面进攻、侧面进攻、包围进攻、迂回进攻和游击进攻战略五种战略。需要说明的是,一般情况下进攻者不可能同时运用这些战略,通常是设计出一整套的战略,来改变自身的市场地位。

3. 市场跟随者的定位策略

市场跟随者的定位策略是一种跟随市场领导企业开拓市场,模仿领导者的服务项目和营销模式的定位策略。但是,这并不是被动的、单纯的跟随,而是在保持低成本和高服务水平的前提下,将独特的利益带入它的目标市场中去。按照模仿程度和追随层级的不同,大致上可以划定成紧密跟随、距离跟随和选择跟随。要说明的是,无论跟随的程度是怎样的,仍然需要保持自身的差异性。

4. 市场补位者定位策略

市场补位者定位策略是一种切入那些大企业忽视的市场中,凭借物流企业自身的专业化水平和实力,最大限度地获取利益,在夹缝中生存,它通常要求这部分的物流企业专业化水平较高。

除了这些定位策略之外,企业还可以根据自身的产品特色、用途和产品使用者特性等相关指标进行定位。

案例分析思考题

中铁快运建设现代物流的策略分析

如何在激烈的市场竞争中找准定位?如何最大限度地调动职工走向市场的积极性?如何赢得市场的认可?这一个个难题的答案,都在货运组织改革启动后中铁快运股份有限公司前行的坚实足迹中。

创新经营管理机制、创新产品体系、创新服务模式,中铁快运公司用心做好铁路货运"前店",充分发挥经营网络优势和知名品牌优势,主攻"白货"市场,进军快递市场,广揽客户货源,为全路货运增量作出了新贡献,找到了一条自身加快转型发展、奋力开拓前行之路。

新机制全方位对接市场

货运组织改革启动后,中铁快运公司原有铁路运力资源剥离,职工由3万人减少到8 000余人。要在市场上生存,全部利润从市场上获取,就必须坚持以市场为导向,坚定走市场化的转型发展道路。因此,建立"以市场为导向、以效益为中心、以服务为根本"的管理体制和经营机制,实现由专业运输企业向铁路现代物流企业转型成为中铁快运公司干部职工的共识。充分理解市场化内涵,从服从市场开发、服务于客户营销出发,这个公司从内部政策调整、制度建设和机制运行方面着手大胆进行改革。在此过程中,他们坚持市场和效益取向,清理废止328个不适应市场的原有文件规章。一项项符合建设铁路现代物流企业的新制度逐步推行开来。

在财务管理方面,中铁快运公司建立"支出自主安排、盈亏总额考核、资产分级管理、投资收益回报"的财务管理新体制。

在分配考核方面,中铁快运公司按照效率效益优先的原则,建立多劳多得、优绩优酬、奖罚分明的营销考核办法。

在工作推进方面,中铁快运公司确立新业务开发、市场营销、运营组织、经营管理、质量管理、信息化建设和队伍建设等方面共69项重点工作,实行督办制度,纳入机关部门考核。

各分公司和营业部作为直接面向客户的经营主体,始终坚持利润最大化原则,不断完善增收激励政策,提高人均营业收入和利润率。中铁快运北京分公司率先开展财务全成本核算培训,增强各营业网点职工的全成本核算意识。目前这一做法已在中铁快运各分公司得到推广。

一项项打破陈规适应市场的新制度的推行,最大限度地激发出职工勇闯市场、增收创效的活力。

一切围绕客户需求转,一切随着开发市场变。机制创新的根本目的是为公司进一步提高闯市场能力、扩大市场份额提供制度保障。

变单一运输为全程物流服务。他们凭借多年做小件快运的经验,依托铁路干线运输网络的天然优势,整合公路、航空等多种社会运力资源,形成了能够满足"门到门"运输的全方位物流服务新体系。

变分段收费为全程收费。他们创新铁路传统财务体系,建立了涵盖多种运输方式的网络化清算系统,真正实现了"一口价",大大方便了客户。

变不可追踪运输为可追踪的可视化运输。充分利用信息化手段实现了货物的实时在途追踪,下一步他们将全面推广应用客户服务信息管理平台,优化客户体验,深挖客户需求,强力推进新业务的开展。

新产品开发主动适应市场

在建立新机制的同时,中铁快运公司明确划分业务板块,建立梯次产品序列,积极开发新业务、新产品,打响拓展市场的攻坚战。他们充分发挥覆盖全国的经营网络和快递资源优势,进军快递市场,打造高铁快递品牌。作为全路货运组织改革的亮点,该公司高铁快递业务于2013年12月16日开始运营,目前已经在北京、上海、济南等城市间开通。2014年,中铁快运公司加快推进高铁快递业务,开通全国107个主要城市间高铁快递业务,向广大客户提供中国高铁快递高品质服务。

实现"门到门"运输、抢占"白货"市场的铁路货物快运新业务,不仅受到市场的欢迎,其单车收益达到1.7万元,远高于全路平均单车收益,也为铁路创造了增量效益。

旺旺项目是利用一体化全程物流服务优势开发市场的典型案例。2013年9月份,该公司营销人员在走访客户时捕捉到这样的线索:中国旺旺控股有限公司有从新疆、内蒙古等奶源地向东部工厂运输奶粉的需求。该公司领导非常重视,决定利用网络优势与之进行洽谈合作。当中铁快运公司市场营销人员拿着厚厚的物流解决方案登门拜访时，旺旺集团物流处经理朱辰刚惊叹道："从没听说铁路会主动提出完整的物流解决方案，'铁老大'确实变了。"

专业的物流解决方案满足了客户的需求，细致的物流服务措施赢得了旺旺集团的合作意向。通过与相关铁路局密切合作，中铁快运公司负责"门到门"运输，铁路局负责整车干线运输的一揽子解决方案开始实施。这种"前店""后厂"紧密配合的一体化全程物流服务模式既满足了客户需求，也在市场中闯出一条合作共赢之路。

尝到了全程物流解决方案的甜头，旺旺集团主动找中铁快运公司洽谈新的合作项目：将食品原料从佳木斯运送到遍布全国的21家工厂，并将成品运送给全国各地的经销商。

恒大冰泉项目是利用成熟的行业物流运作模式促进市场开发的典型案例。恒大矿泉水集团负责人看重中铁快运公司专业、成熟的高端瓶装水运营经验，主动洽谈并递交标书。"栽下梧桐树，引得凤凰来。"继恒大冰泉中标后，珠峰冰川矿泉等高端矿泉水品牌的合作洽谈工作也渐入佳境。

中铁快运公司注重与制造商、供应商建立合作关系，着力巩固与云南白药集团股份有限公司等知名企业的战略合作关系，形成市场化的目标行业物流开发运作模式，为公司进一步拓展市场打下了坚实基础。

高品质服务更贴心赢得市场

一切以满足客户需求和为客户创造价值为导向，中铁快运公司在提供优质服务上力求精益求精。2013年12月1日，在中国铁路总公司和多个铁路局大力支持下，旺旺项目启动，从新疆石河子运送60吨奶粉到石家庄，实现了零破损。中铁快运公司以优质服务打动了旺旺集团，促使合同顺利签订。

自优化调整以来，中铁快运公司全面应用自主研发的货物追踪、取配通、送货服务客户评价等信息系统，与客户建立起集商业运作、信息服务、财务结算为一体的无缝对接信息平台，强化质量监控，有效提高了"门到门"全程物流服务水平及"最后一公里"配送作业效率。

2014年春运以来，中铁快运公司配送及时率达到90%。其中，时限快运产品的配送及时率环比提高11%，高铁快递配送及时率为100%，首次实现节日物资配送的零投诉。

为确保优质服务，中铁快运各分公司签订了配送服务质量责任书，强化日常作业管控。他们通过全国客服电话95572和网络服务平台，优化客户投诉受理流程，新建客户满意度短信调查组100%覆盖收件客户，对"不满意"回复做到件件回访，为客户提供全程"一体化"物流解决方案和全网络同质化服务。

思考题：
1. 分析评价中铁快运的市场定位策略。
2. 请制定一份关于中铁快运的市场推广方案。

第六章 基于客户价值的物流服务营销模式

> **导入案例**
>
> **宝供物流的一对一营销模式**
>
> 宝供物流企业集团有限公司创建于1994年,总部设在广州,1999年经国家工商局批准成为我国第一家以物流名称注册的企业集团,也是当今国内领先的第三方物流企业。当宝洁刚进入中国为了节省运输成本开始向铁路寻求解决方法时,宝供就抓住机遇承包铁路货运转运站,为宝洁提供"门到门"的24小时服务。当宝洁业务越做越大对仓库存储需求逐渐增大时,宝供就主动请缨,根据宝洁需求在当地租用仓库并改造为其提供仓储服务。当仓库标准无法达到宝洁高要求时,宝供就想方设法在仓库的湿度、温度、悬浮灰尘度、防火及防虫等方面进行改造,以达到客户高标准。宝供建立自己的第一个大型现代化物流基地,其基地建设工期是按飞利浦公司的需求倒推而制定的;准备在合肥建立的大型仓库是为了追逐联合利华在合肥的工厂而建。在为客户"量身定制"的推动下,宝供重新建立高水准的信息技术系统,以帮助管理和提供全面有效的信息平台。宝供物流为追随客户对其进行"量身定制"而构建的"一对一"营销模式,根据客户需求不断创造个性化的服务,其营销手段是值得借鉴的。

第一节 物流营销模式基本理论

一、客户价值基本理论

(一)客户价值的内涵

随着客户关系管理(customer relationship management,CRM)逐渐为更多的企业所接受,说明在整个客户周期上管理客户的观念越来越受到重视。区别于以"交易"为特征的"推销"模式,在以"关系"为特征的"互动"模式中,客户价值不仅仅体现为其当前的货币贡献,而且还表现在长期的货币贡献潜力上。从长远看,客户的货币潜力将直接影响到其在未来关系期内的现金流量贡献,是客户价值的一个重要方面。

鉴于此,从客户全生命管理的角度,将客户价值定义为:企业的关键决策者在所处的概率情景下,感知到的来自客户的当前净现金流及其未来净现金流的总体能力。

(二) 客户终生价值

"顾客终生价值"指的是每个购买者在未来可能为企业带来的收益总和。研究表明,如同某种产品一样,顾客对于企业利润的贡献也可以分为导入期、快速增长期、成熟期和衰退期。

1. 客户的价值的构成

每个客户的价值都由三部分构成:历史价值(到目前为止已经实现了的顾客价值)、当前价值(如果顾客当前行为模式不发生改变的话,将来会给公司带来的顾客价值)和潜在价值(如果公司通过有效的交叉销售可以调动顾客购买积极性,或促使顾客向别人推荐产品和服务等,从而可能增加的顾客价值)。

2. 顾客生涯价值的三维结构

品牌管理的中心目标,就是通过占据顾客的心智空间,提高顾客的生涯价值。从狭义来理解,顾客生涯价值是指一个顾客在与公司保持关系的整个期间内所产生的现金流经过折现后的累积和。从广义来理解,顾客生涯价值是指所有顾客终生价值折现值的总和。企业在品牌管理过程中必须从广义的角度来把握顾客生涯价值。事实上,顾客生涯价值不是一个单维的矢量。它是一个立体的概念,具有三维结构(如图6-1所示)。

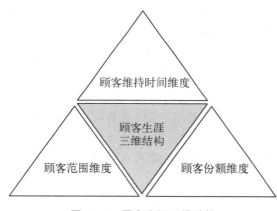

图 6-1 顾客生涯三维结构

(1) 顾客维持时间维度。企业通过维持与顾客的长期关系,建立高的顾客维持率,从而获得较高的顾客生涯价值。

(2) 顾客份额维度。一个企业所提供的产品或服务占某个顾客总消费支出的百分比。要获得最大的顾客生涯价值,不仅需要有高的顾客维持率,更要有高的顾客份额。顾客份额应该是衡量顾客生涯价值的一个重要指标。

(3) 顾客范围维度。显然企业总的顾客生涯价值的大小与它的顾客范围直接相关。从顾客范围维度出发,要求企业必须清楚它的现有顾客是谁,同时注意开拓潜在顾客。

3. 顾客终生价值确定的主要步骤

确定顾客终生价值的主要步骤如图6-2所示。

4. 测量方法

顾客终生价值的复杂性和变化性,使得采用何种方法准确地测量和计算成为企业

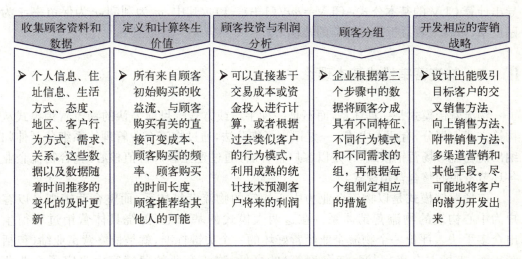

图 6-2 确定顾客终生价值的主要步骤

面临的最大挑战之一。比较流行和具有代表性的顾客终生价值预测方法为 DWYER 方法和顾客事件预测法。

(1) DWYER 方法。该方法将客户分为两大类：永久流失型和暂时流失型。

永久流失型客户要么把其业务全部给予一个供应商，要么完全流失给予另一个供应商。原因或者是其业务无法分割，只能给予一个供应商；或者其业务转移成本很高，一旦将业务给予某供应商则很难转向其他供应商。这种客户一旦流失，便很难再回来。暂时流失型指的是这样一类客户，他们将其业务同时给予多个供应商，每个供应商得到的只是其总业务量的一部分。这类客户的业务转移成本低，他们可以容易地在多个供应商之间转移业务份额，有时可能将某供应商的份额削减到零，但对该供应商来说不一定意味着已经失去了这个客户，客户也许只是暂时中断购买，沉寂若干时间后，有可能突然恢复购买，甚至给予更多的业务份额。

DWYER 方法的缺陷是，它只能预测一组客户的终生价值或每个客户的平均终生价值，无法具体评估某个客户对于公司的终生价值。

(2) 顾客事件预测法。这种方法主要是针对每一个客户，预测一系列事件发生的时间，并向每个事件分摊收益和成本，从而为每位顾客建立一个详细的利润和费用预测表。顾客事件预测可以说是为每一个顾客建立了一个盈亏账号，顾客事件档案越详细，与事件相关的收益和成本分摊就越精确，预测的准确度就越高。但是，顾客未来事件预测的精准度并不能完全保证，主要有两个原因。

其一，预测依据的基础数据不确定性很大，顾客以后的变数、企业预计的资源投入和顾客保持策略，以及环境变数等都具有很多不确定性。

其二，预测的过程不确定性很大，整个预测过程是一个启发式的推理过程，涉及大量的判断，需要预测人员具有丰富的经验，所以预测过程和预测结果因人而异。

在实现上，苏尼尔·古普塔与唐纳德·莱曼于 2006 年 6 月出版的《关键价值链》一书中提出了一套简便的计算方法，实现对结果较为准确的支撑。作者模拟各类场景，推导出计算 CLV 的基本公式：$CLV=mr/(1+i-r)$。其中，m 为利润，r 为保留率，i 为贴现率，指将来收益折算至当前的转换率。

二、物流营销模式基本理论

物流营销模式是一种体系，而不是一种手段或方式。目前公认的物流营销模式从构筑方式上划分，有两大主流：一是以市场细分法，通过物流企业管理体系细分延伸归纳出的物流市场营销模式；一是以客户整合法，通过建立客户价值核心，整合物流企业各环节资源的整合营销模式。

市场营销模式是以物流企业为中心构筑的物流营销体系，而整合营销则是以客户为中心构筑的物流营销体系。在这两大模式的基础上，围绕具体营销过程衍生出众多手法。评价一个物流企业经营好坏的一个关键标准，就是最终营销业绩（包括销售额、市场占有率、利润、知名度等）的高低，物流企业的营销实力决定了企业营销业绩的高低，一个物流企业的成功与失败70%是由企业的战略目标和营销策略决定的，而30%是由企业的营销组合决定的，营销战略定位是物流企业营销过程的核心。

基于客户价值的物流服务营销模式有很多种，下面大致介绍其中的三种。

（一）物流服务体验式营销

体验式营销站在消费者的感官、情感、思考、行动、关联五个方面，重新定义、设计营销的思考方式。此种思考方式突破传统上"理性消费者"的假设，认为消费者消费时是理性与感性兼具的，消费者在消费前、消费中、消费后的体验，才是研究消费者行为与企业品牌经营的关键。

1. 体验式营销的战略基础——战略体验模块

体验是复杂的又是多种多样的，但可以分成不同的形式，且各都有自己所固有而又独特的结构和过程。这些体验形式是经由特定的体验媒介所创造出来的，能达到有效的营销目的。伯德·施密特将这些不同的体验形式称为战略体验模块，以此来形成体验式营销的构架。下面将介绍五种不同的战略体验模块。

（1）感官。感官营销的诉求目标是创造知觉体验的感觉，它经由视觉、听觉、触觉、味觉与嗅觉。感官营销可区分为公司与产品（识别）、引发顾客购买动机与增加产品的附加价值等。

（2）情感。情感营销诉求顾客内在的感情与情绪，目标是创造情感体验，其范围可以是一个温和、柔情的正面心情，到欢乐、自豪甚至是激情的强烈的激动情绪。情感营销的运作需要的是真正了解什么刺激可以引起某种情绪，以及能使消费者自然地受到感染，并融入这种情景中来。

（3）思考。思考营销诉求的是智力，以创意的方式引起顾客的惊奇、兴趣，对问题集中或分散的思考，为顾客创造认知和解决问题的体验。对于高科技产品而言，思考活动的方案是被普遍使用的。在许多其他产业中，思考营销也已经使用于产品的设计、促销和与顾客的沟通。

（4）行动。行动营销的目标是影响身体的有形体验、生活形态与互动。行动营销通过增加他们的身体体验，指出做事的替代方法、替代的生活形态与互动，丰富顾客的生活。顾客生活形态的改变是激发或自发的，且也有可能是由偶像角色引起的（例如影、视、歌星或是著名的运动员等）。

（5）关联。关联营销包含感官、情感、思考、与行动营销等层面。关联营销超越私人感情、人格、个性，加上"个人体验"，而且与个人对理想自我、他人或是文化产生关联。关联活动案的诉求是为自我改进（例如，想要与未来的"理想自己"有关联）的个人渴望，要别人（例如，一个人的亲戚、朋友、同事、恋人或是配偶和家庭）对自己产生好感。让人和一个较广泛的社会系统（一种亚文化、一个群体等）产生关联，从而建立个人对某种品牌的偏好，同时让使用该品牌的人们进而形成一个群体。关联营销已经在许多不同的产业中使用，范围包括化妆品、日用品、私人交通工具等。

这五种不同的战略体验模块构成的战略体验矩阵如图6-3所示。

图6-3　战略体验矩阵

（二）物流服务一对一营销

"一对一营销"这一术语，是由美国的唐·佩伯斯和马莎·罗杰斯博士于20世纪90年代中期提出的。该理念的核心是以"顾客占有率"为中心，通过与每个顾客的互动对话，与顾客逐一建立持久、长远的"双赢"关系，为顾客提供定制化的产品，目标是在同一时间向一个顾客推销最多的产品，而不是将一种产品同时推销给最多的顾客。简而言之，一对一营销就是以不同的方式对待不同的顾客，即针对每个客户创建个性化的营销沟通。该过程的首要关键步骤是进行客户分类（例如根据需要、基于以往行为等），从而建立互动式、个性化沟通的业务流程。

一对一营销的核心思想包括顾客份额、重复购买、互动沟通、新竞争力。

1. 顾客份额

顾客份额，也可以形象地称为"钱袋份额"，是指一家企业在一个顾客的同类消费中所占的比重，是比市场份额更为准确的成功衡量标准。对一家物流企业而言，不断保持和维系顾客比单纯地获取顾客更为重要。企业应该思考如何增加每位顾客的购买量，而不应只关注市场占有率。

2. 重复购买

企业在忠诚顾客身上所花费的营销成本相对较少，从而每笔交易的例行成本可以减少。也就是说，提升现有顾客消费额所花费的成本往往低于开发一个新客户的成本，从而有利于增加企业的利润。

3. 互动沟通

一对一营销强调企业对顾客的个性、需求与偏好等的了解。这就要求企业必须与顾客进行交互式沟通，双向对话，以此建立与顾客之间的信任和忠诚关系，企业将可获得更多的销售量与更好的利润，顾客的需求也能得到更好的满足。

4. 新竞争力

顾客导向竞争力与一对一营销的含义相似。通过信息技术的支持,更多地掌握顾客信息,进行互动式交流,并且允许顾客定制化,针对每个顾客量身定制物流服务,这将极大地提升企业的市场竞争力。

(三) 物流服务关系营销

关系营销是把营销活动看成是一个企业与消费者、供应商、分销商、竞争者、政府机构及其他公众发生互动作用的过程,其核心是建立和发展与这些公众的良好关系。1985年巴巴拉·本德·杰克逊提出了关系营销的概念。

关系营销的中心是顾客忠诚,发现正当需求、满足需求并保证顾客满意、营造顾客忠诚,构成了关系营销中的三部曲。

(1) 企业要分析顾客需求,顾客需求满足与否的衡量标准是顾客满意程度。满意的顾客会对企业带来有形的好处(如重复购买该企业产品)和无形产品(如宣传企业形象)。有营销学者提出了导致顾客全面满意的七个因素及其相互间的关系:欲望、感知绩效、期望、欲望一致、期望一致、属性满意、信息满意;欲望和感知绩效生成欲望一致,期望和感知绩效生成期望一致,然后生成属性满意和信息满意,最后导致全面满意。

(2) 期望和欲望与感知绩效的差异程度是产生满意感的来源。所以,企业可采取下面的方法来取得顾客满意:提供满意的产品和服务;提供附加利益;提供信息通道。

(3) 顾客维系:市场竞争的实质是争夺顾客资源,维系原有顾客、减少顾客的叛离,要比争取新顾客更为有效。维系顾客不仅仅需要维持顾客的满意程度,还必须分析顾客产生满意程度的最终原因。从而有针对性地采取措施来维系顾客。

贝瑞和帕拉休拉曼归纳了三种建立顾客价值的方法:① 一级关系营销(频繁市场营销或频率营销):维持关系的重要手段是利用价格刺激对目标公众增加财务利益。② 二级关系营销:在建立关系方面优于价格刺激,增加社会利益,同时也附加财务利益,主要形式是建立顾客组织,包括顾客档案,和正式的、非正式的俱乐部以及顾客协会等。③ 三级关系营销:增加结构纽带,同时附加财务利益和社会利益。与客户建立结构性关系,它对关系客户有价值,但不能通过其他来源得到,可以提高客户转向竞争者的机会成本,同时也将增加客户脱离竞争者而转向本企业的收益(该部分详见本章第四节)。

知识小贴士

基于顾客满意和忠诚的"4Ps+4Rs"

关系营销的兴起给很多企业带来了收益,人们便开始关注营销中顾客满意度和忠诚度,企业更加关心"顾客份额"而不仅仅是"市场份额"。在此之下,一些学者和企业家提出该种服务营销组合策略。其中,3Rs是指顾客挽留、相关销售和顾客推荐。

第二节 物流服务体验式营销

一、物流服务体验式营销实现方法

(一) 围绕顾客

1. 关注顾客的体验

体验的产生是一个人在遭遇、经历或是生活过一些处境的结果。企业应注重与顾客之间的沟通,发掘他们内心的渴望,站在顾客体验的角度,去审视自己的物流服务。以顾客的真实感受为准,去建立体验式服务。

2. 以体验为导向设计、制作和销售物流服务产品

当咖啡被当成"货物"贩卖时,一磅可卖三百元;当咖啡被包装为"商品"时,一杯就可以卖一二十块钱;当其加入"服务",在咖啡店中出售,一杯最少要几十块至一百块;但如能让咖啡成为一种香醇与美好的"体验",一杯就可以卖到上百块。增加物流服务的"体验"含量,能为企业带来可观的经济效益。

(二) 情景检验

1. 检验消费情景

营销人员不再孤立地去思考一种服务(功能、态度、效果等),要通过各种手段和途径来创造一种综合的效应以增加物流服务体验;不仅如此,还要跟随社会文化消费向量,思考物流服务所表达的内在价值观念、服务文化和生活的意义。检验消费情境使得在对营销的思考方式上,通过综合的考虑各个方面来扩展其外延,并在较广泛的社会文化背景中提升其内涵。顾客在接受服务前、中、后的体验已成为增加顾客满意度和品牌忠诚度的关键决定因素。

2. 顾客既是理性的又是情感的

一般说来,顾客在消费时经常会进行理性选择,但也会有对狂想、感情、欢乐的追求。企业不仅要从顾客理性的角度去开展营销活动,也要考虑物流服务需求者情感的需要。

3. 体验要有一个"主题"

体验要先设定一个"主题",也可以说:体验式营销乃从一个主题出发并且所有服务都围绕这主题,或者其至少应设有一个"主题道具"。并且,这些"体验"和"主题"并非随意出现,而体验式营销人员所精心设计出来的。如果是"误打误撞"形成的则不应说是一种体验式营销行为,在这里所讲的体验式营销是要有严格的计划、实施和控制等一系列管理过程在里面,而非仅是形式上的符合而已。

4. 方法和工具有多种来源

体验是五花八门的,体验式营销的方法和工具也是种类繁多,并且这些和传统的营销又有很大的差异。企业要善于寻找和开发适合自己的营销方法和工具,并且不断地

推陈出新。

5. 物流服务体验营销更注重顾客在物流服务过程中的体验

体验营销考虑顾客的消费情况,即在消费过程中顾客的体验感受。顾客的体验来自某种经历对感觉、心灵和思想的触动,它把企业、品牌与顾客的生活方式联系起来,赋予物流服务需求者行动和购买时机更广泛的心理感受和社会意义。物流服务体验营销者不仅仅考虑服务的功能和特点,更主要是考虑物流服务需求企业的需求,考虑物流服务需求企业从消费物流服务的经历中所获得的切身体验。考虑物流服务需求企业对与物流服务相关的整个物流运作方式的感受,才是体验营销者所真正关心的事情。

二、物流服务体验式营销主要战略规划工具

(一) 体验矩阵

上面所提到的只是体验式营销的基本的概念和工具的介绍,企业如何结合自己的情况,选择一种体验模式,进行自己的体验式营销战略呢?伯德·施密特提供了一整套的概念、工具及技巧。

要实施一个体验式营销战略,首先要对你的企业内部和外部情况进行分析。要考虑你的目标顾客,包括他们的喜好、行为、价值观,以及影响他们的社会文化或社会亚文化。要考虑你的物流服务产品,包括产品的质量和功能、品牌的知名度和美誉度、产品的销售情况。还要考虑你的合作伙伴、竞争对手,以及整个产业的有关情况。体验式营销人员何以通过体验矩阵来进行战略体验模块与体验媒介的搭配使用,来规划一个体验式营销战略。

(二) 体验杂型和全面体验

我们将体验分为五种类型,但实际情况下很少有单一体验的营销活动,一般是几种体验的结合使用,施密特将其称之为体验杂型。进一步来说,如果企业为顾客提供的体验是涉及所有的五类体验,就会被称为全面体验。一般来讲,战略体验模块被分为两类:一种是消费者在其心理和生理上独自的体验,即个人体验,如感官、情感、思考;另一种是必须有相关群体的互动才会产生的体验,即共享体验,如行动、关联。体验杂型和全面体验并不是两种或两种以上的战略体验模块简单的叠加,而是它们之间互相作用、相互影响,进而产生一种全新的体验。当然,建立体验杂型就要需要其专有的工具——体验之轮。

三、物流服务体验式营销在实际应用问题中的探讨

制约在中国开展体验式营销的一些问题表现如下。

(1) 从宏观上看,体验式经济的到来是因为社会高度富裕、文明、发达而产生的。对于那些刚刚达到盈利或者勉强达到一般盈利水平的物流需求企业来说,"体验"也许是一种奢侈。随着中国经济的腾飞,体验式经济所占比例将不断增大。

(2) 从微观上看,物流服务体验式营销的兴起是由于物流企业对物流服务在质量、功

能上已作的相当出色,以至于物流需求企业对特色和利益已经淡化,而追求更高层次的"特色和利益",即"体验"。如果企业在其物流服务的质量、特色、功能上搞得一团糟,这样不仅不会给顾客带来全新的体验,反而会带来负面的体验,导致消费者的憎恨、讨厌。

(3) 无论是设计和提供"体验式物流服务产品"的营销人员,还是消费"体验式物流服务产品"的物流需求企业来讲,要转变一些传统观念。

第三节 物流服务一对一营销

一、物流服务一对一营销步骤

物流服务一对一营销的执行和控制是一个相当复杂的机制,它不仅意味着每个面对顾客的营销人员要时刻保持态度热情、反应灵敏,更主要也是最根本的是,它要求能识别、追踪、记录个体消费者的个性化需求并与其保持长期的互动关系,最终能提供个体化的物流服务。所以,一对一营销的核心是企业与顾客建立起一种新型的服务关系,即通过与顾客的一次次接触而不断增加对顾客的了解。物流企业可以根据顾客提出的要求以及对顾客的了解,生产和提供完全符合单个顾客特定需要的物流服务。即使竞争者也进行一对一的关系营销,你的顾客也不会轻易离开,因为他还要再花很多的时间和精力才能使你的竞争者对他有同样程度的了解。物流需求方对物流企业的要求日益提高,这主要体现在两个方面:一是希望物流能提供为自己专门设计的定制物流服务;二是希望定制的物流服务能尽快实现。物流企业只有不断提高自己一对一的营销能力,才能赢得顾客,增加利润。企业可以通过下列四步来实现对自己产品或服务的一对一营销。

(一) 识别顾客

"销售未动,调查先行"。占有每一位顾客的详细资料对物流企业来说相当关键。可以这样认为,没有理想的顾客个人资料就不可能实现一对一营销。这就意味着,营销者对顾客资料要有深入细致的调查和了解。对于准备实行一对一营销的物流企业来讲,关键的第一步就是能直接挖掘出一定数量的企业顾客,而且大部分是具有较高服务价值的企业顾客,建立自己的顾客库,并与顾客库中的每一位顾客建立良好关系,以最大限度地提高每位顾客的服务价值。

(1) 深入了解比浮光掠影更重要。仅仅知道顾客的名字、住址、电话号码或银行账号是远远不够的,企业必须掌握包括消费习惯、个人偏好在内的其他尽可能多的信息资料。企业可以将自己与顾客发生的每一次联系都记录下来,如顾客购买服务的数量、价格、采购的条件、特定的需要、业余爱好、家庭成员的名字和生日等。

(2) 长期研究比走马观花更有效。仅仅对顾客进行某次调查访问不是一对一营销的特征,一对一营销要求企业必须从每一个接触层面、每一条能利用的沟通渠道、每一个活动场所及公司每一个部门和非竞争性企业收集来的资料中去认识和了解每一位特定的顾客。

(二)顾客差别化

一对一营销较之传统目标市场营销而言,已由注重服务差别化转向注重顾客差别化。从广义上理解顾客差别化主要体现在两个方面:一是不同的顾客代表不同的价值水平;二是不同的顾客有不同的需求。因此,一对一营销认为,在充分掌握企业顾客的信息资料并考虑顾客价值的前提下,合理区分企业顾客之间的差别是重要的工作。

顾客差别化对开展一对一营销的企业来说,首先,可以使企业的一对一工作有的放矢,集中企业有限的资源从最有价值的顾客那里获得最大的收益,毕竟企业不可能有同样的精力与不同的顾客建立服务关系,也不可能从不同的顾客那里获取相同的利润。其次,企业也可以根据现有的顾客信息,重新设计服务行为,从而对顾客的价值需求作出及时的反应。最后,企业对现有的顾客库进行一定程度的差别化,将有助于企业在特定的经营环境下制定适当的经营战略。

在这一过程中,企业应该选取几家准备每年与之有业务往来的客户,将他们的详细资料输入企业的顾客资料库;针对不同的顾客以不同的访问频率和不同的通信方式来探询目标顾客的意见;根据评估顾客终身购买本企业的物流服务使企业获得的经济收益的现值,将企业顾客划分为 A、B、C 三个等级,以便确定下一步双向沟通的具体对象。

(三)"企业—顾客"双向沟通

当企业在对个体顾客的规格或需求做进一步了解时,会发生两方面的活动:公司在学习,顾客在教授。要赢得真正的顾客忠诚,关键在于这两方面活动的互动。一对一营销的关键成功之处就在于它能够和顾客之间建立一种互动的学习型关系,并把这种学习型关系保持下去,以发挥最大的顾客价值。一对一企业善于创造机会让顾客告诉企业他需要什么,并且记住这些需求,把其反馈给顾客,由此永远保住该顾客的业务。

建立学习型关系有以下两个必备的要求。

(1)企业必须是一个成功的、具有成本效益的量身定制者,具备有效的设计接口和精确的顾客规格记忆。这样可以通过一种方便又准确的方式使顾客确切地说明他的需求。而且,不得要求顾客为同一件事再一次向你说明。

(2)顾客必须付出努力才能把这些规格要求提供给公司。如果顾客付出努力提供给公司需求信息的回报是更加个性化的满意的产品或服务,那么这种行为可以促使顾客更忠诚,会更加愿意付出努力来提供给公司他更加个性化的需求。顾客的主动权越大,对话就会变得更加丰富和有益。

(四)业务流程重构

一对一营销的最后一步是重新架构企业的业务流程。

要实现这一步,企业可以对生产过程进行重构,将生产过程划分出相对独立的子过程,进行重新组合,设计各种微型组件或微型程序,以较低的成本组装各种各样的产品以满足顾客的需求;采用各种设计工具,根据顾客的具体要求,确定如何利用自己的生产能力,满足顾客的需要。一对一营销最终实现的目标是为单个顾客定制一件产品,或围绕这件产品提供某些方面的定制服务,如开具发票的方式、产品的包装式样等。一对一营销的实施是建立在定制的利润高于定制的成本的基础上的,这就要求企业的营销部门、研发部门、制造部门、采购部门和财务部门之间通力合作。营销部门要确定满足顾客所要求的定制规格；研发部门要对产品进行高效率的重新设计；制造与采购部门必须保证原材料的有效供应和生产的顺利进行；财务部门要及时提供生产成本状况与财务分析。

二、物流服务一对一营销战略

（一）物流服务一对一营销战略理念

企业应建立"关系品质"，即与每一位顾客建立学习的关系，记住每一位顾客的喜好，并随时把上一次与进行到一半的话再接回来。因为这会让顾客觉得这种关系省力方便，这样会建立起"不方便的障碍"，成为顾客永远不想与竞争对手来往的一个原因。

（二）物流服务一对一营销战略步骤

1. 识别你的客户

企业在启动一对一营销之前，必须与大量的客户进行直接接触。重要的是要获取更多的细节，并且牢记这是一个永不停息的过程。应该了解的不仅仅是客户的名字、住址和联系方法，还包括他们的购买习惯、爱好等信息。不要认为发张问卷就完事了，还要通过每一次接触、每一个渠道、每一个地点、企业的每一个部门来获得这些信息。只要客户可能对你的任何一种物流服务产生购买欲望，就要将其信息收入数据库。

2. 对客户进行差异分析

不同客户之间的差异主要在于两点：对产品的需求不同，对公司的商业价值不同。试着把你的客户分为 A、B、C、D 等不同的类别。一个 A 级客户的价值也许无法完全用金钱来加以衡量：一流的客户在帮助你完成业绩方面可能拥有关键的作用。与之相反，C 级或 D 级客户在和你打交道的时候或许会为你带来负面的影响。对客户进行有效的差异分析，可以帮助企业更好地优化配置资源，使物流服务的改进更有成效。牢牢掌握最有价值的客户，才能取得最大的效益。

3. 与客户保持积极接触

客户交流是企业成长战略的一个重要组成部分。实施一对一营销，就要探索客户过去买了些什么物流服务，发现客户的最终价值，然后开发能够从客户身上获取的递增的业务。也就是通过更全面、具体地了解客户来挖掘其"战略价值"。通过这一步骤，最好的、最有效的公开交流渠道被建立起来。无论使用网站还是呼叫中心，目的都是降低与客户接触的成本，增加与客户接触的收效，最终找到与客户建立学习型关系的办法。客户的反馈在此阶段中非常关键。

4. 调整物流服务产品以满足每位客户的需要

如果你了解了客户的物流需求，就应立即采取行动，并且提供能够为他们带来额外收益的物流服务。要想把客户锁定在学习型关系中，因人制宜地将自己的产品或服务加以个性化必不可缺。这可能会涉及大量的定制工作，而且调整点一般并不在于客户直接需要的物流服务，而是这种服务内部的某个因素，诸如服务的组合形式、服务的执行过程所带给客户的直接感受等。向客户准确地提供他们需要的服务，客户的忠诚度就会大大提高。

物流服务营销

三、物流服务一对一营销的利弊

与传统的营销方式相比,一对一营销主要具有以下优点。

(1) 能极大地满足消费者的个性化需求,提高企业的竞争力。

(2) 企业通过追求规模经济,努力降低单位服务产品的成本和扩大服务产品数量来实现利润最大化,这在卖方市场中当然是很有竞争力的。但是,随着买方市场的形成,这种大规模的物流服务品种的雷同,必然导致物流服务产品的滞销,造成资源的闲置和浪费,一对一营销则很好地避免了这一点。因为,这时企业是根据顾客的实际需要来制定物流服务产品的,减少了社会资源的浪费。

(3) 有利于促进企业的不断发展,创新是企业永保活力的重要因素。但是,创新必须与市场及顾客的需求相结合,否则将不利于企业的竞争与发展。传统的营销模式中,企业的研发人员通过市场调查与分析来挖掘新的市场需求,继而推出新的服务产品。这种方法受研究人员能力的制约,很容易被错误的调查结果所误导。

在一对一营销中,顾客可直接参与服务产品的设计,企业也根据顾客的意见直接改进物流服务产品,从而达到物流服务在技术上的创新,并能始终与顾客的需求保持一致,从而促进企业的不断发展。

当然,一对一营销也并非十全十美,它也有其不利的一面。

(1) 由于一对一营销将每一位顾客视作一个单独的细分市场,这固然可使每一个顾客按其不同的需求和特征得到有区别的对待,使企业更好地服务于顾客。但是,同时也将导致市场营销工作的复杂化,经营成本的增加以及经营风险的加大。

(2) 技术的进步和信息的快速传播,使产品的差异日趋淡化,今日的特殊物流服务产品,到明天则可能就大众化了。物流服务独特性的长期维护工作因而变得极为不容易。

一对一营销不仅要求营销人面对顾客时要时刻保持态度热情,更重要的是它要求营销人能识别、追踪、记录并最终能满足个体消费者的个性化需求。

所以,一对一营销的基础是企业与顾客建立起一种新型的学习关系,即通过与顾客的一次次接触而不断增加对顾客的了解。利用学习关系,企业可以根据顾客提出的要求以及对顾客的了解,设计和提供完全符合单个顾客特定需要的顾客化物流服务,最后即使竞争者也进行"一对一"的关系营销,你的顾客也不会轻易离开,因为他还要再花很多的时间和精力才能使竞争者对他有同样程度的了解。

案 例 延 伸 阅 读

有货商城是依托 YOHO/CN 社区所开发的 B2C 网络商城。在上线的短短一年中,公司利用成熟权威的平面媒体《YOHO! 潮流志》和活跃度很高的 YOHO/CN 首席年轻态网络社区进行跨媒体整合推广,从刚开始的零品牌合作发展到目前近 200 多个品牌"入驻"销售,其中包括了 LACOSTE、CASIO、IZZUE 等国际潮流品牌,以及各种港台知名品牌、内地原创品牌。日营业额从当初的 2 000 元/天,到目前已突破8万元/天。目前有货电子商务网站已是江苏最大的电子商务企业之一,并获得2009年度"中国电子商务产业十大新锐企业"称号。有货网2013年的销售额是5.4亿元,近几年的增速保持在大约200%,并且保持着盈利状态。2013年12月,有货网完成了赛富投资的3 000万美元的D轮融资。

目标市场

主要用户定位为那些对潮流嗅觉敏锐的年轻人:16—28岁为主,圈子的聚集度高,注重装扮又有较高的消费能力。这类人群追求时尚与新颖,追求个性独立,愿意表现自我,这从另一个方面也促进了YOHO!社区和有货购物网站的共同发展。从刚开始的零品牌合作发展到目前200多个品牌"入驻"销售,包括国际潮流品牌、港台知名品牌、内地原创品牌等。爱好潮流品牌的群体需要这样一个时尚潮流平台,在购物的同时传递时尚态度。

产品和服务

在线销售商品服务:该平台已经吸引包括国际国内一线流行品牌、日韩港台地区顶尖街牌、中国内地原创品牌等200多个品牌"入驻"销售。用户可以在线选购商品,也可享受货到付款服务。页面广告服务:可以推广企业提供广告服务,让其广告展示在网站的明显位置。时尚资讯分享:有货网站中的潮流分享社区(YOHO!.cn、YOHO!!show),汇集了大量时尚资讯和穿搭图秀,同时为消费者提供潮流时尚服饰、饰品和鞋包搭配的最新资讯,向消费者推荐潮流时尚商品。

营销渠道

有货网是中国首家网络分销B2M平台,也致力于打造中国最大的网络分销B2M商圈。有货网现在业务跨越B2C(商家对个人)、C2C(个人对个人),对这两部分的融合,是一个全新的电子商务分销零售模式。为用户提供了众多低价优质货源,用户加盟成为商家,系统会生成多套独立商城供选择,用户只需挑选要销售的商品并设置好销售价格,即可拥有自己的商城。免去寻找货源、拍照描述及发货,且网购客户全由会员自己管理,不会出现普通网店客户共享不好宣传的问题。同时有货网主站也是购物平台,广大消费者直接在此上面购物。

市场定位

YOHO!是"YOUNG"与"HOME"的结合。从这个概念可以得知,YOHO!是一个定为年轻的生活社区。YOHO!的诞生,让人感受到一种向上的生活态度。YOHO!有货网的口号是"年轻是种态度"。它是中国领先的潮流品牌电子商务平台,致力于打造中国年轻人潮流购物第一品牌。有货网电子商务副总裁陈翕曾接受记者问时回答:"我们用户覆盖的范围非常广泛,最小的仅14岁,但主体用户保持在16—28周岁区间。其实我们认为潮流消费不是以年龄来界定的,而是一种生活方式和心态。"就对于市场的划分而言，YOHO! 面向的消费人群是比较特定的，这也使得 YOHO! 的目标更加明确，能有充足的经历去经营它圈定的这一份"蛋糕"。

营销策略：一对一营销

YOHO! 有货＝媒体＋电商。有货商城采用"一对一的营销策略"，紧抓潮流年轻的消费群体。在传统行业转型电商并不顺利的当下，从潮流杂志起步的 YOHO! 有货成功切入电商领域。YOHO! 有货 2012 年总销售额达 2 亿元，2013 年实现 250％的营业收入年增速，营收 5.3 亿元，2014 年 YOHO! 新力传媒集团获得 C 轮融资间，有货电商总裁钮丛笑预期 2014 年该数额将再翻番。

1. 用杂志引领潮流、吸引特定客户群

在 YOHO! 有货做电商之前，YOHO! 集团做了七八年媒体，旗下潮流杂志是《YOHO! 潮流志》。在互联网发展趋势下，其由媒体发展出社区业务线，再由社区发展出电商业务线。借助《YOHO! 潮流志》的尝试，YOHO! 有货以传统的媒体视角切入，来帮助客户欣赏、浏览前沿信息，然后让他们顺其自然的进入 YOHO! 有货网站来逛、来买。

2. 媒体与电商紧密结合，紧跟潮流脚步

成立产品决策小组。为了使媒体与电商横向互动，YOHO! 有货成立了专门的决策小组。这个小组的成员有杂志资深编辑、谈合作款项的资深总监、一线销售总监以及潮流买手，这些人集中在一起就是为做决策，比如一个品牌要不要做，哪个品牌的主线或者副线要做，哪些产品线可以不做。

3. 社区互动分享

在业务互动方面，媒体与电商的配合更加紧密。比如用户在 YOHO! 有货购物，我们会奖励优惠券鼓励他去社区分享自己穿着后的照片，新品牌在 YOHO! 有货上线销售后，社区也会对这个品牌内涵进行分享，内容包括品牌背景、历任设计师等等，这些内容也会出现在杂志上。不过不会要求杂志上一定做 YOHO! 有货的商品，主要是根据编辑的选题，媒体需要有公信力。

4. 移动 APP

在移动互联网发展上，通过二维码技术将杂志图片与购物网站联合在一起，用户扫描二维码就能够直接在网站上购物。现在杂志媒体、社区、电商都有 APP 组成 YOHO! 系列 APPs，用户可通过移动终端，充分浏览自己所需的内容。

仓库物流策略

尽管单量与很多大型电商相比还很小，但 YOHO! 有货已经在默默苦练内功，不断优化自己的供应链系统。

1. 进行合理的仓库布局

YOHO! 有货库房现在一般租用两层，每层 3 000—4 500 平方米，一个便捷合理的库存系统和拣货方式可以大大提高其库房运作效率。YOHO! 有货平台所接到的订单一般较散,往往用户对每种产品只订购一件,很少订两件以上。因此,YOHO! 有货采用"波次出货、合并拣选、二次摘果"拣货法,即把一批订单要的货全部进行分拣,然后到楼下配货区,根据发货单再分配到每个订单(电商一般有两种拣货法,"播种"和"摘果")。

2. 与快递公司驻点式高效合作

在 YOHO! 有货的二楼发货区域会看见不同快递公司的人员在坐班,而这就是 YOHO! 与快递公司之间进行的亲密而高效的驻点式合作。快递公司工作人员作息时间基本与 YOHO! 库房工作人员一样,当 YOHO! 这边发货,快递公司便开始打包。由于双方交接工作都处于监控状态,避免了不必要的纠纷和责任推脱。

3. 与同城快递合作,暂不设分仓

据了解,有货仓储物流成本现在占总营收的 7%—8%,而单纯的快递费用又在其中占到大头。YOHO! 有货通过将一定量的订单集中打包,先进行干线物流,直接将货发在合作的同城快递公司仓库,再由同城快递公司进行分类配送。按照预计,这样处理后会在物流环节至少节省 30% 的成本。

问 题 突 出

1. "媒体+电商"发展模式遭遇瓶颈

媒体带来的读者粉丝为 YOHO! 有货带来了高质量的潜在客户群,但同时也带来了发展的"瓶颈",因为《YOHO! 潮流志》带来的读者群存量和增量都有限,要想 YOHO! 有货实现高速增长,必须有更多的流量导入。

2. 创业团队亟待发展壮大

"我们创业时都是 20 多岁,都太年轻,要想让公司从小做大,寻找到有经验的更专业的高管带领,聘请职业经理人,是我们采取的切实有效的做法之一。"梁超(YOHO! 总裁,80 后)表示。

公司现有员工 130 余人,平均年龄 23 岁,分别从事编辑、设计、广告、网络技术、运营等工作。创业团队经验不足,对有货发展战略的制定上不够清晰,需要有经验、更为专业的职业经理人加入助力发展。

3. 目标客户群过于单一

针对年轻人的购物网站,有发展潜力,也存在一定的局限性,与其他电商平台相比,目标市场较为单一,在推广上存在一定难度。

4. 品牌效应不明显

YOHO! 在杂志类有一定的知名度,转做电商平台后,品牌效应削弱,需要更进一步的品牌的推广措施。

结 论 与 对 策

1. 优势因素

相比同类电子商务平台,有货网有三个重要的优势内容。

首先，是整体业务格局造就了有货网现在的整体优势，这一点体现在拥有50%以上的2次购买率，一对一营销方式成果明显，用户的忠诚度非常高。

其次，有货商城在品牌方向的把握非常谨慎，在潮流产业还没形成绝对标准的时候，潮流产品是一个比较模糊的概念，但是品牌影响力确是现实的，通过与全球范围内的知名品牌直接合作，并加上《YOHO！潮流志》的专业指导，以及有货网上的大量的潮牌独家售卖权或是限量产品的销售，所以能够影响到用户。

最后，就是内容编辑团队，《YOHO！潮流志》作为有货商城内容产出的强大后盾，在整个潮流产业上都有很强的影响力，不仅可以提供优质的商品交易，还有专业的潮流动态，基于这三点，有货网具有很强的核心竞争力。

2. 风险因素

与一般的电商平台不同，作为分众电商平台，有货商城也存在风险因素：在严格控制产品渠道的同时，会牺牲一定的销售额，产品的高质限量所导致的价格偏高成为与其他电商平台竞争的劣势。潮流志与其社区，电商平台不断营销潮流商品，在缺乏大量用户群的情况下，可能会因缺乏公信力，变成自说自话的企业。

3. 建议

(1) 在坚持潮流电商的定位的同时，应该大规模引入潮流品牌，提升产品潮流属性。

(2) 严格控制产品渠道，禁止仿品和次品，不卖品牌尾货。

(3) 随着规模扩大，要注意仓储分仓，快递外包问题。

(4) "北上广""江浙沪"这几个区域共占YOHO！客户总数量的50%，要注重品牌影响力和用户的全面扩展。

(5) 在完成销售目标的同时，更应注重核心价值：把业务线串联在一起，发挥整合价值、互动价值，形成"潮流"价值链。

(6) 注重与契合的投资商合作，在核心的商业模式上谈发展，而不是盲目融资。

(7) 关注公司财务指标，用更专业的视角展开项目。

(8) 积极拓展"潮流"的概念，将潮流融入更多模块，例如可与数码产品品牌合作等。

第四节　物流服务关系营销

一、物流服务关系营销的价值测定与原则

(一) 关系营销的价值测定

1. 附加利益：让渡价值

物流服务需求企业的购买选择是围绕两种利益展开的：一是物流服务产品本身的

核心利益；二是购买时间、数量及品牌所带来的附加利益。整体顾客价值包括顾客在购买及消费过程中得到的全部利益。整体顾客成本除了顾客所支出的货币成本，还包括购买者的预期时间、体力和精神成本。顾客让渡价值从数学意义上说，即是整体顾客价值和整体顾客成本之差，而关系营销可增加顾客让渡价值，改善对价值的感知。大多数企业在一定程度上受到互补产品的影响，所谓互补产品是指顾客配合企业产品一起使用的产品，这使得企业应该考虑控制互补产品是否获利。

2. 成本测定：顾客分析

（1）顾客盈利能力。关系营销涉及吸引、发展并保持同顾客的关系，其中心原则是创造"真正的顾客"。这些顾客不但自己愿意与企业建立持续、长期的关系，而且对企业进行义务宣传。企业的顾客群体可能在物流服务产品的使用方式、购买次数、作用重要性等方面有很大不同，所以我们需要对顾客素质进行分析：相对于公司能力的购买需求、顾客的增长潜力、顾客固有砍价实力，顾客的价格敏感性等。只要有可能挑选，公司就应向最可能盈利的顾客推销物流服务产品。

（2）顾客维系成本。科特勒对维系顾客成本进行研究，提出下面四个步骤来测定：测定顾客的维系率即发生重复购买的顾客比率；识别各种造成顾客损失的原因，计算流失顾客的比率；估算由于不必要的顾客流失，企业将损失的利润；企业维系顾客的成本只要小于损失的利润，企业就应当支付降低顾客损失率的费用。

（3）丹尼尔·查密考尔这样分析"漏桶"原理：在环境宽松时，企业不注意维系顾客，使得顾客就像漏桶里的水一样流走。这样，当买方市场形成时，企业就会受到惩罚。进攻性营销的成本大于防守营销成本，因此最成功的公司应修补桶上的洞以减少顾客流失。

（二）关系营销的原则

关系营销的实质是在市场营销中与各关系方建立长期稳定的相互依存的营销关系，以求彼此协调发展，因而必须遵循以下三项原则。

1. 主动沟通原则

在关系营销中，各关系方都应主动与其他关系方接触和联系，相互沟通信息，了解情况，形成制度或以合同形式定期或不定期碰头，相互交流各关系方需求变化情况，主动为关系方服务或为关系方解决困难和问题，增强伙伴合作关系。

2. 承诺信任原则

在关系营销中各关系方相互之间都应作出一系列书面或口头承诺，并以自己的行为履行诺言，才能赢得关系方的信任。承诺的实质是一种自信的表现，履行承诺就是将誓言变成行动，是维护和尊重关系方利益的体现，也是获得关系方信任的关键，是公司（企业）与关系方保持融洽伙伴关系的基础。

3. 互惠原则

在与关系方交往过程中必须做到相互满足关系方的经济利益，并通过在公平、公正、公开的条件下进行成熟、高质量的物流服务或价值交换使关系双方都能得到实惠。

二、物流服务关系营销的层次分类与战略措施

（一）层次

1. 一级关系营销

这是指物流企业通过价格和其他财务上的价值让渡吸引顾客与企业建立长期交易关系，如对那些频繁购买以及按稳定数量进行购买的顾客给予财务奖励的营销计划。

2. 二级关系营销

这是指物流企业不仅用财务上的价值让渡吸引顾客，而且尽量了解各个顾客的需要和愿望，并使服务个性化和人格化，以此来增强公司和顾客的社会联系。二级关系营销的主要表现形式是建立顾客俱乐部。

3. 三级关系营销

这是指物流企业和顾客相互依赖对方的结构发生变化，双方成为合作伙伴关系。三级关系营销的建立，在存在专用性资产和重复交易的条件下，如果一方放弃关系将会付出转移成本，关系的维持具有价值，从而形成"双边锁定"。这种良好的结构性关系将会提高客户转向竞争者的机会成本，同时也将增加客户脱离竞争者而转向本企业的利益。

（二）措施

1. 关系营销的组织设计

为了对内协调部门之间、员工之间的关系，对外向公众发布消息、处理意见等，通过有效的关系营销活动，使得企业目标能顺利实现，企业必须根据正规性原则、适应性原则、针对性原则、整体性原则、协调性原则和效益性原则建立企业关系管理机构。该机构除协调内外部关系外，还将担负着收集信息资料、参与企业的决策预谋的责任。

2. 关系营销的资源配置

人力资源配置主要是通过部门间的人员转化，内部提升和跨业务单元的论坛和会议等进行。信息资源共享方式主要是利用电脑网络、制定政策或提供帮助削减信息超载、建立"知识库"或"回复网络"以及组建"虚拟小组"。

3. 关系营销的效率提升

关系各方环境的差异会影响关系的建立以及双方的交流。跨文化间的人们在交流时，必须克服文化所带来的障碍。对于具有不同企业文化的企业来说，文化的整合对于双方能否真正协调运作有重要的影响。关系营销是在传统营销的基础上，融合多个社会学科的思想而发展起来的，吸收系统论、协同学、传播学等思想。关系营销学认为，对于一个现代企业来说，除了要处理好企业内部关系，还要有可能与其他企业结成联盟，企业营销过程的核心是建立并发展与消费者、供应商、竞争者、政府机构及其他公众的良好关系。无论在哪一个市场上，关系具有很重要作用，甚至成为企业市场营销活动成败的关键。所以，关系营销日益受到企业的关注和重视。

三、物流服务关系营销具体实施方法

（一）筛选合作伙伴

企业首先从所有的客户中筛选出值得和必须建立关系的合作伙伴，并进一步确认要建立关系营销的重要客户。选择重要客户的原则不仅仅是当前的盈利能力，而且包括未来的发展前景。企业可以首先选择5个或10个最大的客户进行关系营销，如果其他客户的业务有意外增长也可入选。

（二）指派关系经理

对筛选出的合作伙伴指派关系经理专人负责，这是建立关系营销的关键。企业要为每个重要客户选派干练的关系经理，每个关系经理一般只管理一家或少数几家客户，并派一名总经理管理关系经理。关系经理对客户负责，是有关客户所有信息的汇集点，是公司为客户服务的动员者，对服务客户的销售人员应当进行关系营销的训练。总经理负责制定关系经理的工作职责、评价标准、资源支持，以提高关系经理的工作质量和工作效率。

（三）制订工作计划

为了能够经常地与关系对象进行联络和沟通，企业必须分别制订长期的和年度的工作计划。计划中要确定关系经理职责，明确他们的报告关系、目标、责任和评价标准。每个关系经理也必须制订长期和年度的客户关系管理计划，年度计划要确定目标、策略、具体行动方案和所需要的资源。

（四）了解关系变化

企业要通过建立专门的部门，用以跟踪顾客、分销商、供应商及营销系统中其他参与者的态度，由此了解关系的动态变化。同时，企业通过客户关系的信息反馈和追踪，测定他们的长期需求，密切关注合作伙伴的变化，了解他们的兴趣。企业在此基础上，一方面要调整和改善关系营销策略，进一步巩固相互依赖的伙伴关系；另一方面要及时采取措施，消除关系中的不稳定因素和有利于关系各方利益共同增长的因素。此外，通过有效的信息反馈，企业将会改进产品和服务，更好地满足市场的需要。

案例分析思考题

顺丰试水 O2O 加强用户体验

近年来随着经济的发展，物流企业在我国迅速发展起来。如何抓住客户留住客户，维持客户的忠诚度，保持市场竞争力是今天所有物流企业关心的问题。现代物流企业不仅需要提供良好的服务，而且需要提供正确的体验给顾客。要在每一个接触点上都能使顾客满意并与品牌或服务产生互动。

作为快递服务行业的顺丰，其服务体验主要集中在"最后一千米"或"最后 100 米"，如何提升其末端的服务质量，赢得客户的满意，是其在现在激烈竞争中获得优势的关键。但是，近年来，快递服务整体质量不高，快递爆仓现象时有发生，快件延误、服务态度差、快件丢失等问题较突出，以致快递用户投诉事件屡见不鲜，顾客满意度较低，用户消费体验状况不理想。国家邮政局关于2013年上半年快递服务满意度调查显示,2013年上半年快递服务总体满意度仅为72.1%,单单5月份受理有效申诉144 557件。

面对这些问题,顺丰也试水O2O模式。2014年5月12日,顺丰第一家便利店"嘿客"正式开业。"嘿客",除了承载顺丰站的功能外还有数码、服饰等预购、水电缴费、电话充值等便民服务、网购线下体验O2O服务、甚至还有一个神秘的金融服务。顺丰表示对"嘿店"的定位不是个多功能的站点,而是社区活动的物流中心。顺丰便利店预计先在全国开设4 000家门店,选址会偏向于高档社区,看重周边居民的消费能力和对服务的高要求。顺丰便利店采取O2O模式,突出橱窗的作用,为居民提供一站式生活服务。在实物商品方面,除了进店购买外,顺丰还会整合线上平台,除了已有的顺丰优选,天猫等线上网站也是潜在的合作对象,顺丰表示也在开发测试新型移动O2O平台。

"嘿客"最大的另类之处在于店内没有商品。在"嘿客"里,看不到传统的货架,取而代之的是贴在墙上、玻璃上的近百款商品照片,照片上有菠萝、西柚、进口牛奶、衬衫、手表、电饭煲等,平时便利店内常见的面包、饮料、口香糖则是踪影全无。并且顺丰把正在促销活动的商品,用照片做展示,只要用户扫描一下二维码,就可以直接购买。顾客所要的商品都在店中心摆放的两台平板智能终端机上,点击电子屏幕,鞋子、衣服、生鲜、零食、电视机……顺丰优选网站上的全部商品,都在屏幕上冒了出来。如果顾客想买东西,或在终端机上下单,可以直接用手机扫码购买。区别于传统便利店,"嘿客"采取虚拟购物方式,实现零库存。目前,包括顺丰自有的顺丰优选在内,"嘿客"与麦乐购、KISSCAT官方旗舰店等十多家电商平台达成了合作。顾客通过"嘿客"在上述平台下单,可以获得一定的价格优惠,比如麦乐购原价289元一桶的奶粉,顺丰价仅为218元。除了价格上有不少优惠,可以通过二维码扫描订货外,"嘿客"的整个购物过程也发生了不少变化。首先是店内可以现金支付订货,消费者在店内选好了商品,可以直接付款,这对不熟悉网购、没有网上支付方式的老年人来说无疑打开了"网购"的大门。与此同时,店铺对非生鲜类商品都可以提供"代预订"服务,用户可以不用提前付款,让门店预定自己心仪的商品,商品送抵后,在"嘿客"店内进行试穿、试用后,如果不满意,可以享受无条件退货服务。

1. "嘿客"的问题

顺丰的"嘿客"虽然大大提高了用户的体验程度,但是目前顺丰的O2O模式,还在初级阶段,"嘿店"在运营上仍然存在很多问题。

首先是运营成本高。以"嘿客"后沙峪店为例,其店内总面积约67平方米,月租金在1万元左右,店内有5名工作人员、2名内勤、2名送货员,人力成本支出约在每月3万元左右,店内装修与终端机、电脑等开店一次性投入预计在6万元左右,以3年使用周期估算,每个月平摊成本在1 600元左右,再加上物业、水电等其他方面支出,虽然没有库存压力,但"嘿客"后沙峪店的单月成本也在4.2万元以上。"嘿客"以顺丰优选网站商品为主,而在顺丰优选上最为畅销的是进口食品和高端生鲜食品。

据统计,目前这两类产品通过网络销售的毛利率在30%左右,以此计算,"嘿客"后沙峪店要想实现收支平衡或赢利,其月销售额要超过14万元,日均销售要超过4 600元。据顺丰相关人员介绍,开业3天来,每天店内的顾客总流量在150人左右,订单数6—7笔,客单价在70元左右,以此计算目前店内每天的销售额约在500元左右,离日销售额 4 600 元的赢利起点线还有不小距离。

其次,"嘿店"的内部体系还不是很完善,不少用户反映,体验效果并没有达到预期的效果。甚至有些人认为去便利店,不能看到一些真正的实物,只是通过电子屏幕来下单,这样的话,"嘿店"存在的意义并不大。现在是移动互联网时代,如果你拥有移动终端,并不需要去店里下单。只要有移动互联网,随时随地都能下单,并完成交易过程。

随着"嘿店"在全国各地的大规模试运营,不少业内人士纷纷指出,"嘿店"并不具备不可替代性,由于刚开始运营,因为新鲜还能吸引一部分人群,能否长期持续吸引客流仍值得观望。对此,顺丰方面则表示,"嘿客"的模式并不是最终版,未来会在商品品类、支付手段、购物体验、社区服务及 VPN 设备等方面进一步完善。顺丰能否利用其"嘿客"的 O2O 模式在快递竞争中获得优势,这将值得我们去期待。

2. 体验式营销的前景

顺丰在全国开设"嘿客",打通了线上和线下经营,O2O 模式正式落地。顺丰的 O2O 的模式是一种物流服务体验营销的开展,顺丰该做法在快递业里,是一种大胆的尝试。面对快递现存的客户服务水平落后,最后一千米等问题,顺丰尝试进行 O2O 模式,来加强用户体验。

首先,在顺丰的"嘿客"里,客户可以通过线上消费,线下体验,也可以通过线下的一些体验,然后根据体验后,决定是都在线上购买。这种形式,有助于顺丰加强用户体验,提高自己的品牌。其次,顺丰的"嘿客",使得物流"最后一千米"或"最后一百米"的问题得到很好的改善。用线下的资源进行整合供应,不仅可以缩短货源到达时间,同时可以提高物流服务质量,减少了货源存放周期,降低了货源存放带来的高额成本。最后顺丰通过向消费者提供可选择、标准化、高质量的物流服务,通过服务有效地吸引更多客户,不仅可以提高用户对品牌的可信度,还可以提升用户的在嘿客的消费体验;通过这样线上线下结合,可以使得线下的"嘿客"便利店成为顺丰品牌传播和特别体验的基地,在一定程度上可以大大提高企业的整体的知名度。顺丰预计在三四线城市和农村也设立"嘿客",这对其企业的品牌建立有很大的帮助。在农村,目的的快递水平很落后,市场还没有打开,主要的快递企业是邮政和 EMS。顺丰等民营企业要进入农村快递市场,其"嘿客"的 O2O 模式,对其品牌影响有很大帮助。由于农村的消费者目前的消费观还是比较陈旧,更加注重真实的体验和服务质量的保证,O2O 模式很好迎合了这类消费者。顺丰可以让农村客户在其便利店,教他们线上消费操作,还可以给消费者线下的体验。

物流企业,原来拼命打价格战,现在应朝着比体验、比便利的方向发展。未来物流一定是人性化,电子商务的服务一定是要满足客户体验的要求。

思考题:

1. 顺丰试图用 O2O 模式,加强用户体验,那么,在其"嘿客"建设和运营中顺丰对顾客的体验管理该如何进行?

2. O2O 模式在现今不断发展,对于一个公司来说,要很好实施 O2O 模式,对企业有什么要求?

3. 顺丰全国建"嘿客",实施 O2O 模式,有哪些困难?

第七章　物流市场营销组合策略

> **导入案例**
>
> 广州白云国际机场始建于20世纪30年代,是我国当时的三大航空枢纽机场之一,一直以来白云国际机场在我国的民用机场以及民用航空运输方面都具有非常重要的意义。
>
> 目前,白云机场的航空物流业务虽然具有非常强大的竞争力,但是其本身并没有形成非常完善的、统一协调的营销模式。白云机场股份公司旗下分公司的营销还存在较大的问题,突出表现在如下两个方面:第一,三大国内、国际货站彼此独立,内部竞争非常激烈,虽然在一定程度上提高了服务效率和质量,但是内耗严重,不利于自身业务的可持续发展;第二,大珠三角内的白云国际机场与香港国际机场、深圳宝安机场、澳门国际机场以及珠海三灶机场之间距离很短,导致机场之间的航空物流服务竞争激烈,一方面提升了白云国际机场的运营成本,另一方面则使得客源与货源都被其他的竞争对手稀释。面对内忧外患,广州白云国际机场亟须作出改变。
>
> 在公司现有营销策略方面,广州白云国际机场对自己作出比较深入分析。白云机场航空市场部是负责物流营销工作的关键部门。具体而言,航空市场部的职能有航空公司营销、旅客营销、货物营销、客户服务以及航班资源管理等;主要负责产品设计与开发、产品定价、市场推广、客户关系维护等物流营销策略方面的工作。他们现在主要面临的问题是营销观念淡薄、营销渠道不通畅、营销手段不灵活、创新能力不足、客户信息反馈作用难以发挥、组织架构简陋等。在营销策略选择和市场定位策略方面,广州白云国际机场应该何去何从?

第一节　物流市场营销组合策略

一、图解市场营销组合的理论

(一) 以产品为导向的 4Ps 理论

产品、价格、分销、促销是企业市场营销活动可以控制和运用的四种手段,它们之间是相互影响、共同作用的关系。在进行市场营销活动时要综合考虑、整体规划、优化组合,用系统的思维让营销组合达到最佳效果。具体的 4Ps 理论内容概要如图 7-1 所示。

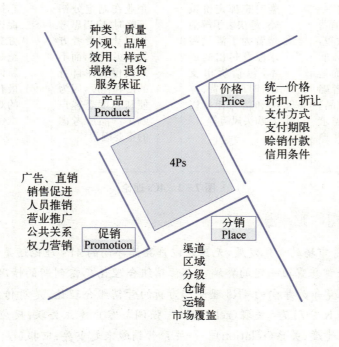

图 7-1 4Ps 理论

> **知识小贴士**
>
> 6Ps 理论:1984 年,美国著名市场学家菲利普首次提出大市场营销,称为"6Ps"理论,在原有 4Ps 的基础上加上政治权利策略(power)和公共关系(public relations)。
>
> 10Ps 理论:1986 年,菲利普又进一步提出"10Ps"理论,在原有基础上加上两个战略性的"4Ps":市场研究——探索(probing);市场划分(partitioning);优先——折优选定目标市场(prioritizing);产品定位(positioning)。

(二) 从产品导向转向顾客导向的 4Cs 理论

1990 年,美国学者劳特朋提出与传统市场导向的 4Ps 理论相对应的 4Cs 理论。4Cs 理论以消费者价值需求为导向,而非仅仅考虑产品本身。图 7-2 是该理论的内容概述。

4Cs 与 4Ps 并不矛盾,只是考虑的角度有所区别。4Ps 策略是从企业自身运作的角度出发,以产品为导向对营销手段的组合优化,4Cs 策略则是从市场角度出发,以顾客为导向选择营销策略组合。企业应该根据自身的发展和市场的变化选择正确的理论指导和制定合适的营销组合策略。

物流服务营销

顾客 (customer)	成本 (cost)	便利 (convenience)	沟通 (communication)
把产品先搁在一边，赶紧研究消费者的需求和欲望，不要专注于你能制造的产品，而是要卖出消费者确定想买的产品。根据顾客的需求来提供产品并产生价值	暂时忘掉定价策略，赶快去了解消费者为了满足需求愿意付出的成本，包括货币支出、时间耗费、体力和精力耗费以及购买风险等	企业在制定分销策略时，应当思考如何让消费者方便购买产品，而不是仅仅关注自身的便利程度，因为便利程度是客户购买产品所考虑的重要因素	忘掉过去的单向促销活动和劝导方式营销，20世纪90年代以后的新词汇应该是积极有效、利益相关的双向沟通

图 7-2 4Cs 理论

> **知识小贴士**
>
> 4Rs：随着市场的变化发展，无论是以产品为导向的 4Ps 理论还是以以顾客为导向的 4Cs 理论都暴露出一定的弊端。在营销组合理论急需创新的情况下，美国学者舒尔兹提出以竞争为导向的 4Rs 理论作为新的营销组合理论，是对传统理论的补充和发展。四个 R 分别是：关联(relate)——强调与客户建立关联；反应(reflect)——提高市场反应速度；关系(relation)——关系营销越来越重要；回报(return)——回报是营销的源泉。

二、物流服务营销中的 4Ps 和 4Cs

物流企业是向客户提供服务的服务型企业，在选择营销组合策略时应该兼顾产品和顾客两个导向。图 7-3 是 4Ps+4Cs 相对应的营销组合理论在物流服务领域应用的对比分析。

物流市场营销组合具有整体性、可变性和可控性的特点，在物流企业实际操作中要综合运用才能达到良好的效果。对于物流企业来说，物流市场营销组合是制定企业营销战略的基础，是企业应付竞争的有力手段，对协调企业内部各部门工作也是一条重要的纽带。

三、物流产品及其组合

（一）什么是物流服务产品

物流服务是指物流企业或是企业的物流部门从处理客户订货开始，直至商品送客户过程中，为满足客户要求，有效地完成商品供应、减轻客户物流作业负荷所进行的全

4Ps	4Cs
产品策略：物流企业的产品主要是依托物流设备和信息技术手段为满足客户物体位移需要提供的各项服务，对于种类、价值、性质、包装等方面不同的产品要给予不同的服务 **价格策略**：物流是派生需求，物流企业应该在满足客户需求的前提下，综合考虑目标市场的情况和竞争者服务质量等因素，制定合适的服务标准和价格水平 **分销策略**：物流企业的产品分销就是将物流服务便捷高效地提供给客户。企业应该科学有效地制定服务交付标准和渠道设计，让客户感知服务质量并乐于再次购买 **促销策略**：在激烈的竞争环境下，物流企业通过信息传播，把自己优势让客户理解并接受，以此来扩大企业影响力和提高市场份额	**挖掘顾客需求**：物流企业要根据对顾客需求产生及变化的全面分析来设计产品服务，关注顾客的潜在需求，对需求市场的快速变化作出及时反应 **洞悉顾客成本**：物流企业要深入了解顾客对物流服务的支付意愿，在产品服务定价时也要考虑顾客对消费物流服务产生的隐性成本，设计一套让客户能够接受的灵活多变的物流方案 **提供便捷服务**：以顾客为中心考虑提供的物流服务能够给客户带来的效益。是否为顾客节约资源，是否提高客户市场竞争力，是否提高客户的便利程度 **加强互利沟通**：与顾客加强沟通互动，综合考虑双方利益，将提供的物流服务与顾客需求整合，为顾客提供互利共赢的物流服务方案

图 7-3 物流服务营销中的 4Ps 和 4Cs

部活动。物流所提供服务内容范围很广，从简单地帮助客户安排货物运输，到负责地设计、实施、运营一个公司的整个分销和物流系统。

(二) 了解物流服务产品组合

1. 物流产品组合

物流产品组合是指一个物流企业提供给市场的全部产品线和产品项目的组合或结构，即企业的业务经营范围。企业为了实现营销目标，充分、有效地满足目标市场的需求，必须设计一个优化的产品组合。

2. 物流产品线

物流产品线又称产品大类或产品系列，是指物流产品组合中使用功能相似，分销渠道、客户群体类同的一组产品。例如，仓储服务、运输服务、快递服务等，分别都可以形成相应的产品线。

3. 物流产品项目

物流产品项目是指产品线中不同品种、质量和价格的特定产品。例如，物流企业提供的仓储服务和运输服务,分别为两个产品线,仓储服务中的不同规格,如提供的自动化立体仓库服务,即为产品项目。

(三) 物流服务产品生命周期

物流服务作为一种特殊的产品,与有形商品一样,也是有其产品的生命周期。物流服务产品的生命周期是指一项物流服务投入市场到它完全退出市场所经历的时间。一个完整的物流服务产品生命周期包括引入期、成长期、成熟期和衰退期四个阶段。对于物流服务产品生命周期的研究,可以更好地应对市场的快速变化,及时选择合适的营销组合,制定正确的营销战略,从而延长物流产品生命周期来保持企业的生命力。

第二节 物流服务产品策略

一、物流服务如何运用产品组合策略

(一) 物流服务产品组合的因素

物流服务产品组合因素包括产品组合的宽度、长度、深度和关联度四个方面,对于这四个因素,物流企业可以相应的发展业务组合,如图7-4所示表示两者对应关系。

产品组合因素		企业业务组合
物流产品组合的宽度:产品组合中所拥有的产品线的数目,例如上海全方物流公司目前有快速运输、配送、保管、流通加工4个产品大类 **物流产品组合的长度**:产品组合中产品项目的总数,如以产品项目总数除以产品线数目即可得到产品线的平均长度 **物流产品组合的深度**:一条产品线中所含产品项目的多少 **物流产品组合的关联性**:各条产品线在最终用途、生产条件、分配渠道或其他方面相互关联的程度,如装卸搬运和仓储服务产品线。另一些产品可能在生产技术上关联性较低,但在最终用途上或在销售分销渠道上关联性较高		加大产品组合的宽度,扩展企业的经营领域,实行多样化经营,分散企业投资风险 增加产品组合的长度,使产品线丰满充裕,成为更全面的产品线公司 加强产品组合的深度,占领同类产品的更多细分市场,满足更广泛的市场需求,增强行业竞争力 加强产品组合的一致性,使物流企业在某一特定的市场领域内加强竞争和赢得良好的声誉

图7-4 产品组合因素与业务组合的关系

> **知识小贴士**
>
> **物流 A 企业的物流服务产品组合示例**
>
> 物流 A 企业提供仓储和运输两项服务:其中,运输具体分为国际海运、国内陆路运输和市际配送服务;仓储服务分为危险品、冷链和普货。
>
> 产品线:运输或者仓储就是其中一个产品线。
>
> 产品项目:物流 A 企业运输(仓储)产品线有 3 个产品项目。
>
> 产品线深度:物流 A 企业运输(仓储)产品线深度是 3。
>
> 产品组合长度:物流 A 企业的产品组合长度为 6(产品项目总和)。
>
> 产品组合宽度:物流 A 企业产品组合宽度为 2(产品线数目)。
>
> 产品组合深度:物流 A 企业产品组合深度为 3(各产品线平均产品数目)。
>
> 产品组合关联度:物流 A 企业运输与仓储关联度一般(资源共享程度)。

(二)常见产品组合策略及优缺点对比

物流服务产品的组合策略是根据物流企业的市场目标,对物流服务产品组合的长度、宽度、深度和关联度进行组合决策。一般情况而言,增加物流服务产品组合的长度,加大物流服务产品组合的宽度,加强物流服务产品组合的关联度,对于物流企业来说都可以提高市场占有率、减少成本、增加利润。如图 7-5、图 7-6、图 7-7 分别为组合扩张型策略、市场专业型策略、产品专业型策略的优缺点描述。

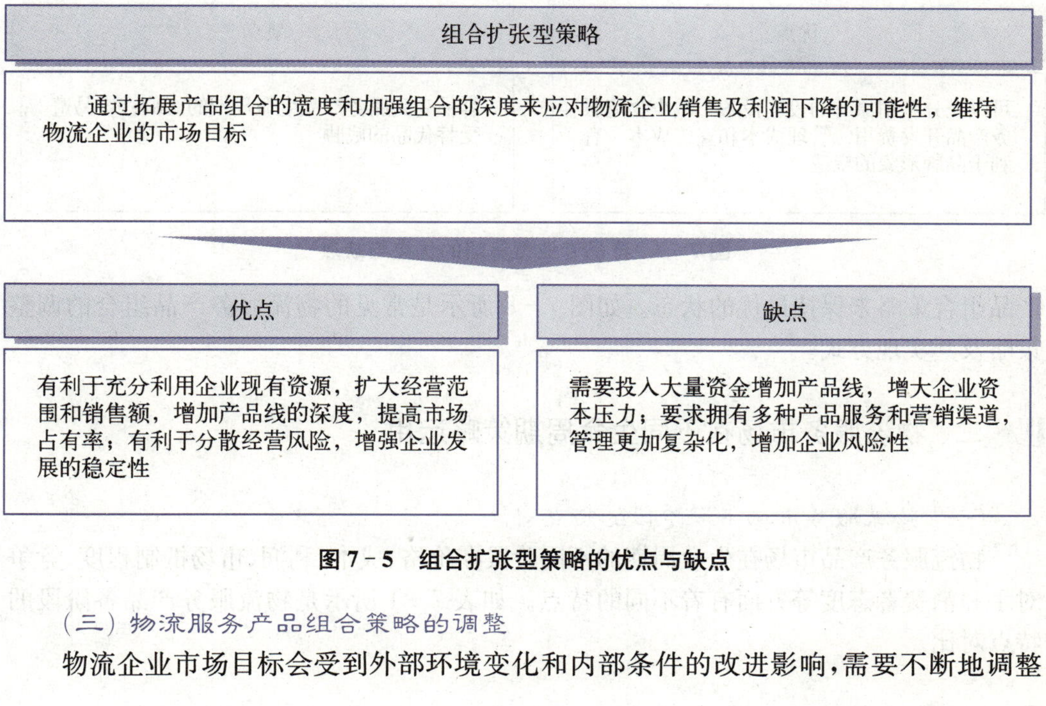

组合扩张型策略
通过拓展产品组合的宽度和加强组合的深度来应对物流企业销售及利润下降的可能性,维持物流企业的市场目标

优点	缺点
有利于充分利用企业现有资源,扩大经营范围和销售额,增加产品线的深度,提高市场占有率;有利于分散经营风险,增强企业发展的稳定性	需要投入大量资金增加产品线,增大企业资本压力;要求拥有多种产品服务和营销渠道,管理更加复杂化,增加企业风险性

图 7-5 组合扩张型策略的优点与缺点

(三)物流服务产品组合策略的调整

物流企业市场目标会受到外部环境变化和内部条件的改进影响,需要不断地调整

```
┌─────────────────────────────────────────────────────────────────┐
│                         市场专业型                               │
├─────────────────────────────────────────────────────────────────┤
│   以特定的专业市场物流服务需求导向来确定产品组合的长度和宽度，为客户提供所需的各种 │
│ 物流服务                                                         │
└─────────────────────────────────────────────────────────────────┘
```

优点	缺点
有利于在特定的专业市场建立相对优势；有利于获得与特定消费者的交互信息；有利于使用相同的营销渠道	市场面狭窄，风险较高；物流服务品类多，批量少，不能形成规模经济优势；要求企业掌握多样化服务设计和生产技术

图 7-6　市场专业型策略的优点与缺点

```
┌─────────────────────────────────────────────────────────────────┐
│                         产品专业型                               │
├─────────────────────────────────────────────────────────────────┤
│   物流企业只会提供同一大类但不同品种的服务产品来满足客户的需要，并且不断改进和提高 │
│ 服务质量                                                         │
└─────────────────────────────────────────────────────────────────┘
```

优点	缺点
可以充分利用原有的设施设备，减少物流服务产品开发费用、管理成本和宣传成本，有利于品牌形象的塑造	容易受到服务产品生命周期的影响；容易遭受替代品的威胁

图 7-7　产品专业型策略的优点与缺点

产品组合策略来保持最优的状态。如图 7-8 所示是常见的物流服务产品组合的调整策略及其实现方式。

二、物流服务市场在不同生命周期策略运用

（一）物流服务市场不同阶段的特点对比

物流服务产品市场在生命周期的不同阶段在价格、成本、利润、市场抵制程度、竞争对手和消费者态度等方面有着不同的特点。如表 7-1 所示是物流服务产品各阶段的特点对比。

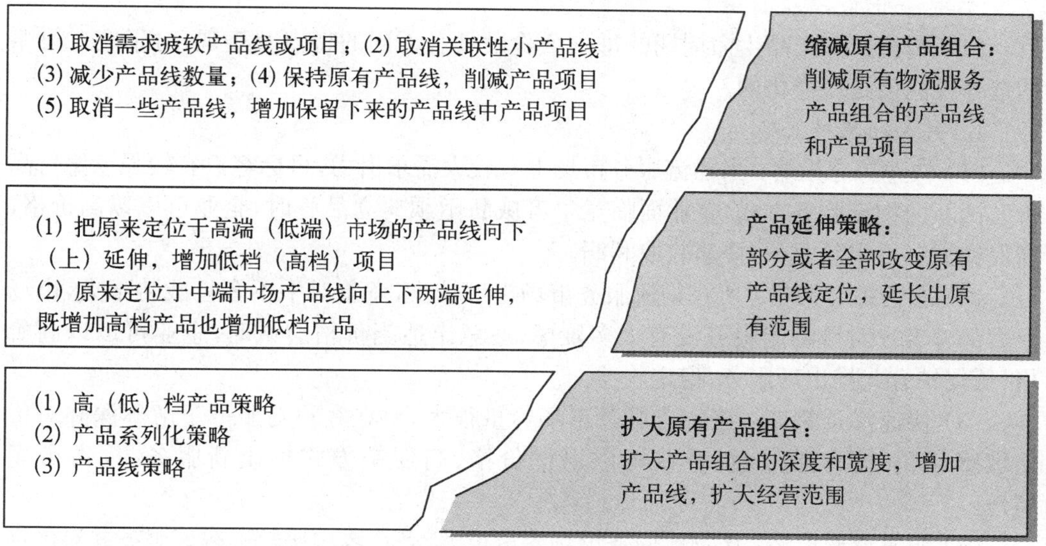

```
(1) 取消需求疲软产品线或项目；(2) 取消关联性小产品线          缩减原有产品组合：
(3) 减少产品线数量；(4) 保持原有产品线，削减产品项目           削减原有物流服务
(5) 取消一些产品线，增加保留下来的产品线中产品项目              产品组合的产品线
                                                              和产品项目
```

```
(1) 把原来定位于高端（低端）市场的产品线向下                   产品延伸策略：
    （上）延伸，增加低档（高档）项目                          部分或者全部改变原有
(2) 原来定位于中端市场产品线向上下两端延伸，                   产品线定位，延长出原
    既增加高档产品也增加低档产品                              有范围
```

```
(1) 高（低）档产品策略                                       扩大原有产品组合：
(2) 产品系列化策略                                           扩大产品组合的深度和宽度，增加
(3) 产品线策略                                                产品线，扩大经营范围
```

图 7-8 常见的物流服务产品组合调整策略

表 7-1 物流服务不同阶段特点对比

比较因子	引入期	成长期	成熟期	衰退期
价格	价格最高，主要为了弥补高昂的固定投资费用和营销推广	服务消费规模增大，价格开始快速降低	业务量相对稳定，价格增速趋于平缓	价格跌到最低，亟待处理积压库存
成本	单位服务产品、单位顾客的成本均比较高	单位服务产品成本一般，而且不断下降	单位顾客成本低	想方设法降低成本，尽量使单位顾客成本处于最低
利润	利润比较微薄，甚至会出现亏损	随着营销额增加，利润逐渐提高，每单位利润达到最高状态	每单位利润稳定但不是最高，总销量最大，随之利润达到最大	利润减少，可能会亏损。但是剩下部分产品也可能有较好利润
市场抵制程度	市场抵制程度较强，只有部分消费者进行初试	市场抵制减弱，试用频率提高，出现重购现象	几乎没有市场抵制，市场开发程度最高	市场接受度降低，市场规模逐渐萎缩
竞争对手	竞争相对缓和，数量较少，仅有若干竞争对手角逐	竞争对手数量增多，竞争加剧	最多竞争对手，并出现退出现象，竞争异常激烈	竞争对手锐减，大多数已经退出，只留下少数几个
消费者态度	偏爱体验的消费者开始试用，大部分消费者持观望态度	大部分消费者开始购买，但是质量和服务标准并非首要考虑	大部分消费者有重购行为，消费者对服务质量要求较高	大部分消费者不继续购买，继续购买者对价格很在意

（二）如何选择正确的应对策略

由于物流服务产品生命周期的每一个阶段具有不同的特点及表现，对于应对策略的选择也应该是多样化的。

1. 引入期应对策略

（1）快速掠夺策略：当物流服务市场上有较大需求潜力，目标客户有较强意愿付高价尝试新的物流服务方式，企业面临竞争者威胁亟须树立品牌时，企业可以以高价格、高促销方式推出新服务，快速收取利润。

（2）缓慢掠夺策略：所在物流服务市场规模较小，竞争对手不多且威胁不大，市场上大部分客户对该物流服务没有太多疑虑，愿意出适当价格尝试时，企业可以以高价格、低促销方式推出新服务，稳定收益。

（3）快速渗透策略：该物流服务市场容量很大，潜在客户对服务了解不深并对价格敏感，竞争较为激烈时，企业可以以低价格、高促销方式推出新服务，抢占市场高地。

（4）缓慢渗透策略：该物流服务市场容量很大，潜在客户比较了解该服务并对价格十分敏感，有潜在竞争者准备加入时，企业可以以低价格、低促销方式推出新服务，逐渐打通市场，获取利润。

2. 成长期应对策略

成长期的应对策略主要有以下五种。

（1）提高服务质量，增加服务特色和形式。

（2）进一步细分市场，争取新客户群体。

（3）进入新分销渠道，完善物流系统，稳定消费群体。

（4）加大服务产品信誉，转变客户认真并推动购买。

（5）在特殊时段进行低价促销，吸引更多潜在客户进入。

3. 成熟期应对策略

（1）调整市场：寻找新的市场需求，开发新的细分市场，增加客户群体数量；适当地对品牌重新定位，吸引更多客户。

（2）调整服务：管理人员通过改变服务标准、质量、风格和增加特色进行服务升级改进来刺激消费者购买更多服务。

（3）调整营销组合：通过改变营销组合元素，在价格、渠道和促销方面调整或者提供新的服务，以此壮大原有的客户群体。

4. 衰退期应对策略

（1）集中策略：把企业资源集中使用在利润最大的细分市场模块、最有效的营销渠道和保有市场量最大的服务内容和形式上，尽可能地多获取利润。

（2）维持策略：保持原有的市场结构和组合策略，把销售维持在较低水平上，寻找合适的时机退出市场。

（3）榨取策略：通过裁员和精简部门来大规模变动企业组织结构，降低销售和宣传投入，以此弥补销售量快速下降，增加眼前利益。

（4）放弃策略：当企业出现重大亏损，无法支撑继续提供服务的成本时，应该选择放弃该服务市场,转入其他服务产品开发。

三、物流服务新产品开发

(一) 物流服务新产品开发流程

物流服务新产品主要有两种主要模式:一种是按市场和客户需求来进行新服务产品开发;另一种是按科学与技术发展的趋势和驱动力来组织新服务产品开发。物流新服务产品的开发有多种方式:自行开发、技术引进、在现有产品基础上的改进,或是自行开发和引进的结合。不管是何种模式以何种方式开发,物流企业的新产品开发一般会经历如图7-9所示的八大环节的开发流程。

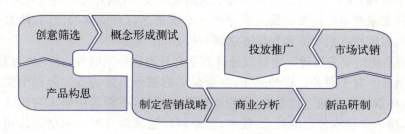

图7-9 新产品开发流程

(二) 物流服务新产品开发策略

物流服务新产品开发可以采取以下一些策略。

(1) 走出去:面向世界各地接受各种相关的物流服务多级代理业务或者独家代理,以此丰富自己的产品线。

(2) 引进来:物流企业通过自身所具备强势的物流管理能力来托管外部的物流资产形式,承接该物流资产组织的整个物流产品线。

(3) 借船出海:物流企业通过跟优秀的物流资本相结合,把它的资源和各类服务项目变成自己的,以此扩大产品线。

(4) 先发制人:物流企业依托新技术、新设备、新材料和新原理优先开发市场上没有的新服务项目,先声夺人,抢占市场高地,获取高额利润。一般来说是具备较强的经济实力和科研能力的大型物流企业才可实行这种策略。

(5) 紧随快仿:物流企业在市场出现新服务项目时能够作出快速反应,及时收集客户群体的建议,从而获得进一步改善服务项目的信息和资料,争取在最短的时间内开发出更能满足客户需求的同类型服务项目。

(6) 取长补短:物流企业主要通过委托加工的方式利用其他优势物流资源进行产品扩展;或者利用自己的品牌优势将没有能力从事的物流服务项目采用"贴牌"外包。

(7) 自我完善:物流企业对原有的服务产品的标准和功能上作出增减、结构上细微调整、产品组合上进行改变等方式来改进原有服务,使其更能适应市场需求。

四、物流服务标准化和绿色化创新

（一）物流服务标准化

1. 何为物流服务标准化

所谓物流服务标准化就是通过对物流服务标准的制定和实施，以及对标准化原则和方法的运用，以达到服务质量目标化、服务方法规范化、服务过程程序化，从而获得优质服务的过程。

2. 为什么要实现物流服务标准化

（1）减少质量信息在供求双方的不对称。物流作为服务产品，具有无形性的特点，是抽象和不可触知的。通过物流服务标准的制定和发布，顾客可以通过有关的国家、行业和企业标准来对将要消费的物流服务产品的质量进行有依据的预期，使服务质量信息能够最大限度地在消费方和提供方之间对称分布。

（2）提高物流服务质量。物流服务具有生产与消费的同时性，是一种过程消费，而不是结果消费。对于服务过程的感知，将会对总的服务质量的感知起到至关重要的作用。例如，将货物从甲地运到乙地，目的地都是相同的，不管选用哪家物流公司都会到达目的地，而一个物流公司的员工、技术、服务程序通常会与另一家物流公司企业有所不同。通过物流服务标准的建立可以使物流企业管理者规范管理制度、统一技术标准和服务岗位工作项目、程序向物流服务产品的消费者提供统一的、可追溯的和可检验的重复服务，并且降低企业员工培训的人力资源成本。物流企业可以此来建立自己的品牌优势，在竞争激烈的市场上赢得一席之地。

（3）促进物流产业结构的优化变迁。物流服务标准化的必然结果是产业规模的扩大和服务价格的下降，于是越来越多的企业可以提供高质量的、可预期的物流服务；标准化也使得物流服务趋于无差别化和行业利润趋于平均化，为物流服务个性化的发育提供了最为直接的动力。

3. 怎样实现物流服务的标准化

（1）服务语言、服务态度、着装标准化。着装标准化代表一个企业的外在形象，这是非常关键的，统一、美观、整洁的着装给客户一种良好的印象，这是正规军，不是游击队；服务语言标准化也是非常重要的，与客户交流，切记要以敬语开头，让客户感受到尊重、重视，让客户对公司产生信任感；服务态度要谦恭，因为客户是上帝，是服务企业的衣食父母，他们在给我们工作机会，在给我们发薪水。服务是物流企业生存之本。

（2）客户选择标准化。物流服务企业在选择客户时也要有一定的标准。客户的资信以及未来业务的发展情况，公司的生产能力都是选择客户应遵循的标准。不能为了一点小利，承接自己没有能力作业的业务，从而不能保证作业质量。客户选择和作业的选择，有利于培养公司的专业性及核心竞争力，因此客户选择要基于公司的作业能力出发，专注于某些类别的客户和作业，培养客户的忠诚度，提高作业效率，缩减成本。

（3）服务流程标准化。公司应制定一套非常严格、科学、流畅的服务流程，以便规范服务。流程目前在一般的物流公司都有，但是那只能说明一点，有这样的服务流程，而没有使流程细化和标准化的具体参数设置。目前物流企业的服务流程只是描述服务的先后顺序,先在哪个部门办理什么业务,然后再到哪个部门继续办理。一直以来大家认为这就是所谓的流程,但忽视了一个最关键的因素,那就是时间成本。随着生产和生活节奏加快,时间成本是最大的成本,如果不重视时间成本,那物流企业就失去存在的基础。

(4) 服务质量的标准化。目前绝大多数的物流企业服务质量的要求就是:服务要做完,最好的质量也就是不要在服务过程中出现由自己的行为造成的货损货差。这基本是物流行业的潜规则,又是连服务者都不能肯定这样的服务是否会出现问题。不同服务者的服务方法不一样,服务质量也不一样,没办法保证服务质量的一致性。作为物流服务企业应该在总结自己和借鉴他人的作业经验和认真学习的基础上,形成操作手册,内容包括服务种类、服务要求、必须注意事项、服务时间、服务质量目标。有了这样的操作手册,服务时便有了指南和标准,这样既保证服务质量、服务时间、提高服务效率,又能增强公司的核心竞争力。

(5) 客户维护的标准化。目前物流公司的客户维护基本处于三无状态:无目标、无定期、无质量。所谓无目标有两层意思:一是维护的客户不确定、随意性很大,只维护目前客户,对以往或潜在客户基本不过问;二是维护客户所要达到的目标不明确。所谓无定期就是维护客户没有长期和具体计划,只是偶尔发生,使客户对公司产生不信任感。所谓无质量就是没有维护客户的有效方法,目前用得最多的方法就是请客吃饭,大多数情况下只管喝酒却忘谈正事,同时由于维护的手段不合适,达不到目标。

(二) 物流服务绿色化

1. 何为绿色物流

绿色物流应该在保证物流作业的时效性和安全性前提下,以减少资源消耗量,提高资源使用效率和降低环境污染程度为目标,通过政策、管理和技术手段来净化物流活动过程,实现物流产业本身的可持续发展。

2. 为什么要提倡物流服务绿色化

(1) 物流服务绿色化可以帮助企业节约成本。企业物流服务的绿色化使物流的很多具体实施环节发生变化,这些变化可以为企业带来实实在在的成本节约。例如,共同配送实现运输绿色化,最高效利用企业资源;通过包装模数化、大型化实现包装绿色化,尽可能减少企业成本等。

(2) 物流服务绿色化可以为企业创造差异化竞争优势。差异化是市场营销的有效手段之一,它是指企业在充分了解顾客需求和自身资源的基础上,通过个性化的产品或方案设计,为顾客提供不同于竞争对手的、具有独特性的产品或服务的过程。例如,在基于顾客的物流服务差异化中,企业通常采用协同化物流战略,也就是对商品流动过程中的所有参与者以及所有环节进行系统化和一体化管理,来实现服务的集约化,从而提升竞争优势。

(3) 物流服务绿色化有利于企业改善社会形象。物流服务的绿色化作为企业社会责任的一部分,已经成为当今企业经营活动的重要内容之一。一方面,物流绿色化将企业推到了可持续发展之路,有助于企业树立良好的社会形象,赢得公众的信用;另一方面,企业物流的绿色化行为,也起到了向消费者倡导资源节约和绿色消费的作用,有利于绿色理念在全社会的推广。

3. 如何实现物流服务绿色化

（1）供应物流服务绿色化。企业在提供供应物流服务中要保证原材料的获取过程绿色化，包括绿色供应商的评价选择和采购运输过程的绿色化。首先，要对所服务的供应物流原料及零件的环境特征进行评估，选择绿色原料，舍弃有污染风险的原料物质；其次，就是根据材料的绿色性对供应商进行评估；最后还要保证采购过程的绿色化。

（2）生产物流服务绿色化。企业在提供生产物流服务中担负物流的运输、储存、搬运装卸等任务。为了实现物流服务绿色化，首先必须以清洁的生产技术为基础，通过不断地改善管理和改进生产工艺，提高资源的利用率，节能减排，降低对环境污染；其次要不断地改进物流技术和改善物流管理方式。此外，可以通过逆向物流对残次品、积压品和报废品进行重用、翻新和再循环，可以有效减少废弃物；对不可避的废弃物还可以通过堆肥、焚烧取热等途径对其进行功能转换。

（3）分销物流服务绿色化。企业在提供分销物流服务中，通过节能型载运工具的采用、规模化运输的推行和运输网络的优化来降低运输环节的能源消耗。通过对其他物流装备的优化配置和合理调度来提高作业效率，节省能源。还要尽量简化包装，使产品和包装实现标准化、系列化，以便重复利用。

案例分析

FedEx物流服务产品策略

FedEx公司的哲学是：紫色承诺（purple promise）——我会使得客户的每次体验都无与伦比（I will make every customer's experience outstanding）。可以清楚地看到FedEx公司把对客户的承诺，满意度放在了首位。如何实现紫色承诺，这就要联系到公司的服务策略——通过提供高质量的服务品质，赢得客户的信任。FedEx公司将物流服务质量作为其提供物流服务的生命线。以质量为导向的物流服务产品策略在中国要实现两个目标：① 向客户提供其期望的优质体验；② 最大限度地降低浪费、成本和精力，提供卓越的业务绩效。

FedEx公司的服务范围涵盖占全球国民生产总值百分之九十的区域，在24—48小时之内，提供门到门、代为清关的国际快递业务。其物流服务产品策略的顺利实施，离不开如下因素的支撑与影响。

FedEx公司在全球的运输网络优势使其在中国国际快递市场具有很强的速度竞争优势。FedEx公司在中国第一个推出"北美一日达""亚洲一日达"等业务，并且陆续增加中美之间的直航航班。FedEx公司在美国航线上的竞争力是其他快递公司所不能比拟的。

服务保证承诺。FedEx公司是首家提出"准时送达保证"的快递公司。若托运货件送达的时间超过本公司承诺送件时间达60秒以上时，经运费付款人请求，本公司可以选择将运费退回运费付款人或同意抵扣对应发票中的运费。FedEx公司的严格服务标准和快速响应的赔付制度，使得FedEx公司在中国树立了良好的服务品质口碑,推进公司的业务在中国的稳健发展。

　　FedEx 公司在中国市场上根据客户的对于速度和价格不同的要求,提供了多种服务模式,业务类型的多样化满足客户的不同需求。例如,经济型的 IE 和 IEF 服务;优先型的 IP 和 IPF 服务。同时,针对不同的贸易方式提供 TPC(third party consignee),在不影响正常通关的情况下,保证货物承运到客户处不泄漏货物价值,保护了三方贸易中间商的利益。还有 IPD(international priority distribution)对寄往统一国家的不同城市客户的包裹进行统一清关和派送,省去了客户准备多份清关文件的时间和手续,同时降低货物被扣关的风险。同时,FedEx 公司除了提供门到门上门取件服务,客户还可以自己到设立在 Kinko's 的投递站自行投递,并享有 9 折的运费优惠。FedEx 公司推出的多样化业务类型可以满足市场上不同客户对快递服务的要求。

　　超强的信息技术应用为 FedEx 公司保持持续核心竞争力提供了技术保证。FedEx 公司每年在技术开发方面投入达 10 亿美元以上,坚信包裹信息与包裹递送一样重要,并将信息技术应用到公司运营的各个部分。尤其是将信息技术的应用重点放在客户服务方面,而不是在一般的运营技术方面,特别关注于有利于增加营业收入、提高客户满意度和获取战略优势方面的技术。这些专业化信息技术应用有效的镶嵌到客户业务流程中,给客户带来了增值利润。例如,在客户端推出货运托运系统 FedEx Ship Manager at FedEx.com、FedEx Ship Manager Software 等方便客户的货物单据准备;提供主动性的货物查询系统 Insight,使包裹信息更为透明;同时 FedEx 公司提供先进的可定制电子商务套件,实现库存透明化、订单管理、退货管理、托运详细报告等个性化的套件。FedEx 公司在信息技术上的战略部署具有独到的眼光,使其在整个系统的便捷性和安全性更符合客户的个性化需求,有效地连接了供应商、零售商和厂家,为客户提供了整合式的量身定做的供应量解决方案。

　　通过以服务质量为导向的物流服务产品策略不断地审视现有的物流服务流程是否最大限度发挥公司的物流运营能力,最大限度地实现客户满意度,培养具有 FedEx 品牌满意度的客户,实现公司利润最大化。简而言之,FedEx 在中国实施的以质量为导向物流服务产品策略是通过 FedEx 公司不断优化中国提供的物流服务,通过向客户提供紫色承诺服务而提升客户忠诚度,从而为公司带来盈利的物流服务产品策略。

第三节　物流服务定价策略

一、物流服务定价的影响因素

　　一般情况下,物流服务定价的方法和概念跟其他有形产品一样,但是受物流服务所具有的一些特征影响,物流服务的定价有其不一样的地方。影响物流服务定价的主要因素有营销目标、成本、需求、竞争和其他因素。

（一）营销目标

现代经济条件下的企业在实际定价之前,都必须依据企业的整个市场营销目标,拟定定价策略。通常情况下,会选择获得最大利润、获得投资报酬、稳定价格、维持或增加市场占有率、应付和防止竞争几种定价目标考虑。

（二）成本因素

成本是物流服务价值的最基础部分,它决定着服务价格的最低界限,如果价格低于成本,企业便无利可图。物流服务成本一般包括固定成本和变动成本两部分。固定成本指不随服务产出而变化的成本,在一定时期内表示固定的量,如厂房、物流设备设施、管理人员的工资等。变动成本指随着物流服务产出而变化的成本,如汽车燃油费、装卸搬运费等。

（三）需求因素

物流企业提供的服务价格不同,就会导致不同水平的需求量。根据西方经济学的相关理论,需求曲线描述了某一价格水平和相应的需求量之间的关系。它表明在既定的时间内,设定的不同价格水平对应市场上消费需求量。在通常情况下,需求与价格呈现负相关关系。

（四）竞争因素

市场竞争状况直接影响到物流服务价格的制定。在提供的物流服务差异性较小、市场竞争激烈的情况下,物流企业制定价格的自主性也相应缩小。市场竞争包含的范围很广,比如在交通运输行业,物流企业之间的竞争不仅存在于所提供的物流服务项目之间,而且在不一样的运输工具、对客户的时间和资本的利用方式之间也存在竞争。总而言之,凡是物流服务之间差异性很小并且竞争激烈的市场,都可以制定相当一致的价格。

（五）其他因素

当所处的外部环境急剧变化时,物流企业对所提供的物流服务进行定价还应该考虑很多相关因素的影响,如国际国内经济形势、利率、通货膨胀率、政策法令等。在具体对物流服务各功能环节定价时,还必须考虑到一些具体的因素。比如,在运输环节中的定价,必须对运输方式、距离、装载量、产品密度、空间利用率、搬运的难易程度、责任、市场及时间八个具体的因素进行综合考虑。

二、物流服务定价的方法

物流服务定价方法是物流企业在特定的定价目标指导下,依据对成本、需求、竞争等因素的研究,运用价格决策理论,对物流服务价格进行计算或者确定的具体方法。物流服务定价的一般方法包括成本导向定价、需求导向定价和竞争导向定价三种方法。

（一）成本导向定价法

成本导向定价是一般企业定价首先需要考虑的方法,以产品单位成本为依据,再加上预期利润来确定价格,是一般企业最常用、最基本的定价方法。以成本为导向所衍生出来的具体定价方法又包括：总成本加成定价法、目标收益定价法、盈亏平衡定价法、边际成本定价法。

1. 总成本加成定价法

根据物流服务成本和企业合理预期利润水平来确定服务价格，计算公式为

$$价格 = 单位产品总成本 \times (1 + 目标利润率)$$

例 7-1：某物流公司以 3T 车送货从南昌到赣州整车运输，其中来回燃油费 105 元、来回过路费 24 元、驾驶员工资 100 元、出车非折旧性损耗 100 元，固定成本为车辆来回折旧 100 元，企业预期利润为 20%，根据以上方法计算单次价格。

$$(105 + 24 + 100 + 100 + 100) \times (1 + 20\%) = 514 \, 元/次/车$$

2. 目标收益定价法

根据物流服务的变动成本、总固定成本和目标利润等因素确定价格，计算公式为

$$价格 = 单位变动成本 + (总固定成本 + 目标利润)/销售量$$

例 7-2：某物流公司投资冷库提供物流出租服务，拥有 2 000 个储位，并以每年的设施设备固定折旧费为 400 万元，该项目所有员工工资为 100 万元，销售固定费用和其他固定成本费用为 100 万元，每一个储位出租一天的变动成本为 20 元，出租率为 70%。如果该公司想要获得年毛利 300 万元，根据以上方法计算单位储位每天的价格。

$$20 + (600 \, 万 + 300 \, 万)/(2\,000 \times 365 \times 70\%) = 37.61 \, 元/每储位/天$$

3. 盈亏平衡定价法

根据物流企业提供服务项目的总成本与总收益保持平衡来确定服务价格，是对企业盈利—亏损临界点确定。这一方法需要两个前提：一是该服务的总成本能够明确的划分为固定成本和变动成本两部分；二是假定该项服务不存在销售困难。计算公式为

$$盈亏平衡点价格 = 单位变动成本 + 单位固定成本$$

例 7-3：沿用 7-2 所述资料，根据以上方法计算该项服务保本价格：

$$20 + 600 \, 万/2\,000 \times 365 \times 70\% = 31.74 \, 元/每储位/天$$

4. 边际成本定价法

根据单位产品变动成本即每增加或减少单位产品所引起的总成本的变化量作为定价依据和可接受价格的最低界限。这种定价方法正在竞争激烈的市场条件下具有极大的定价灵活性，对于有效地对付竞争者、开拓新市场、调节需求的季节差异、形成最有产品组合可以发挥巨大的作用。但是这种定价方法容易引起企业间的不正当竞争，将企业间的利润压缩到最小化，甚至有些企业为抢占市场进行赔本生意。计算公式为

$$价格 \geq 单位变动成本$$

(二)需求导向定价法

需求导向定价法是指物流企业根据物流服务市场需求状况以及客户对服务的感觉差异来确定价格的方法,该方法的特点是灵活有效地运用价格差异,对平均成本相同的同一服务,价格随市场需求的变化而变化,不与成本因素发生直接关联。基于需求导向的定价方法主要包括理解价值定价法、需求差异定价法和逆向定价法。

1. 理解价值定价法

物流企业根据客户对物流服务价值的理解度为定价依据,运用各种营销手段和策略影响客户对服务价值的认知,形成对企业有利的价值观念,再根据客户对服务的感知价值来制定价格。这种定价方法需要企业进行广泛的市场调研,相对工作量比较大。

2. 需求差异定价法

物流企业提供的服务价格的确定以需求为依据,以适应客户需求的不同特性为主,以成本补偿为辅。根据需求特性的不同,又分为以用户为基础的差别定价、以地点为基础的差别定价、以时间为基础的差别定价、以服务产品为基础的差别定价、以流转环节为基础的差别定价、以交易条件为基础的差别定价。这种定价方法可以使企业定价最大限度地符合市场需求,促进商品销售,有利于企业获取最佳的经济效益。

3. 逆向定价法

运用这种定价方法主要不是考虑服务产生的成本,而是重点考虑市场需求状况。依据客户能够接受的最终销售价格,逆向推算出中间商价格。这种定价方式确定的价格能反映市场需求情况,也有利于加强与中间商的良好关系,保证中间商的正常利润,对于供应链一体化有较大促进作用。这种定价相对比较灵活,可根据市场供求情况及时调整,制定出既能为客户所接受又能与竞争对手抗衡的价格。但是,这种定价方式也容易造成产品的质量下降和客户不满,并导致客源减少。

(三)竞争导向定价法

竞争导向定价法是一种以同一细分市场企业的物流服务的特性与价格为定价的主要依据,以竞争状况的变化来确定和调整价格,以创造和形成持续竞争优势为目标的一种价格决策。企业通过研究竞争对手的服务状况、价格水平等因素,依据自身的竞争实力,参考成本和供求状况来制定有利于在竞争中获胜的价格。企业通常以低于竞争对手的价格提供与其相同或相似的服务,以达到增加利润、扩大销售量或提高市场占有率的目的。基于竞争导向的定价法主要包括随行就市定价法、进攻性定价法。

1. 随行就市定价法

在现有并将长期存在的物流市场结构下,没有哪一家物流企业可以凭借自己的实力在市场上取得绝对的优势。为了避免价格竞争带来的损失,大多数企业都将某项服务的价格保持在市场平均价格水平上,以此获得平均报酬,另外减少了为全面了解市场情况花费的营销调查费用并节约了定价人员的时间。由于企业价格保持一致,可以避免恶性的价格战发生,有利于整个物流行业的健康、良性发展。但是,这种定价方式不能保证企业利润,尤其是成本高于行业水平的企业可能会出现亏损,因此企业要通过在服务质量、品牌、广告宣传和销售渠道等非价格因素方面开展竞争,以此来打造企业核心竞争力和保证企业优势。

2. 进攻性定价法

从本质上来说，随行就市定价法是一种防御性的定价方式，它在避免价格竞争的同时也抛弃了价格这一竞争"利器"。进攻性定价法则是反其道行之，指物流企业通过各种营销手段，使同种同质的物流服务在消费者心目中树立起不错的形象，进而根据服务特色，选取低于或者高于竞争者的物流服务价格。这种定价方法的运用需要企业具备一定的实力，在物流大市场中占有较大的份额。从长远来看，企业只有不断提高服务质量才能在竞争中立于不败之地。

以成本、需求、竞争为导向的三种定价方法各自有其侧重点，既存在联系又存在冲突，且适用范围不同。如果对于物流服务产品的定价只是遵循其中一种方法来进行定价，即只从企业自身、竞争对手或者需求方单一方面考虑定价，那么价格必然会偏离实际，因为价格是由多方面因素共同决定的。因此，应将以上三种定价方法作为一种基本的思想理念。在实际定价过程中，结合物流服务产品的特殊性，综合考虑成本、竞争、需求三种因素，彼此互为补充、互相平衡，以便制定出合理的市场价格。

三、物流服务定价策略

物流服务的定价策略是指物流企业如何估计客户的需求和成本，以便选定一种吸引顾客、实现市场营销组合的价格。物流服务定价既要考虑到目标市场的竞争状况和客户可能的反应，又要保证企业自身盈利的需求。物流市场营销组合中的价格因素包括折旧、折让、支付期限、招标等子因素，由于物流企业提供的服务会随着市场需求变化而变化，定价策略的选择也必须是多种多样的。

（一）折扣与让价策略

物流企业为了更好地吸引客户，鼓励客户购买自己的服务，而给予客户一定比例的价格减让。这一策略的实质就是一种价格优惠，是企业重要的价格竞争手段之一。价格折扣一般包括数量折扣、现金折扣、交易折扣、季节性折扣和功能折扣等多种形式，是一种比较常见的定价策略。

（二）地理价格策略

由于地域差异存在造成的成本差异，因此也存在价格差异。物流企业在提供物流服务时，运输费用是一项重要考虑因素。尤其当运费占总成本比例大时，更应该考虑地理价格策略。比如，快递市场上费用的制定就是一种典型的地理价格策略。

（三）心理定价策略

心理定价策略是一种运用消费心理学原理，了解顾客的心理，根据各种类型的顾客购买物流服务的心理动机制定物流服务的价格，引导和刺激消费者购买服务的一种策略。在实际运用中，主要有尾数定价、整数定价、声望定价、招徕定价和习惯性定价等形式。

（四）渗透定价策略

渗透定价策略也叫作渐取定价、牺牲定价，是指物流企业在新服务投放初期，将物流服务价格定的相对较低，以吸引大量购买者和获得较高的市场占有率，具有鲜明的渗透性。但是,这种定价策略存在风险:起初的低价位可能成为上限价位,一旦成立,顾客便会拒绝加价。

(五)保证定价策略

物流企业对某项服务进行直接保证,对于客户来说是一种非常有力的保障。当该项服务保证成功时,它会代表企业对客户满意的承诺和对自己服务质量的自信。由于客户在购买物流服务之前不能对其进行评价,所以在购买物流服务时存在较高的感知风险,如果物流企业可以提供服务保证,可以很有效地降低顾客的感知风险。物流服务保证是一种承诺,承诺如果所提供的服务没法达到该有标准时对客户进行补偿,这样无疑给了客户一剂"强心针"。物流企业对服务的保证可以最小化客户的后顾之忧,为企业获得更多客户和树立良好品牌。

(六)关系定价策略

关系定价是物流企业基于给客户提供长期超值服务,与客户形成持久合作关系的考虑,而采用使客户与物流企业双方都可以获得长期利益的一种定价策略。这种定价策略能够刺激客户多购买该企业提供的服务,间接抵制了竞争对手提供的服务。比如,设立会员优惠制度以及将多种服务捆绑定价等。

案 例 分 析

顺丰的服务定价策略

顺丰走的是一条价值营销抵抗价格战之路。何为价值营销?价值营销是相对于价格营销提出的,"价值营销"不同于"价格营销",它是通过向顾客提供最有价值的产品与服务,创造出新的竞争优势取胜的。顺丰快递完善了自己的网络查询系统,同时,顺丰采用包机的方式确保时限,推出新的服务产品,不断拓展自己的网络等,顺丰一直在不断地为客户拓展价值。

1. 真正低价的快递

顺丰快递区内快递价格是很有杀伤力的。珠三角内,顺丰的首重 1 kg 是 12 元虽然不是个很低的价格,但是相对于他的直接竞争对手 EMS,顺丰的文件价格优势太明显了。同时,顺丰推出的区内当日达的业务的价格并没有上浮。这种高性价比的服务在长三角一推出,支撑顺丰的票数立刻上升了 20% 以上。

2. 当日达产品的定价攻守兼备

顺丰现在最有特色的产品是当日达,即今收今至(上午收件下午派送;中午件当晚派送),晚上派送的快件需要客户配合收件,同时运单上需留有客户的手机号码。这种 10 元一票的业务的推出,极大地提高了顺丰在市场上文件份额的占有率。

顺丰不断创造新产品,并保持较有竞争力的价格,这是顺丰快递快速发展的保证。

3. 目的地珠三角的高性价比路线价格

顺丰是在珠三角起家的,在广州的每个县市都设有顺丰的网点。同时,顺丰的多驾包机也是往返于其他城市和广州之间。借助于广州密集的网点和包机的力量,国内主要城市到珠三角的大城市全部做到了次日达。而且,广州等主要城市第二天上午一般都可以派送完成。同比于其他快递公司,顺丰的速度优势明显,另外价格仍然保持在合理限度,可谓性价比极高的线路。

在三重因素推动下,顺丰开始进入一个爆发性增长期,自此确立了在国内快递市场中的领导地位。

第四节 物流服务渠道策略

一、物流服务分销渠道的概述

（一）概述

从服务的角度来看,物流就是物流企业为客户所提供的服务,物流服务就是指物流企业向客户所提供的一切无形的服务。其中物流企业的分销渠道基本模式如图7-10所示。

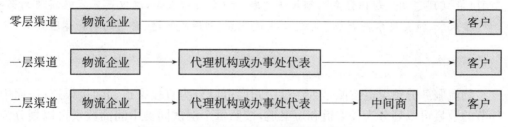

图7-10 物流企业的分销渠道基本模式

（1）零层渠道又称直接渠道,指在物流服务的转移过程中不经过任何中间商。主要方式有业务员上门推销、网上直销和物流商自建办事处等。

（2）一层渠道是指在物流服务的转移过程中包括一种类型的中间商,在物流市场上通常是指一级货代。

（3）二层渠道是指包括两类中间机构,即物流服务的项目需要经过一级、二级、三级货代公司实现物流服务项目的转移、推广和运营。

案例分析

拉夏贝尔:迎接全渠道零售时代

近两年,一直被看好的快时尚品牌似乎纷纷在走下坡路,很多品牌都在缩减开店计划。据报道,2013年11月H&M携手设计师Isabel Marant发售的限量款在北京首次遇冷,率先进入中国市场的MANGO 2013年来在上海、南京等地频频传出闭店的消息,服装业正面临高开低走的尴尬。

与同行品牌缩减开店计划相反,2014年,拉夏贝尔全国直营店仍在明显扩张,而其在线上的布局也异常"神速"。2014年6月,拉夏贝尔启动全渠道战略,从6月19日会见天猫高层并作出决策,仅40天,拉夏贝尔就在"无经验、无团队、无系统"的"三无"条件下,凭借优秀的执行力于7月29日上线天猫试运营。8月9日,拉夏贝尔天猫官方旗舰店正式开业,这意味着在阿里巴巴集团的关注和支持下,拉夏贝尔业内首创一步到位跨入电商2.0,进入O2O全渠道时代的商业案例。

三个月后,拉夏贝尔就加入了"双十一"的战场。首次参加"双十一",销售额便超过2 500万元,全国25个省份的311个门店成为发货主战场,占总发货比例超过70%,且36小时便完成了门店的大部分发货。不少顾客当天就惊呆了,盛赞拉夏贝尔是火箭速度的"神物流"。一个月后的"双十二",拉夏贝尔店铺发货占比更达85%,24小时即完成了90%的订单配送,48小时便完成了全部配送。顾客再次感受到了拉夏贝尔的"雷人"速度,店铺评价一次次被"太快了""神速"刷屏。

全国几千家直营连锁门店,线上线下同步上新、同步活动,同款同价,总仓、门店仓库存共享,全国门店相当于网店的仓库,为拉夏贝尔扬长避短、一步到位实现全渠道业务奠定了先天优势。仅仅打通线上线下库存,就为顾客带来了更好的物流体验,并且在2014年实现了明显超出预期的销售净利率。拉夏贝尔表示,这仅是其战略实施的第一步,在未来,拉夏贝尔将着眼于推进全渠道业务,创造更畅通、自由的购物体验模式。

(二)服务分销渠道的分类

物流服务分销渠道按照是否经过中间商可以分为直接渠道和间接渠道;按照中间环节的数量可以划分为长渠道和短渠道;按照每个层次同类中间商数量可以划分为款渠道和窄渠道。具体每种分类标准及各自的特点如表7-2汇总所示。

表7-2 服务分销渠道分类

标 准	分 类	特 点
是否经过中间商	直接渠道	① 物流企业对整个服务过程有较好的控制;② 企业可控制服务价格;③ 直接与客户接触,更直观地了解客户需求;④ 可以针对客户的特殊需求,提出具有针对性的解决方案
	间接渠道	① 投资少,风险小;② 中间商可能会更适应某一地区客户的需求;③ 有利于物流企业扩大市场、增强服务的知名度和拓宽信息来源。缺点主要在于物流企业不能直接面对终端客户,而代理人的水平参差不齐使得服务质量难以保证
中间环节的数量	长渠道	渠道越长,中间商承担的销售渠道职能越多,信息传递越慢,流通时间越长,物流企业对渠道的控制越弱
	短渠道	渠道越短,物流商承担的销售任务越多,信息传递越快,销售越及时,物流企业能更好控制渠道

续　表

标准	分类	特　点
每个层次同类中间商数量	宽渠道	在某一地区或某一产品门类中选择一家中间商为自己的服务进行销售或推销
	窄渠道	多使用在物流企业对一些专业性较强的或较贵重的产品和服务中

对于物流服务企业来说，应根据服务产品和终端用户的不同，采取不同的分销渠道结构和策略。对于高端用户及核心产品，因其要求的服务个性化、差异化明显，以及物流企业的核心竞争力，应选择短渠道、窄渠道，即物流企业采用直接销售，不依靠代理商较为合适。对于低端用户及附属产品，扩大市场占有率是提高销售额的关键，任何渠道的任何销售对于实现销售都是有帮助作用，因此可以采用长渠道、宽渠道，即通过代理商扩大物流企业的销售范围。

二、物流服务分销渠道的设计

（一）物流服务分销渠道设计步骤

物流服务分销渠道设计步骤如图7-11所示。

图7-11　物流服务分销渠道设计步骤流程

（二）物流服务分销渠道影响因素

物流服务分销渠道受到以下三个方面的影响。

（1）顾客特性：顾客人数多，采用长渠道；顾客小批量购买，采用长渠道。

（2）竞争特性：物流企业希望在于竞争者相近的地方建址，与之抗衡；更加倾向于选择与竞争对手不同的渠道模式。

（3）企业特性：主要包括企业的经营实力、财务能力、物流能力、品牌知名度、渠道经验、营销政策以及控制渠道的愿望等。

案例延伸阅读

2014年，"1号店"在进一步巩固北上广深一线城市市场的同时，也通过多种渠道、多个模式深耕区域市场,往二线、三线城市下沉。据了解,2013年,在上海大本营之外,"1号店"借助获得进口商品直采资质的优势,通过"进口直采＋分销"形式,招募二线、三线城市分销商,以拓展当地市场,将"1号店"优质的进口直采商品输送到这些区域。此外,"1号店"亦因地制宜在一些二线、三线市场尝试深入拓展,比如山西美特好和湖北宜昌站。

三、物流服务分销渠道系统

1. 垂直营销系统

垂直营销系统是指物流企业及其代理商组成的一种统一的联合体。这一联合体由有实力的物流企业统一支配、集中管理,有利于控制渠道各方的行动,消除渠道成员为追求各自利益而造成的冲突,进而提高成员各方的效益。垂直营销系统主要有公司式、契约式和管理式三种。

（1）公司式：物流企业在分销渠道中拥有自己的渠道成员,并可以对其进行统一管理和控制得营销渠道。

（2）契约式：物流企业考虑到自身经营需要投入大量人力、物力和财力,同时又希望取得更好的经济效益或销售效果以及对销售渠道能有良好的控制时,与其渠道成员之间以契约形式结合的营销系统。

（3）管理式：不通过共同所有权或契约,而是以渠道中规模最大、实力最强的物流企业来统一协调物流服务销售过程中渠道各方利益的营销系统。

2. 横向营销系统

横向营销系统是通过本行业中各物流企业之间物流运作管理的合作,开拓新的营销机会,以提高物流效率,获得整体上的规模效应。横向营销系统可以较好地集中各有关企业在分销方面的相对优势,从而更好地开展分销活动。

3. 网络化营销系统

网络化营销系统是垂直营销系统与横向营销系统的综合体。当某一企业物流系统的某个环节同时又是其他物流系统的组成部分时,以物流为联系的企业关系就会形成一个网络关系,即为物流网络。这是一个开放的系统,企业可以自由加入或退出,在业务最忙的季节最有可能用到这个系统。物流网络能发挥出规模经济作用的条件就是物流运作的标准化和规模化。

四、物流服务分销渠道决策

影响物流服务分销渠道的决策因素主要有以下四个方面。

1. 市场因素

市场因素主要从两个方面进行考虑：一方面是市场的宏观环境；另一方面是要考

虑目标市场的特点。

2. 产品因素

对于物流企业服务来说，若是其核心服务，更适合使用短渠道进行分销。对于非核心服务而言，则可使用较长渠道进行分销，如利用代理商进行揽货、提供简单的运输、仓储等物流服务。

3. 中间商因素

对于中间商在执行运输、广告、储存及接纳客户等职能方面，都有不同的特点和要求。若市场上有成熟的代理人网络，物流企业则可以更多地考虑中间渠道。

4. 自身因素

自身因素主要包括物流企业的经营实力、品牌的知名度、营销能力和控制渠道的愿望等。

五、物流服务分销渠道的管理

物流企业进行分析并选择渠道模式后，下一步便是对渠道实施管理，主要包括：直接渠道、间接渠道管理，物流渠道的冲突管理，中间商的选择、激励和评价，以及渠道的评估和调整。

（一）渠道的冲突管理

1. 渠道冲突类型

渠道冲突一般分为两种类型：垂直渠道冲突和水平渠道冲突，如图 7-12 所示。

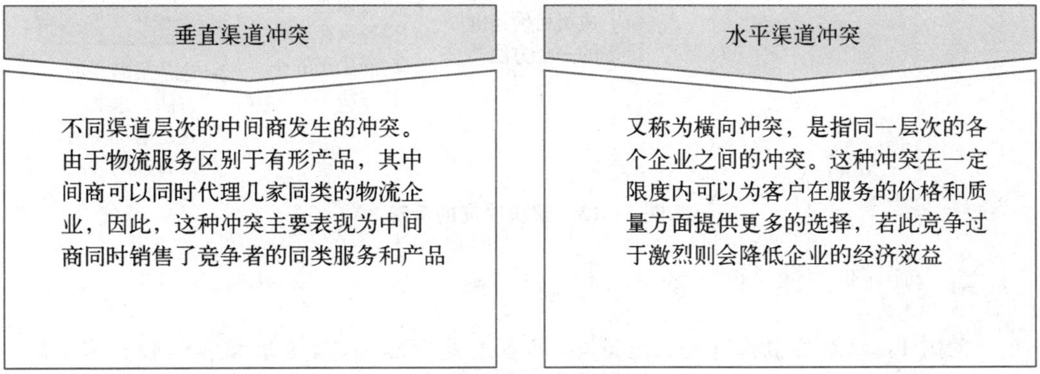

垂直渠道冲突	水平渠道冲突
不同渠道层次的中间商发生的冲突。由于物流服务区别于有形产品，其中间商可以同时代理几家同类的物流企业，因此，这种冲突主要表现为中间商同时销售了竞争者的同类服务和产品	又称为横向冲突，是指同一层次的各个企业之间的冲突。这种冲突在一定限度内可以为客户在服务的价格和质量方面提供更多的选择，若此竞争过于激烈则会降低企业的经济效益

图 7-12 渠道冲突类型

2. 渠道冲突原因

渠道冲突原因有根本原因和直接原因两类。

（1）根本原因：① 物流企业与中间商目标不一致；② 中间商的任务和权利不明确；③ 中间商对物流企业的依赖度过高。

（2）直接原因：① 价格原因。中间商抱怨折扣过低无利可图；物流企业抱怨中间商的销售服务价格不合理，影响了企业的产品品牌和形象定位。② 大客户原因。中间商担心大客户直接向物流企业购买而威胁其生存。③ 争占对方资金。物流企业希望中间商可以先付款再提供服务,而中间商则希望采用代销的方式,即先提供服务再付款。④ 技术咨询与服务问题。物流企业常因为中间商不能提供技术咨询和服务而采取直接销售的方式。⑤ 中间商经营竞争对手的产品。

3. 渠道冲突的解决办法

在渠道中存在冲突是一种正常现象,服务商和中间商都必须正视这种冲突,并采取积极的态度去寻找解决方法。丹特和斯库尔提出了一个冲突解决程序的形式,可分为"信息密集型"渠道冲突的解决策略和"信息保护型"渠道冲突的解决策略。

(1) 信息密集型:公开共享信息。物流企业应和关系密切的中间商建立共同的、彼此公开的计算机网络系统,做到信息的共享和整合。其中还包括人员的交换。

(2) 信息保护型:也被称为"零和博弈",即双方不可能达成一个共同的目标,因此需要通过一个第三方的调节和仲裁来调节双方的冲突。

具体解决渠道冲突的策略和步骤如图 7‑13 所示。

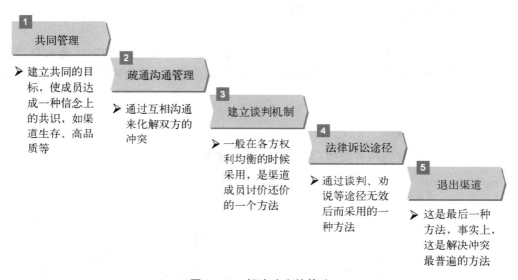

图 7‑13 解决冲突的策略

案例延伸阅读

案例1:拉夏贝尔推行全渠道策略,其本质是顾客满意,追求顾客体验。为了践行这一点,拉夏贝尔重点关注库存打通、会员打通、支付打通这几点。同时,拉夏贝尔还在组织上做了调整,以深化O2O的业务进程。此外,拉夏贝尔还解决了一个很重要的问题——利益问题。传统线上线下,以及线下的品牌商及经销商之间通常会存在着利益冲突。拉夏贝尔由于采用全直营门店的销售策略,并且在业绩制度上作出调整,如在线下发送的货品会记录到所在区域所在门店的业绩中,以此消除线上线下的利益冲突,全渠道也变得更加畅通无阻。

案例2:以纯从2010年底开始试水电子商务,两年来在天猫和京东两个销售平台取得了不错的业绩,但是线上线下冲突的问题也一直没有得到很好解决,2013年

1月,以纯宣布暂停电商业务,以纯在线商城及天猫旗舰店、京东店铺停止运营,原有以纯品牌退出电商渠道。不过,两个月之后,以纯开始谋划推出网络专供品牌。2013年3月21日以纯的网络专供品牌A21在天猫旗舰店正式上线,主要面向年轻人群,价格略低于线下品牌。线上线下渠道的冲突,以及与经销商之间的矛盾是以纯撤出天猫和京东旗舰店的最大原因。这也是每一个传统零售商在电子商务过程中都会遇到的问题,以纯之后给出的解决之道是开发网上专属品牌,对线上和线下的商品进行区隔。

思考:拉夏贝尔和以纯在解决渠道冲突过程中成功和失败的原因。

(二) 渠道管理策略

1. 直接渠道管理策略

(1) 以客户需求为导向,推出方便、快捷、完善的服务,提高自身的综合竞争能力。

(2) 采用多样化的销售手段,构建完整的销售网络。例如,利用互联网和电子商务的普及,建立一个货运信息管理系统,在系统中为用户提供服务项目、价格、服务定制、货物跟踪等信息。网上销售的目的在于为客户提供一个便捷的网上服务窗口,为客户提供个性化服务和一对一服务,从而进一步提升物流企业的服务层次。

(3) 与其他物流企业结成行业内联盟,提高竞争力。在这个竞争日趋激烈的市场上,物流企业单靠自己的力量,不能提供让客户完全满意的服务产品。结成企业间的联盟,实现服务产品的整合,依靠整体的力量进行销售,来提高服务及产品的综合竞争力。

2. 间接渠道管理策略

(1) 中间商的选择。中间商的选择关系到物流企业的营销效果、销售投入以及品牌的市场声誉等,对物流企业的后续发展有非常重大而深远的意义。这里对中间商的选择总结了十条标准:声誉和态度、销售能力、信用与财务状况、产品线、市场覆盖范围、服务水平、管理能力、财务能力、运输条件和储存条件、地理位置。

(2) 中间商的激励措施。因为物流企业在和中间商所处的地区不同,考虑问题的角度也会产生一定的差异,双方有着各自的经营目标和利益,因此需要通过激励措施来促进双方利益冲突的解决。物流企业要善于从对方的角度出发来考虑问题,兼顾中间商的利益,并积极引导中间商努力实现本企业的目的。

一般来说,对中间商的激励水平应该以交易关系组合为基础。既不能激励过度也不能激励不足。在激励不足时,一般可以采取两种措施:① 提高中间商的折扣,提升其利润空间、放宽信用条件或改变关系组合,使之更有利于中间商;② 采取人为的方法促进中间商,激发其工作的积极性。

(3) 物流企业和中间商的关系。物流企业能否获得长远发展一个很重要的因素便是与中间商的关系,通常根据不同情况可采取三种方案,如表7-3所示。

表 7-3 物流企业和中间商的关系

方　案	具　体　策　略
建立合作关系	(1) 奖励：用高利润、津贴、特殊优惠、合作推销者让、销售竞赛等来激励他们的工作热情。(2) 惩罚：对表现不佳或工作消极的中间商降低其利润或直接中止合作
建立合伙关系	物流企业和中间商双方达成一种协议，能够明确自己的责任和能为对方做什么。这些可以用市场覆盖程度、市场开发、寻找客户等因素来衡量
经销规划	物流企业需要设立一个分部，专门负责通中间商关系的规划，它是一种把物流企业和中间商的需要融为一体、有计划、有专门管理的垂直营销系统。这种方法可以促进双方建立更进一步的密切关系

（三）渠道的评估和调整

1. 中间商的评估方法

中间商的绩效评估方法主要有两种：① 将中间商本期的绩效同上期绩效进行比较，再以整个群体的升降百分比作为评价标准，对绩效较差的供应商进行评估与激励；② 将各中间商的实际销售额与其潜在销售额进行比较，再按照先后名次进行排列，将企业的调整与激励措施集中在那些未达既定比率的中间商。

2. 中间商的评估内容

中间商的评估内容主要包括两个方面：① 物流服务财务绩效评估：市场占有率、渠道费用、盈利能力等；② 物流服务分配质量评价——物流服务的及时性：渠道成员是否具有柔性系统、实现各个企业的最小库存以及优化运输等。

3. 物流服务分销渠道调整的步骤与策略

当出现以下三种情况时，物流服务分销渠道有必要发生调整：① 现有渠道未达到发展的总体要求；② 可观经济条件发生变化；③ 企业发展战略发生变化。

渠道调整可分为四个步骤：① 分析渠道存在的问题，结合当前渠道的运行状况考虑是否有需要调整的必要性；② 重新确定渠道的目标；③ 对现有渠道进行评估，从建立、成本和收益上保证经济上的合理性；④ 组建新渠道并进行管理，尽量克服以往渠道的不足。渠道调整的具体策略如表 7-4 所示。

表 7-4 渠道调整的策略

调整策略	具　体　表　现
增减某些渠道成员	在调整时既要考虑到对企业盈利方面的直接影响，也要考虑到渠道中其他中间商的反应
增减某些分销渠道	物流企业可以借助损益平衡分析与投资收益率分析，决定某些分销渠道的增减
调整整体分销渠道系统	又称为重新设计分销渠道。对物流企业来说，调整渠道往往发生在某种重大变故时，这种调整波及面广、执行困难，既会突破企业自己已有的渠道系统，也会因其他企业的抵制而改变物流企业的市场营销组合和政策。因此，对于这项调整策略应谨慎使用

> **知识小贴士**
>
> **"怡亚通"商业模式的转变**
>
> 怡亚通连续 4 年入榜《财富》中国 500 强,2013 年业绩创新高达 398 亿元,2013 年客户总体满意度高达 91.8%,荣获"2014 年度最佳雇主企业"荣誉。怡亚通在发展过程中正逐渐由分销商向平台商模式转型中。380 平台实质是由不同品牌、不同品类、与中国不同地区的具有资金实力、配送实力和渠道渗透能力的品质经为分销商联盟。其业务规模具有十倍数量级增长的潜质。
>
> 380 平台得以快速扩张的理由——绑定产业链参与各方的利益,对于加入 380 平台的各个参与方来说:品牌商快速赢得市场份额,渠道管理效率提升;分销商做大做强;终端零售商,几乎零成本的获得新增业务量。
>
> 商业模式创新及营运资本管理效率提升将明显缓解资金压力;改善应收账款为 2015 年的重点,将回款纳入业务员考核,目前应收账款天数快速下降中;大力拓展线上业务将带来惊喜,这意味着商业模式的转变,将从根本上改善现金流节奏。公司现有商业资源已囊括消费产业链的各个主要环节(品牌、渠道、物流和零售终端等)。

六、电子商务环境下的物流服务分销渠道

电子商务一方面促进物流服务分销渠道的调整:在电子商务环境下,运用互联网技术提供了一个使物流企业或中间商可以同最终用户进行直接沟通的全新交流模式,实现了低成本的为用户提供定制化的服务,减少流通环节,缩短了流通渠道。电子商务另一方面进一步完善分销渠道的功能:通过将电子商务系统引入分销渠道,物流企业可以为用户提供动态的、可视的物流过程,使用户可以直接、及时地了解渠道信息,这不仅提高了物流效率也增加了客户的满意度,进一步完善了渠道的功能。在这种形式下,物流企业可采取的具体措施有以下两种。

(1) 构建网络平台,宣传企业所提供的服务产品。例如,建立本企业的网络平台,方便用户了解企业的信息以及双方进行有效的沟通。

(2) 对传统渠道中的中间商进行全程网络信息管理。时刻把握中间商服务的状态,以提高服务产品和物流企业的竞争力。

> **案例延伸阅读**
>
> **研华科技:直销分销并举,打造高效分销渠道**
>
> 成立于 1983 年的研华科技通过十几年的渠道建设,已经成为一个年营业额超过 2 亿美元的国际公司。研华的业务主要分为工业/网络电脑、工业自动化、嵌入式计

算机三块。该公司从1991年开始进入大陆市场,目前,在北京、上海、广州、深圳等地一共拥有10个销售点。2014年,研华加大了它们在大陆的投资力度,并且开始对其分销体系进行一系列的扩张和整合。渠道建设的核心是如何分配利益和市场,而渠道的两个核心成员便是制造商和分销商。

该公司采用扁平化的分销体系,直销分销并举,直销针对行业客户,分销按照地区来做,每个重要的城市安排至少一家经销商,并尽可能为经销商提供他们所需要的资源、技术和销售方面的培训与支持。面临广大的市场竞争者,又该如何应对呢?首先,是网点上的竞争,通过建设较多的网点来扩大市场的接触范围;其次,是品牌建设,较高的品牌认可度可以带来竞争优势;还有,就是提高传递知识和解决方案的效率,谁能够更有效率地把自己产品知识、服务知识、销售知识传递到客户、经销商那里,谁就更有优势。

第五节　物流服务促销策略

一、服务促销与有形产品促销的区别

（一）服务行业特征造成的差异

1. 缺乏市场营销导向

部分服务业相对于生产制造业可能不太了解市场营销战略对本业务有什么影响和帮助,只把自己当作服务的生产者而不是满足顾客需要的服务者。

2. 专业和习俗限制

促销方式仅局限于广告和人员推销,导致促销方式单一、效果不佳。

3. 业务规模限制

许多小规模的服务企业财力有限,所以不重视促销活动,看不到促销对企业发展的长远意义。

（二）服务本身特征造成的差异

1. 消费者的态度

这是影响购买决策的关键,人们往往是凭着对服务或服务提供者的主观印象来购买服务,这种对主观印象在购买有形产品时则显得没有那么重要。

2. 采购的需要和动机

影响购买决策另一个很重要的需求便是对个人关注的欲望,这一点在服务行业表现得更加明显,做好这一点也是服务企业能否远超竞争者的关键。

3. 购买过程

在购买过程上,有些服务的采购风险较大,部分原因是消费者对评估服务的质量和价值存在一定的难度。另外,顾客也经常受到其他人的影响,尤其是会受到对采购和使

用有经验的相关人群的影响。这种现象对于服务市场营销有着十分重要的意义。也就是说,在服务的供应者和顾客之间,有必要形成一种专业关系,或在促销努力方面建立一种口头传播渠道。这两种做法都可以促使服务促销更富有成效。

二、物流服务促销组合

(一)物流服务促销

1. 物流服务促销的特点

(1) 无形的有形化:现代物流企业通过一系列的物流活动,一方面向客户提供产品运输、仓储、配送等服务;另一方面向客户提供更为重要的增值服务和信息服务等,这些服务都具有一定的非实体性和不可储存性的特点。

(2) 促销过程的长期性:由于物流企业所提供的服务的特殊性,它不容易被客户所感知,因此只有通过长期的促销才能使得产品服务的理念更加深入人心。

2. 物流服务促销的目的

(1) 提高客户对本企业所提供服务的认识。

(2) 说服客户使用本企业所提供的服务。

(3) 稳定客户、培养企业信誉。

3. 物流服务促销的影响因素

影响物流服务促销的因素如表7-5所示。

表7-5 影响物流服务促销的因素

因素	对象	促销方法	目标
物流服务的特点	传统物流服务	推式	
	创新型物流服务	拉式	
物流服务的生命周期	投入期	推式	提高客户对服务产品的知晓度
	成长期	推拉结合(侧重于拉式)	进一步吸引潜在客户、诱导需要
	衰退期	推拉结合	留住老客户
市场状况	大规模目标市场	推拉结合	满足具有不同需求的客户
	易接受新鲜事物的目标市场	侧重于拉式	推动企业个性化服务的发展
促销费用	促销费用常常制约着促销策略的制定,物流企业应全面衡量、综合比较各种促销方式的费用和效益,实现低费用高效益的目标		

(二)促销策略组合

1. 推式策略

推式策略即通过高利润或优惠政策诱导中间商努力向最终客户推销服务或产品,实质是利用中间商的积极性来提高物流企业服务产品的成交额,如图7-14所示。常用的方法有人员推销、营业推广等。例如,某公司现推出特许加盟项目,加盟商可获得五年的品牌授权、系列配套服务、相关培训活动,而且约两年可收回成本。

图 7-14　推式策略

2. 拉式策略

拉式策略即通过广告促销等活动拉动最终客户的需求,从而促进中间商的参与,如图 7-15 所示。常用的方法主要有价格促销、广告、代销、试销等。例如,熊猫手机当年从国产手机的最后一个梯队进入国产手机的前五名,正是强势媒体传播对渠道拉动的结果,使其在 2003 年全年突破了 300 万部。还有日本一家咖喱粉公司曾发布一则消息称该公司决定雇数架直升机满载咖喱粉飞往富士山顶将咖喱粉撒在山顶上,今后人们将看到的是"黄顶富士山"。这一广告引起日本市民的哗然,受到各大媒体的声讨。之后该公司决定撤销其计划,经过此次事件,该公司反而名声大噪,消费者争相尝试购买。

图 7-15　拉式策略

知识小贴士

三项营销逻辑

1. 清晰地问题＋解决问题的欲望＝客户的需求
2. 客户需求＋产品/服务的性能＝客户的潜在需求
3. 客户潜在需求－购买风险＝客户的现实需求

案例延伸阅读

FedEx 树形象、促销售

联邦快递公司(简称 FedEx),全球快运业巨擘。从 1971 年至今在小件包裹速递、普通递送、非整车运输、集成化调度管理系统等占有大量市场的行业领袖,在 2007 年度《财富》全球最大五百家公司排名中名列第 203。

公司现有全球员工总数过 16 万,有业务的国家和地区 220 多个,全球业务空港 366 座,备有各类型运输飞机达 650 架,日出车数 47 500 辆、处理超过 200 万磅的空运货物。该公司每月提供两次机会供人参观,一批批客人愿付每人 250 美元票价到其在田纳西州孟菲斯的超级调运中心,亲身感受它的恢宏气度、高度繁忙而精确的作业现场,领略其非凡的竞争力。

FedEx的形象令人仰慕,想到该企业就会想到创新——联邦快递总是在寻找各种独特的方法来满足或预测顾客的需求。该公司激励员工树立公司形象,塑造为客户、为员工着想的企业形象;从不找借口、精心建立有益于保持并扩大市场份额的企业形象;成功的广告加强了公司的声誉;员工更是信心百倍,为该企业感到自豪,这些使公司的声誉倍增、形象良好。

思考:1. 联邦快递公司是借助什么方法塑造企业形象的?
2. 联邦企业的企业形象如何?
3. 企业形象对促进该企业的销售有何作用?

三、服务促销组合策略

服务促销组合策略是营销人员用来传递服务信息的多种沟通方式的组合,其主要包含四种要素:广告、人员推销、服务销售促进和服务公共关系。在面对消费者的营销沟通中,广告一般是最具有主导型的要素,人员推销往往具有相对较高的重要性。服务销售促进被看作是带有刺激性的沟通,其采取的形式经常是降价,其目的是激励雇员和中间商。服务公共关系则是通过与企业外部环境的关系为企业营造一种有利的发展氛围,扩大企业在公众心目中的形象。

(一)广告

广告是组织向顾客传递信息的主要手段,且常常作为一个组织促销工作的基石。广告不仅要鼓励消费者购买服务,还应把雇员当作自己的第二受众,激励他们提供高质量的服务。在广告媒体的选择中一般有五种策略:无差别市场广告策略、集中市场广告策略、动态策略、媒体组合策略、物流企业作出广告评估。基于物流行业的服务特性,在开展广告宣传的时候应注意以下六点。

(1)使用明确的信息。在开展广告宣传时,必须要明确广告的诉求主题,通过简明精炼的言辞并凸显服务的特性。

(2)强调服务的利益。在广告中所强调的利益必须与顾客寻求的利益一致,用利益来吸引消费者的注意。

(3)承诺适当。只承诺企业能够提供的和顾客能够得到的,在广告宣传中最好是只宣传最起码的服务标准,若现实中做得更好会增加顾客的满意度。

(4)对企业员工做广告。企业员工是企业最好的广告载体,对从事服务活动的员工进行广告宣传,确立以人为本的市场定位,更加凸显物流服务企业服务的特性。

(5)提供有型线索。在广告宣传中使用一些有形线索(如物流设备、物流场所、员工形象等)作为提示,来冲销服务的无形特征。

(6)保持广告的连续性。在广告宣传中,持续连贯地使用象征、主题、造型或形象,在空间和时间上保持广告宣传的连续性。

（二）人员推销

1. 特征

人员推销既是信息沟通的过程，也是商品交换的过程，又是技术服务的过程。其具有以下六个特点。

（1）人员推销可满足推销员和潜在顾客的特定需要，针对不同类型的顾客，推销员可采取不同的、有针对性的推销手段和策略。

（2）人员推销往往可在推销后立即成交。在推销现场使顾客进行购买决策，完成购买行动。

（3）推销员可直接从顾客处得到信息反馈，诸如顾客对推销员的态度、对推销品和企业的看法和要求等。

（4）人员推销可提供售后服务和追踪，及时发现并解决产品在售后和使用及消费时出现的问题。

（5）人员推销成本高，所需人力、物力、财力和时间量大。

（6）某些特殊条件和环境下人员推销不宜使用。

2. 人员推销过程

人员推销过程可以分为以下七步。

（1）由市场人员进行市场调查，找出有购买力的潜在客户，再查看这些潜在客户的经济实力、交易额、特殊需求及发展前景等找出目标客户。

（2）搜集客户的相关资料，制定推销方案等。

（3）进行初步意向性洽谈，了解对方的物流运作模式和双方合作的可能性，根据洽谈结果制定出优化物流状况的解决方案。

（4）将初步的解决方案与客户进行正式的推销洽谈。

（5）及时发现客户的问题，耐心解答，为客户排除疑虑。

（6）成功消除疑虑后，尽快促成客户达成购买行为，以合同的形式确定双方的权利和义务。

（7）跟踪客户，提供售后服务保证，促使客户的重复购买，建立企业良好的形象。同时收集各种反馈信息，为企业日后的决策提供依据。

整个过程如图7-16所示。

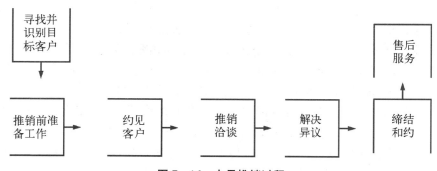

图7-16 人员推销过程

3. 人员的培训和激励模式

决定员工绩效的两个很大因素是能力因素和意志因素,其中能力因素中的技巧和知识可以通过培训来加强,而意志因素中的需要和态度则需要通过相应的激励政策来实现,如图 7-17 所示。

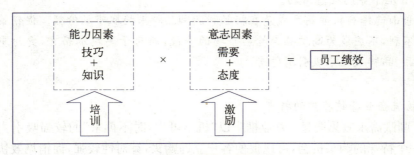

图 7-17 员工培训和激励模式

4. 物流服务人员的销售策略

(1) 刺激—反应策略:使用正确的刺激性语言、图片、条件和行动说服顾客进行购买。

(2) 启发—配方策略:弄清客户的需求和态度,然后向客户陈述介绍本企业所能提供的服务,说明企业的服务项目如何能满足客户的需求,引起客户的兴趣,推动交易的达成。

(3) 需要—满足策略:推销员站在客户的立场上向客户推荐本企业所提供的服务,使客户感到推销员成了他们的参谋,从而顺利达成交易。

(三) 营销推广

营销推广是指服务企业运用各种营销刺激中间商或客户迅速作出购买决策,产生及时购买效应的促销活动。

1. 物流企业营销推广的类型

物流服务营销推广针对不同对象可以分为三大类型,其具体措施详见表 7-6 所示。

表 7-6 物流服务营销推广类型

对象	措施
消费者	数量(季节性)折扣、代金券、赠送赠品、消费抽奖、免收物流增值税等
物流中间商	发放推广津贴、有奖销售竞赛、广告技术合作、物流业务会议、企业刊物发行等
推销员	奖金、比例分成、提供培训或技术指导、给予深造的机会、升迁奖励等

案例延伸阅读

企业营销推广的类型多种多样,但要结合企业的实际情况来选择合适的推广方式。在北京市场上出现了昆仑山等高端矿泉水开始自降身价、甩卖救市的现象。2015 年 4 月 3 日,记者走访发现一箱售价 120 元的昆仑山,推出买一箱送一张 50 元充值卡的活动,相当于打6折;另外,在北京多家大型超市,昆仑山营销活动海报被摆在了显眼的位置,消费者购买2瓶及以上产品就有机会获取价值最高4 999元的活动奖励。不只在传统零售渠道,在电商平台昆仑山进行买116元减16元、满88元减10元或8元不等的优惠活动。

昆仑山选择6折促销方式是在牺牲利润和品牌来换取市场份额。促销策略对品牌维护不利,不应成为高端品牌抢占市场的手段,而对于高端水而言,更为重要的是通过产品、品牌文化来吸引消费者。

2. 物流企业营销推广的特点

(1) 刺激需求效果明显:营业推广以"机不可失,时不再来"的较强吸引力,给客户提供了一个特殊的购买机会,可以促使客户立即购买,针对性较强,促销见效快。

(2) 形式具有局限性:营销推广形式多样,但这些形式若运用不当,攻势过强,容易引起客户的方案,且有损企业的整体形象。

3. 物流营销推广应考虑的因素

在实施具体的营销推广活动时,会受到营销推广的目标、对象、途径、时机、期限、费用等因素的影响。

具体而言,应根据目标市场的特点和企业的整体营销策划来确定营销推广的目标,依据推广目标制定出周密的计划;根据不同的客户对象,再采取不同的营销推广手段;在选择营销推广方式的时候应考虑企业业务的覆盖面以及推广的预算费用,选择既能节约推广费用又能收到最佳效果的营业推广手段;严格考察,选择正确的推广时机,力求取得事半功倍的效果;营销推广的期限必须要与企业市场营销的整体策略和其他一系列经营活动相一致;在推广费用方面应权衡推广费用和企业的利益得失,把握最佳的比值,来确定营销推广的规模和程度。

(四) 服务公共关系

服务公共关系是指服务组织为改善与社会公众的关系,促进公众对服务组织的认识、理解和支持,以达到树立良好组织形象、促进商品销售目的的一系列活动。换句话来说,就是企业必须与其周围的各种内部、外部公众建立良好的关系。其主要职能是:评估社会公众的态度,确认与公众利益相符的个人或组织的政策与程序,拟定并执行各种行动方案,以争取社会公众的理解与接受。对于物流服务来说,主要是促进公众对物流企业的认识、理解和支持,提高企业的知名度和美誉度,使企业能够更好地进行现代管理活动,为社会公众提供更好的服务。

公共关系活动的方式有以下四种。

(1) 利用新闻媒介进行宣传报道。在宣传报道中必须突出服务的新颖之处,采用真实可靠的信息,利用媒体来推动公众对新服务的认知。

(2) 公益赞助。物流企业在谋求利益的同时也积极肩负社会责任,为社会的公益事业作出贡献,通过这一类活动来提高企业在社会公众中的声誉和地位。

(3) 事件赞助。对于物流企业来说,可以通过赞助与物流相关的有足够新闻价值的事件来提高企业的品牌知名度,推动社会大众对物流服务的了解;也可以通过组织或举办展览会、庆典、开放参观等专题公关活动介绍企业情况。

(4) 积极参与和物流有关的社会团体和会议。对于物流企业来说,可以加入有关的物流协会如中国物流与采购联合会等,通过参加该组织举办的各种活动,来扩大本企业在业内的影响。

四、服务促销策略的选择

我国的物流企业要想在竞争中立于不败之地,就必须根据自身的特点采取正确的促销策略。就目前国内物流市场上存在的我国的物流企业而言,主要可以分为三种类型:① 传统的国有大型运输、仓储企业改制形成的物流服务提供商。② 民营资本发展起来的物流服务提供商。③ 大型企业内部的原物流运输部门改建成的物流服务提供商。他们应当根据自身特点选择不同的促销策略。

(一) 资产型物流企业促销策略的选择

由于传统的国有大型运输、仓储企业改制形成的物流服务提供商,比如中铁、中远、中外运等,都是国家投资,多年的行业垄断经营和建设,使得这些企业在国内或专属行业拥有别人难以比拟的网络优势和规模。比如说,有的拥有自己专门的运输线路和专业仓库,这类物流企业一般资金雄厚、规模庞大,所以称之为资产型物流企业。

对于服务范围不是很广的资产型物流企业,比如专门的进行运输服务、配送服务或仓储服务的,由于他们存在的时间较长,而且运作起来有一定的基础,因此这类企业可以采取推式的促销策略。

对于服务范围比较广泛的资产型物流企业,他们一般提供的物流服务包括运输、仓储、流通加工、装卸搬运、物流系统规划等综合物流服务。由于涉及范围较广,这类企业可以在"推式"促销的同时进行"拉式"促销,用双向的促销努力把服务产品推向市场。

(二) 信息型物流企业促销策略的选择

与资产型物流企业相比,民营资本发展起来的物流服务提供商资产实力比较弱,但是信息整合能力很强,一般自己不拥有或拥有少量的物质资产或无形资产,但它具有很强的整合社会资源的能力,从而获得低成本的竞争优势。这类企业是近十几年随着我国物流业的发展而发展起来的。如宝供物流、宅急送等物流企业,这类物流服务提供商机制灵活、发展迅速,具有极强的生命力,其信息整合能力强,所以称之为信息型物流企业。

由于这类企业成立的时间比较短,起步基础又比较弱,其物流服务产品大多数还处于投入期,其物流服务的可信程度还未被大多数物流服务需求商认可和接受,所以企业的促销目标是提高物流服务需求商和潜在需求商对他们服务的了解和认知程度。因此,这一阶段应以广告宣传和人员推销为主要的促销策略方式,同时在促销策略上可以选择推式的促销策略。

但是,如果其目标市场比较庞大,则可采取推拉结合的促销策略。

(三)"1+3"物流企业促销策略的选择

大型企业内部的原物流运输部门改建成的物流服务提供商,他们既为母公司提供物流服务,也为其他公司提供物流服务,我们将这类企业称为"1+3"物流企业,比较典型的如海尔物流、安得物流等。这类企业多数是由行业龙头企业建立的,拥有最好的行业契合力,对于行业内企业不再限于外部或企业间物流,甚至可以利用自身优势开拓企业内部物流的外包业务。

由于这类企业一般资金都比较雄厚,又拥有一定的客户关系和运作基础,所以采取推式促销策略较为合适。但是,如果公司推出具有创新意识的物流服务,则应采取拉式促销策略较为合适。

总之,不同的物流服务企业、处于不同阶段的物流企业,以及在推出不同的物流服务时,要综合考虑到物流产品的生命周期、产品的特点、市场状况和促销的费用等,相应地采取恰当的促销策略,这样才能达到促销的预期目的和效果。

五、服务促销费用预算方法

(一)量力支出法

量力支出法,顾名思义是一种"量力而行"的方法,简而言之即物流企业根据本企业的能力来大致估算出促销活动经费的方法。这种方法相对比较灵活,物流企业能够根据企业的实际财力情况确定所花费的费用,但它却忽视了促销与整个企业销量的关系,并且每年的财力不一,促销预算的波动幅度较大,使企业难以进行长期的规划。

(二)促销额百分比法

促销额百分比是物流企业依照其销售额的一定百分比来制定销售预算的方法。这种方法使物流企业顾及促销成本、单位价格与单位利润之间的关系,同时,一般竞争者促销支出的百分比相似,有稳定竞争价格的作用。它存在两点不足:一是因果颠倒会使预算依资金来定而非依市场机会而定;二是百分比的确定一般凭过去经验或参考竞争者的做法,可能会出现过多或者过少。

(三)竞争对等法

竞争对等法是物流企业根据主要竞争者的支出来确定自己的促销预算的方法。其支撑点在于竞争者的支出是合理的,因为竞争者的支出代表整个行业的集体智慧,有重要的参考价值。因此,这种方法最为显著的优点就是随行就市,比较简便。但是,也可能会出现竞争者的促销预算与本企业的实际情况不一致而造成的过多或者过少现象。

(四)目标与任务法

目标与任务法是指物流企业根据营销人员制定的企业营销目标,估算实现这些目标所指定的计划和完成这些任务所需要的成本费用的总和的方法。这种方法的优点是物流企业已经明确了预算费用的支出、使用率与正常使用量之间的关系,促销预算制定化。

六、服务促销方法的创新

在移动互联网时代带来人们生活方式和消费行为的改变时,也带来了服务促销方法的改变。

(一) 口碑传播

口碑传播是指以口口相传的方式将商品的信息传递给周围的人,从而促使他们作出购买决策的行为。口碑传播可分为两类:一是迅速造势类,目的在于迅速造势,吸引人气;二是直接优惠类,可以作为综合线上线下的一种促销方式。在口碑传播中,应注意以下四个方面:① 选择有价值的服务;② 找到并赢得"意见领袖";③ 搭建用户沟通的平台和渠道;④ 在合理的时间发布准确的服务信息。

(二) 眼球促销

抓住某一个吸引眼球的刺激点来抓住用户,同时不断增加刺激,引导客户形成重复购买决策的一种方式。在产品促销领域里最典型的是团购模式,在物流服务中,也可以运用团购的方式,来吸引客户。在运用时,前期要对整个服务的受众群体、资费、适用区域和有效期等方面进行充分的策划。进一步,须建立完善的服务体系,尤其注重服务的计费和售后服务的细化等。

(三) 微营销

"微营销"是一种低成本、高性价比的营销手段。在现阶段已经运用的相对成熟,但对于传统的物流企业来说还有很大的利润空间。"微营销"主要通过"虚拟"与"现实"的互动,建立一个涉及研发、产品、渠道、市场、品牌传播、促销、客户关系等更"轻"、更高效的营销全链条,整合各类营销资源,达到了以小搏大、以轻搏重的效果。随着越来越多的用户从 PC 端向移动端转移,物流企业可以创立本企业的手机终端 APP,建立会员制,创立自己企业的服务 APP,采用会员制和积分制,给会员一定的优惠政策。"微营销"可以利用平台发布信息吸引"粉丝"关注,从而直接或间接宣传企业、产品或服务。"微营销"具有即时性、交互性、便捷性、广泛性、低成本、多媒体等特点,正日益得到物流企业的认可与应用,成为其网络营销的一部分。

(四) 体验式营销

互联网以其便捷性、交互性和免费的特征给用户提供了良好的体验空间。现代社会的营销更加强调用户的体验和感受,物流企业可以跟随大流,通过电子渠道运用一些仿真软件,给用户提供服务体验,来提升用户对业务的感性认识,激发用户的使用兴趣。

案例延伸阅读

上海远丰:快速构建高效的电商服务解决方案

时下,各个行业关注度最高的非"互联网+"莫属,通过信息化技术的改造,企业实现在线化、数据化,提升了竞争力。帮助企业搭建 IT 系统,布局全网营销,提供个

物流服务营销

性化的电商解决方案,这也是以远丰为代表的电子商务技术与服务提供商的使命。

电子商务的发展一日千里,企业的需求也多种多样,这也推动了远丰产品的不断更新,截至目前,上海远丰已经实现电商全模式覆盖。远丰的系列产品涵盖B2Bbuilder 电子商务行业信息网站解决方案、MallBuilder 多用户商城系统、ShopBuilder 网上直销商城系统、BBCbuilder 平台自营与供应商店铺共存系统等。

另外,在上海远丰提供的电商解决方案中,涉及多渠道销售解决方案、线上分销解决方案、跨境电商解决方案,以及个性化销售平台的搭建服务等。这给传统企业带来的不仅是技术上的变革,更多的是工作流程的重组、行业价值链颠覆、运营模式的转变,以及基于大数据分析决策需求的思维模式。

正如阿里研究院的观点,所谓"互联网+"就是指以互联网为主的一整套信息技术。将传统的优势与新兴技术结合,所产生的创新以及价值对企业来说是巨大而不可估量的,这也是企业争相投入互联网怀抱的原因。

电子商务的优势在于打破信息不对称,改变了工业化的生产模式,更强调以用户需求为出发点。企业主动拥抱新技术和新变化当然是好事,但主动的前提下,还需要做好用户服务和体验,而不是一味追求新工具。只有这样,产品优势加上高效的电商解决方案才会产生 1+1>2 的效果。

在电商的竞技场中,"快"是不变的主题。特别是对于中小企业而言,资源和时间都有限,将有限的精力投入自身核心产品的研发才是关键所在,而对于信息化基础建设,最便捷的方法是交由专业的电商技术服务商来解决。在这样的组合拳下,核心产品通过配套的基础设施得以发挥,企业能够利用各方资源,让产品的更新速度、客服响应速度、订单处理速度、物流速度、库存周转速度等都开足最大马力,为企业的竞争赢得宝贵先机。

案例分析思考题

顺丰速运物流服务营销策略

顺丰速运概况

顺丰速运(集团)有限公司成立于1993年(以下简称顺丰),总部设在深圳,主要经营国内、国际快递及相关业务。十多年来,顺丰专注不断拓宽服务区域满足市场需求,已在国内(包括港、澳、台地区)建立了庞大的信息采集、市场开发、物流配送、快件收派等业务机构;逐步搭建起立足华南,纵联华东、华北,拓展华中的战略网络格局,为广大客户提供快速、安全、优质的专业快递物流服务。顺丰以高科技发展为基础,积极研发和引进先进信息技术和设备,先后与 IBM、ORACLE 等国际知名企业合作,逐步提升作业设备的自动化水平,建立起具备行业领先水平的信息系统,实现了对快件流转全过程、全环节的信息监控、跟踪、查询及资源调度,促进了快递网络的不断优化,确保了服务质量的稳步提升,奠定了业内客户服务满意度的领先地位。

顺丰速运营销策略

顺丰速运无疑为目前国内物流企业营销的成功典范。顺丰速运自1993年成立以来，十多年间迅速发展，成为国内速度最快、服务最好、系统最完善、最安全的快递物流企业。顺丰的成功迅猛发展，除了它别具一格的管理理念之外，出色的营销策略运用对顺丰品牌的树立和宣传、顺丰文化的深入人心、顺丰产品及服务的推广也起到了极大的作用。

目前，顺丰速运的营销可以说是无孔不入，各种营销策略的联合使用，让顺丰无处不见。顺丰成立和发展之初，营销主要靠的不是广告的宣传，而是优质的产品及服务。在近年来，顺丰的营销组合策略逐步由以产品为导向的4Ps物流营销组合策略转变为以消费者需求为导向的4Cs物流营销组合策略。将尽可能地按照消费者的需求提供优质的服务放在首位，并着手于建立顾客关系和顾客忠诚。

产品及服务策略

顺丰可以提供全国31个省、自治区、直辖市以及港澳台地区的高水准门到门快递服务。采用标准定价、标准操作流程，各环节均以最快速度进行发运、中转、派送，并对客户进行相对标准承诺。

1. 顺丰的产品及服务优势

(1) 快捷的时效服务。从客户预约下单到顺丰收派员上门收取快件，1小时内完成；快件到达顺丰营业网点至收派员上门为客户派送，2小时内完成；自有专机和400余条航线的强大航空资源以及庞大的地面运输网络，保障各环节以最快路由发运，实现快件"今天收明天到"（偏远区域将增加相应工作日）。

(2) 安全的运输服务。① 自营的运输网络：提供标准、高质、安全的服务。② 先进的信息监控系统：HHT手持终端设备和GPRS技术全程监控快件运送过程，保证快件准时、安全送达。③ 严格的质量管控体系：设立四大类98项质量管理标准，严格管控。

(3) 高效的便捷服务。① 先进的呼叫中心：采用CTI综合信息服务系统，客户可以通过呼叫中心快速实现人工、自助式下单、快件查询等功能。② 方便快捷的网上自助服务：客户可以随时登录顺丰网站享受网上自助下单和查询服务。③ 灵活的支付结算方式：寄方支付、到方支付、第三方支付、现金结算、月度结算、转账结算、支票结算。

2. 顺丰的产品及服务特色

(1) 365全天候服务。一年365天不分节假日，顺丰都将一如既往地提供服务。

(2) 多项特色增值服务。顺丰提供代收货款、保价、等通知派送、签回单、代付出/入仓费、限时派送、委托收件、MSG短信通知、免费纸箱供应等多项增值服务。

(3) 新增夜晚收件服务。为满足客户需求，延长收取快件时间，自2009年7月1日起，顺丰在北京市、天津市以及山东省、江浙沪和广东省服务地区推出夜晚收件服务。

价格策略

顺丰速运坚信价格是价值的标签，即价格要与产品价值来对比才能看出是否合理。

顺丰在同行业中的价格应属中等水平,但提供的服务却是上等优质的服务。例如:① 您的货物享受的国内唯一的货物包机服务在速度上体现快捷;② 在安全方面,顺丰的运输网络都是自己组建,并通过高新技术的业务系统全程跟踪货物在各个运输环节的安全情况;③ 货物信息在收派终端唯一实现信息实时上传,并可以通过短信形式免费通知客户快件的运输状态。

分销促销策略

顺丰速运的促销策略运用在国内物流企业中首屈一指。手段多样、形式多变的促销策略为顺丰吸引大量的潜在客户,也为老客户随时关注顺丰动态提供方便。顺丰速运的促销策略不仅仅是为了宣传产品,提高企业的知名度,更重要的是为了给客户提供获取物流服务的便利性,以及方便与客户沟通,并通过互动、沟通等方式,把客户和企业双方的利益无形地整合在一起。

1. 传统营销策略

顺丰通过电视、报纸、广告牌等进行品牌定位和产品及服务特色宣传,让新老客户及时快捷地了解到企业动态,以及新的产品及服务的研发情况和特色;通过统一规格的运输车辆、统一的快件包装对品牌及企业文化进行推广。

2. 网络营销策略

(1) 顺丰速运建立有完善的官网,并在百度、谷歌、新浪、搜狐、网易、有道等多家搜索引擎进行网站推广。

(2) 顺丰速运在淘宝、当当等电子商务网站对产品及服务特色进行广告宣传。

(3) 顺丰速运与多家需要快递服务的企业进行联合、共同宣传,增强企业的知名度和信誉度。

顺丰速运营销策略的合理运用,成功地为顺丰树立了"积极、创新、务实、活力"的品牌理念,有效地对产品及服务进行了宣传,增加了企业的知名度和好评率。

思考题:

1. 简述顺丰速运的营销策略。
2. 结合本章所学知识,试分析顺丰速运的四大策略。

第八章 物流客户服务与关系管理

> **导入案例**
>
> 顺丰速运(集团)有限公司成立于1993年3月,是一家主要经营国际、国内速递及报关、报检等业务的民营速递企业,总部设在深圳。在国内包括香港、台湾地区建立了庞大的信息采集、市场开发、物流配送、快件收派等业务机构,为广大客户提供快速、准确、安全、经济、优质的专业物流服务。
>
> 通过多年的运作顺丰已经拥有非常强大的资源基础和众多客户源,随着社会的不断发展,顺丰将会拥有更多的客户,对现有的信息技术进行升级,增加信息服务模块,从而增加对客户的服务,做到和客户的沟通通畅,这是顺丰能够迅速发展的主要原因。
>
> 在客户关系管理这一方面,顺丰做得最多的是它的公共关系。由于顺丰自身业务的性质,即为一个传递方。它在传递货物、服务的过程中,也在传递着作为一个行业巨头的风范——在"非典"人心惶惶的时候,在地震一片混乱的时候,在世博被世界关注的时候,顺丰都在,在第一线以它的高效和专业的服务传递温暖。顺丰没有花很多的资金做营销,创始人甚至多次拒绝电台的专访。其实真正精明的营销在这里。这些传递,传递的其实是公司的品牌。让潜在顾客、固有顾客时刻感受这样一家快递公司的存在。顺丰在自身的企业文化建设上特别注意"企业公民"形象的建设。从2002年到2010年,顺丰先后为希望工程、各大慈善基金,为地震灾区、各大贫困山区捐赠现金和物质,助养地震灾区儿童,为少数民族村落水电站建设项目等,并在2009年正式成立广东省顺丰慈善基金会。
>
> 顺丰一直以客户需求为核心,提升员工的业务技能和素质,谨守服务承诺,建设快速反应的服务团队,努力为客户提供更优质的服务。全天候不间断提供亲切和即时的领先服务。从客户预约下单到顺丰收派员上门收取快件,1小时内完成;快件到达顺丰营业网点至收派员上门为客户派送,2小时内完成,实现快件"今天收明天到"(除偏远区域将增加相应工作日)。尽量缩短客户的贸易周期,降低经营成本,提高客户的市场竞争力。
>
> 顺丰竭力构建一个专业、安全、快捷的服务模式。专业:专业的流程、专业的设施和系统,并且开通了VIP绿色通道等。安全:全方位的检测体系、严格的质量管控等。快捷:构建了12种服务渠道,使顾客能时刻体验轻松、便捷的顺丰服务。其中,包括4种人工服务(收派员提供收派任务、服务热线、营运网点、在线服务);8种自主服务,特别是顺丰网站(包括一般业务查询,可查询收送范围、客户编码、快件跟踪

等；顺丰网上寄件服务，在大部分服务范围内，工作人员1小时就可上门派收；体验并了解顺丰的一系列增值服务和自助工具，如顺丰速运通、网上寄件、移动助理、电邮助理、短信助理的使用）、客户自助端、运单套打程序、顺丰移动助理、顺丰MSG短信通、顺丰短信助理、顺丰电邮助理。利用不断创新的服务模式来赢取客户。

第一节 物流客户服务质量管理

一、物流客户服务质量概述

（一）物流客户服务质量的特点

SERVQUAL（服务质量）理论是20世纪80年代末由美国市场营销学家帕拉休拉曼、赞瑟姆和贝利依据全面质量管理（total quality management，TQM）理论在服务行业中提出的一种新的服务质量评价体系。

SERVQUAL模型中将服务质量要素归结为五个，按照重要性排列分别是可靠性、响应性、保证性、移情性和有形性，如图8-1所示。

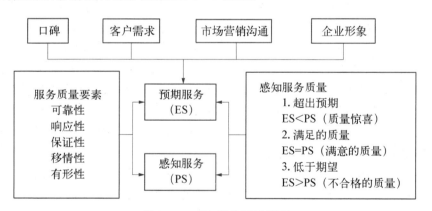

图8-1 感知服务质量模型

（1）可靠性。企业按照承诺标准，准确履行所承诺服务的能力。实际上则是要求企业在服务过程中避免差错，标准的完成服务，且以此在客户心中建立起诚信可靠的企业形象，增加客户的忠诚度。

（2）响应性。企业对客户需求的快速响应。企业是否能够随时为顾客提供高速有效的服务，减少客户的等待时间，避免让顾客产生被忽略或者是受到不尊重的心理感受以及一些对企业服务的负面印象。例如，淘宝客服的咨询回复速度及发货速度。

（3）保证性。服务人员所具备的知识、礼节与胜任工作的能力，包括服务人员的专业性、服务人员的服务态度以及服务人员带给客户的可信度等方面。它能增强客户对企业服务质量的信心和安全感。

(4) 移情性。服务的人性化,个体化。即站在客户的个人角度,设身处地地为客户着想,以最大化地满足客户个人对于企业服务全面的真实需求,使整个服务过程不是一味标准化地集体对待,而是让客户感受到企业的"人情味",提高企业服务的软件优势。

(5) 有形性。服务过程中有形的设施、设备及服务人员等硬件条件。由于产品和服务是不可分割的,服务是无形的,产品是有形的,客户就会从一定程度上借助这些可视化的有形产品来评估企业的服务质量。这就要求企业服务的软硬件兼备。

(二) 服务质量与实体质量的差别比较

产品分为服务类和制造类两大类。服务业是以服务为主,产出无形产品。制造业以制造为主,产出有形产品。除了物质形态上存在差距之外,在质量上也存在较多差异。服务质量与实体产品质量的具体差异如表8-1所示。

表8-1 服务质量与实体质量的差别比较

属　　性	服 务 产 品	实 体 产 品
核心质量产生的时机	交互过程	工厂内部
质量要素	产出质量、交互质量	技术质量
评价的主体	客户	企业
质量评价的依据	顾客的感知	企业质量标准
质量的稳定性	较差	较好
顾客对质量的影响	较大	较小
评价的难易度	较难	较容易
评价的特征	主观	客观

二、物流客户服务质量的评估标准

物流活动具有很强的服务特性,既服务于现代企业生产经营过程,也要为享受企业的产品和服务的客户提供全面的物流服务。物流客户服务质量的评估主体自然是享受物流服务的客户,而客户衡量物流质量的好坏程度的过程中,一般会受到以下因素的影响。因此,物流企业就以这些因素作为物流客户服务质量的评估标准。

1. 人员沟通质量

人员沟通质量指负责沟通的物流企业服务人员是否能通过与顾客的良好接触提供个性化的服务。一般来说,服务人员的专业知识的丰富程度、对客户业务环境的了解程度,以及帮助解决顾客的问题的能力等都会影响到客户对物流服务质量的评价。服务质量具有瞬时性的特征,在提供服务的过程中,服务质量就瞬时完成,所以物流客户对于服务质量的评价也瞬时形成于服务过程之中。因此,服务人员与物流客户的沟通质量是物流客户服务质量评价的重要指标。加强服务人员与顾客的沟通更是提升物流服务质量的重要措施。

2. 存货可得性

存货可得性是指物流企业或物流部门所拥有库存的能力即库存物品数量。拥有存货就能保证始终如一地满足顾客对物品的需求。它能反映周转库存和安全库存的控制水平，一般又用缺货率、供应比例两个指标来进行衡量。

3. 物流任务的完成情况

物流任务的完成情况是衡量服务质量的主要指标，又可细分为速度、一致性、快速反应能力、误差处理四个二级指标。其中，快速反应能力是指当客户的需求随时发生变化时企业必须具备处理突发事件的快速反应能力；误差处理是指订单执行出现错误后的处理。如果顾客收到错误的货品，或货品的质量有问题，都会向物流供应商追索更正。物流企业对这类错误的处理方式直接影响顾客对物流服务质量的评价。

三、物流客户服务质量分析模型

服务质量差距模型是20世纪80年代以美国营销学专家帕拉休拉曼、赞瑟姆和贝利三人为主的专家们提出的。服务质量差距模型以五大服务质量要素为基础，分析影响服务质量的五大差距，如图8-2所示。

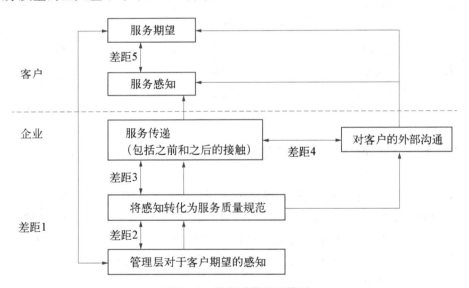

图8-2 服务质量差距模型

这一模型分析了服务质量差距产生的基本原因。模型的主体分为客户和企业上下两个部分。上半部分包含了客户期望服务质量的产生，主要受到企业的营销、客户口碑及客户个人需求的影响；下半部分决定了客户实际经历的服务质量；两者之间的差距决定了物流服务质量的高低。五大差距的存在形式和具体的产生原因如表8-2所示。单个物流企业在应用该模型时，应结合企业自身发展特点来分析产生服务质量差距的原因,并针对差距采取相应的改善策略。

表 8-2 服务差距存在形式与产生原因

差距名称	存 在 形 式	产 生 原 因
差距 1: 管理者认知差距	管理者不了解对客户期望的服务质量	(1) 企业对市场研究和客户需求分析的信息不准确 (2) 对客户期望的解释信息不准确 (3) 服务补救不充分 (4) 从企业与顾客联系的层次向管理者传递的信息失真 (5) 对客户关系管理不够重视
差距 2: 质量标准差距	服务质量标准与管理者对质量期望的认识不一致	(1) 服务设计存在差错 (2) 与客户定义的服务标准不符 (3) 有形展示和服务场景不恰当 (4) 服务质量的计划得不到最高管理层的支持
差距 3: 服务交易差距	服务质量标准与服务传递过程中的差距	(1) 标准太复杂或太苛刻 (2) 员工对标准有不同意见,例如一流服务质量可以有不同的行为 (3) 标准与现有的企业文化发生冲突 (4) 服务生产管理混乱 (5) 内部营销不充分或根本不开展内部营销 (6) 技术和系统没有按照标准为工作提供便利
差距 4: 营销沟通的差距	营销沟通行为所作出的承诺与实际提供的服务不一致	(1) 营销沟通计划与服务生产没统一 (2) 传统的市场营销和服务生产之间缺乏协作 (3) 营销沟通活动提出一些标准,但组织却不能按照这些标准完成工作 (4) 故意夸大其词,过度承诺
差距 5: 感知服务质量差距	感知或经历的服务与期望的服务不一样	(1) 不了解客户期望 (2) 未选择正确的服务质量设计和标准 (3) 未按服务标准提供服务 (4) 未将服务绩效与承诺相匹配

四、服务质量管理方法

(一) PDCA 循环工作法

PDCA 是 plan(计划)、do(执行)、check(检查)和 action(处理)的缩写,指的是在质量管理的活动中,要求把各项工作按照制定计划、计划实施、检查实施效果以及处理成功与非成功的实施结果的工作方法循环进行。PDCA 循环工作法作为全面质量管理的科学方法,可以广泛用于各种服务组织的质量管理工作,是美国质量管理专家戴明博士最先提出的,又称为戴明环。PDCA 循环图如图 8-3 所示。

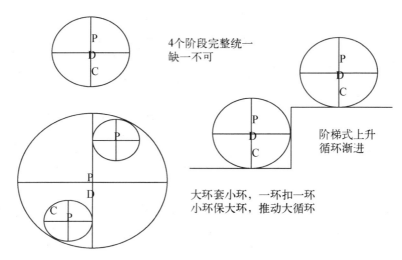

图 8-3 PDCA 循环

PDCA 主要分为四个阶段,在实施过程中详细表现为八个步骤。

1. 计划阶段

(1) 分析现状,找出所存在的服务质量问题。

(2) 找出产生这一问题的原因。

(3) 找出问题的关键原因。

(4) 针对关键原因制定解决问题的详细计划。

2. 执行阶段

(5) 按照制定的计划,具体执行。

3. 检查阶段

(6) 检查计划实施的效果。

4. 处理阶段

(7) 总结成功的经验,并纳入标准,作为以后计划实施的标准。

(8) 将本次计划实施中未处理的问题或是新出现的问题提交到下一轮的工作循环中解决。

(二) 帕累托图

帕累托图又称为排列图或主次因素分析图,由意大利社会经济学家帕累托首创。具体的管理方法是用图表的形式把影响服务质量的因素一一排列出来,并计算出各项因素的累计百分比,帮助企业发现关键影响因素,并提出高效的解决方案。

帕累托图由一个横坐标、两个纵坐标、几个从左到右按高低顺序排列的矩阵和一条累积百分比的曲线组成,如图 8-4 所示。

以某第三方物流公司提高客户服务质量为例,详细说明帕累托图的运用。

1. 搜集数据

首先确定所要具体收集的关于服务质量问题的数据和信息搜集的方法,再搜集服务质量问题或是服务质量影响因素的数据。

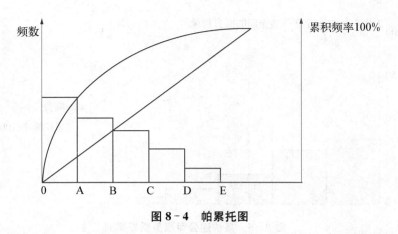

图 8-4　帕累托图

例如：某快递公司 2014 年顾客投诉和顾客意见书中搜集到了 200 条意见，作为服务质量问题的市场数据。

2. 将数据分项统计

将收集到的数据按项目进行分类，列成分项统计情况表，如表 8-3 所示。

表 8-3　顾客意见分项情况

项　目	意　见　数	项　目	意　见　数
工作人员的态度	76	设施设备问题	18
包裹的完好	63	其他	8
送货上门服务质量	35		

3. 制作分项统计表

按照数据分项统计情况，分别计算出各项的频数、累计频数、频率、累积频率，然后将分类项目按频数从大到小排列，制成分项统计表，如表 8-4 所示。

表 8-4　顾客意见分项统计表

项　目	频数	累计频数	频率(100%)	累积频率(100%)
工作人员的态度	76	76	38	38
包裹的完好	63	139	31.5	69.5
送货上门的服务质量	35	174	17	86.5
设施设备问题	18	192	9.5	96
其他	8	200	4	100

4. 绘制排列图

按一定的比例画出两个纵坐标和一个横坐标，在纵坐标上分别标出刻度，代表频数和频率，在横坐标上按照分项的大小排列，最后按累计频率的百分数坐标点绘制曲线，如图 8-5 所示。

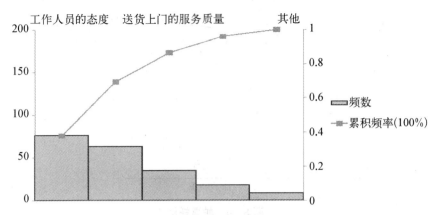

图 8-5　某快递公司服务质量排列

5. 进行分析,找出主要的质量问题

一般情况下,排列图上累积频率在 0%—70% 的因素为 A 类因素,即主要因素;在 70%—90% 的因素为 B 类因素,即次要因素;在 90%—100% 的因素为 C 类因素,即一般因素。

6. 注意事项

在运用该方法进行质量分析时,主要因素一般为一到两项,突出排列图针对关键因素的主要思想。

(三) 因果关系分析法

因果关系分析法是由世界著名质量管理专家日本东京大学石川馨教授提出的,是分析质量问题产生原因的有效工具之一,也叫作因果图、鱼刺图和树枝图。

在服务传递的过程中,影响服务质量的因素是多方面,且相互交叉的。因果关系分析图对影响服务质量的因素之间的关系进行了整理和分析,并把原因和结果之间的关系明确的用箭头发现出来,如图 8-6 所示。

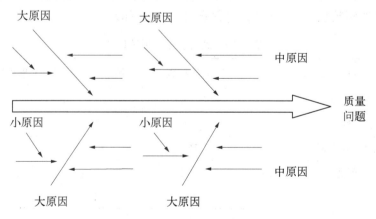

图 8-6　因果分析示意

因果分析法的具体程序如下。

1. 确定要解决的服务质量问题

通常是通过帕累托图找出 A 类问题,当 A 类问题只有一个时,这个问题就是要解决的主要问题;当 A 类问题为两个时,则选取其中最关键的一个问题作为主要问题进行分析解决。

2. 分析产生质量问题的原因

在寻找问题产生的原因时,一般从以下六个方面进行分析:方法、设备、人员、材料、测定和维护。这六个方面构成因果图的主干,即大原因。然后再从大原因着手,分析产生大原因的小原因,最后提出解决这些问题的具体措施。

(1) 根据整理结果,画出因果图。

(2) 确定解决服务质量问题的主要方向。

通过因果分析图的绘制,排除没有影响或者是影响微小的原因,再从剩下的原因中确定 1—2 项亟须解决的问题。

第二节 物流客户满意度管理

一、物流客户满意度影响因素

影响客户满意度的因素是多方面的,任何一个方面的因素都能给客户创造出更多的价值,或者是损害客户价值,从而影响客户满意度。根据马斯洛的需求层次理论大致可以将企业提供给客户的产品或服务分为五个层次,从而构造客户满意度影响因素模型,如图 8-7 所示。

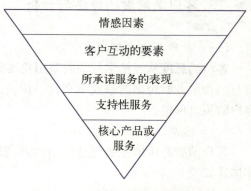

图 8-7 客户满意度影响因素模型

(一) 核心产品或服务

这一层次代表着企业所提供的基本的产品和服务,好比在第三方物流当中,其可信服务就是将货物安全快速地送达收件人手中。在当前激烈行业竞争中,做好核心产品和服务,奠定了企业成功的基础。

(二) 支持性服务

这个层次包括了外围的和支持性的服务,这些服务有助于核心产品的提供。这就意味着即使客户对核心产品比较满意,也可能对企业的其他方面表示不满,这些方面如价格、服务、沟通和分销等。在以较好的核心产品或者服务为基础取得竞争上的优势是很困难的,企业可以提供与分销和信息相关的支持性和辅助服务,并通过这些服务逐步将他们同竞争对手区别开来并为客户增加价值。

(三) 所承诺服务的表现

这一层次与企业能否将核心产品和支持服务做好有关。重点在于物流企业的可靠性,是否能按照承诺准确无误地提供标准化服务。诚信是客户和企业双方都注重的重要品质,物流企业一旦失信于客户,就很难建立起在客户心中的正面形象,易造成客户流失。

(四) 客户互动的要素

客户和企业双方的任何接触都称为互动。强调企业与客户之间面对面的服务过程或者以技术为基础的接触方式进行的互动,包括企业与客户之间的情感沟通、产品与服务信息沟通等,受到企业与客户沟通的主动性、途径与方式、沟通的环境与氛围、沟通的频次、沟通人员的公关技巧等的影响。在互动的过程中,客户很看重他们是如何被服务和接待的,强调客户在购买服务过程中的主观感受,很大程度上影响到客户满意度的质量。如果物流企业的核心产品或服务很突出,但与客户关系处理不好的情况下,客户更有可能会选择同行业中运输速度较慢,但对待客户态度更好的企业。

(五) 情感因素

企业不仅要考虑到与客户互动中的基本因素,还要考虑企业有时候传递给客户的微妙信息,这些信息使他们对企业产生了正面或者是负面的感情。主要表达在对客户的关怀,包括企业能否站在客户的角度实施换位思考,主动关心客户有关产品的购买、使用问题、征询客户的建议、倾听客户的意见与抱怨等。很多客户调查的数据中也表明了这一点,相当一部分客户的满意度与核心产品或者服务的质量并没有关系,而是取决于客户所受到来自企业的关怀。简单地说,客户满意度管理的重点就是客户在消费物流服务过程中的感受如何。

二、客户满意度的评估与分析

(一) 客户满意度的效用分析

客户满意度从经济学的消费效用角度分析可以表示为客户消费服务而获得的总价值与消费服务所付出的总成本之比。用公式表达为:客户满意度=客户购买总成本/客户购买总价值。

(二) 客户消费总价值分析

客户消费总价值主要包括产品价值、服务价值、人员价值和形象价值四个方面,具体描述如表 8-5 所示。

表 8-5 客户消费总价值分析

产品价值	产品价值即技术服务价值,指的是服务过程中产出的服务结果的质量或者效用。技术服务价值是服务提供的基本价值,也是客户最基本层次的需求
服务价值	服务价值即职能服务价值,指的是客户在服务过程中如何得到技术服务的,企业为客户提供职能服务的过程与客户消费过程同时进行
人员价值	人员价值指的是服务企业员工的就业理念、专业素养、工作效率、服务态度等所产生的价值,属于技术服务的附加价值。其重要性在于利用员工自身的专业知识及热情、耐心等个性态度特征使得客户在整个消费过程中感到轻松愉快,并以此提高客户再次消费的概率

续 表

形象价值	形象价值即企业形象价值，堪为企业的无形资产。对于客户来说企业形象价值是其购买到满足感和荣誉感的有力支撑，是社会公众根据企业理念、品牌、质量、服务态度等对企业整体的有形评价

当客户购买总价值不变时，企业可通过降低客户为获得期望的消费服务总价值时所付出的总成本来提高客户满意度。当客户购买总成本不变时，企业则可以通过增加上述四方面的总顾客价值提高客户满意度。

（三）客户消费总成本分析

客户消费总成主要包括货币成本、时间成本、信息成本和精神成本与体力成本，具体描述如表8-6所示。

表8-6 客户消费总成本分析

货币成本	货币成本直接表现为服务价格，是影响客户总成本大小的主要且基本因素。只有当服务的货币成本低于客户预期的货币成本时，客户才会自愿的实现购买行为。传统的价格竞争由于以低价促销为基础的客户忠诚度不稳固以及企业绝对收益下降等原因，正逐渐地被以客户感知价值为基础的合理货币成本控制所取代
时间成本	时间成本指的是客户消费过程中所消耗的以及为获取服务赶到服务地点的时间总和。时间越长代表客户的时间成本越高。过长的等待时间会引起客户消费总价值的缺失，会使得客户产生放弃消费该项服务的意愿
信息成本	信息成本指的是顾客为做购买决策，获取相关服务的性质、效用、风险性等信息是所付出的货币费用
精神成本和体力成本	这两者都是非经济性成本，是以上各项经济性成本指出的同时所产生的精神和体力消耗

综上所述，服务企业引发客户满意的不是服务本身，也不是利益，而是客户所追求的价值。企业若想提高客户满意度就必须站在客户的立场上评价服务提供的价值收益和成本付出，对此进行管理以达到服务营销的目的。

三、客户满意度指数模型

服务营销中，通常决定企业的客户满意水平有三项主要的影响因素，即客户经历的服务质量、客户预期的服务质量和客户感知的服务价值。客户的期望是指客户的愿望和需求，是他们认为在实际体验过程中他们应该被提供的某一种特定服务。预期服务质量是影响客户对总体服务感知的重要前提。当预期服务质量过高，实际经历的服务质量不足以满足预期服务质量时，客户的满意度就会不理想，从而造成客户抱怨。相反，当预期服务质量较低，实际经历服务质量超出预期服务质量时，客户的满意度就高，客户忠诚度也随之增加。如图8-8所示。

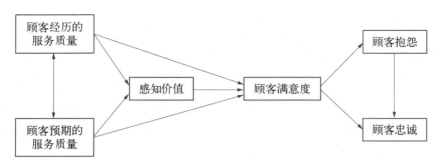

图 8-8　客户满意指数模型

（一）前提变量

1. 客户经历的服务质量

客户经历的服务质量的表达形式为客户近期对同行业服务消费经验的评价，其直接影响到服务中客户的满意度。由于客户满意的结果依赖于客户的主观感受，要使得评价客户经历的服务质量具有可操作性，就必须对服务消费体验的两项重要构成进行准确描述。

（1）服务的个性化是指企业向不同类型的客户提供个性化服务的程度。服务的多样化、人性化是高品质服务的重要特征，给客户提供了按个人特殊需求选择服务的自由条件。

（2）服务的可靠程度是指企业按照承诺标准，给客户提供可靠的标准化服务的程度。在客户服务质量的五大特征当中，可靠性对于客户的服务感知所占的影响比例最大。

2. 预期服务质量

客户预期的服务质量是由消费者口碑、企业形象和企业营销等非亲身经历的信息加上客户的个人需求决定的，代表了客户对服务提供者未来的服务质量的要求。实际消费过程中服务质量一定的情况下，客户预期服务质量决定了客户满意度的高低。

3. 感知价值

客户对服务的感知价值是指客户对服务的感知相对于所付出成本的服务质量水平，也就是客户认为该项服务性价比的高低。当客户经历的服务质量和客户预期的服务质量一定时，感知价值与客户满意度呈正相关。

（二）结果变量

客户的满意度不同，使得客户在对该项服务反馈中的表达结果不同，即客户满意的两个结果变量：客户抱怨和客户忠诚度。

1. 客户抱怨

客户抱怨是客户表达对产品或服务不满意的具体行为反应。分为私人行为和公开行为，其目的是为了获得补偿的权利。私人行为包括回避重新购买或再不购买该品牌、不再光顾该商店、说该品牌或该商店的坏话等；公开的行为包括向企业、政府有关机构投诉、要求赔偿。这两种行为都会直接损害到企业形象,影响企业获取利润。

2. 客户忠诚度

客户忠诚被认为是企业取得长期利润的基础途径。许多企业的经验表明,开发一个新客户的成本远远高于保留一个老客户的成本。同时,客户的忠诚度也相当于客户口碑,客户的忠诚度越高,企业获得的累积利益就越多。同时客户忠诚度也受到客户抱怨的影响。若企业对产生客户抱怨的物流客户进行有效的服务补救,并获得客户的谅解,也有利于客户忠诚度的提升。

四、提升物流客户满意度的方法

(一)评价客户满意度

确定客户预期的服务质量、测定客户经历的服务质量、测定客户感知价值、测定客户总体满意度、测定客户抱怨及忠诚度。

(二)确定以客户为中心的服务理念

服务提供的主体是客户,要做好服务行业的前提是重视客户、善于倾听客户的声音、了解客户需求,并提高物流服务人员以客户为中心的服务意识,重视客户对服务质量的感知。

(三)为客户提供个性化产品和及时性服务

了解客户的真实需求、让客户参与产品服务的设计过程、提高企业产品服务的柔性、尽可能地为客户提供便捷。

为客户提供个性化产品和及时性服务是提高客户满意度的关键,物流服务的特殊性注定其不能通过产品的质量、外形等其他产品性能来实现客户满意,所以物流企业就只能在提供物流服务的过程中增加客户的感知价值,以此来达到提高客户满意度的目的。

(四)增强客户体验

让客户参与到物流服务方案的设计中来,这样不仅能加强客户体验,也能在方案设计的过程中加强企业和客户的沟通,减少企业与客户之间的沟通障碍。同时能使客户了解物流服务的具体过程,了解物流服务的瓶颈和服务质量的提升难点,减少客户抱怨。

(五)重视客户关怀

企业应不断保持和客户的接触,获取、分析客户信息以满足客户需求,这就要求企业仔细分析客户的需要和偏好,对客户表示关怀,在营销活动的不同时期围绕着客户的需求和偏好,提出针对性的解决方法。

(六)正视客户抱怨

很多物流企业的职员对客户抱怨表现得很不耐烦,他们觉得客户不体谅物流服务工作也就罢了,还反过来抱怨,而事实上客户抱怨确是一把双刃剑。如果处理得不好,或者是不作出处理,客户的不满意就会通过传播得到放大,有损企业的对外形象。只有正确地面对客户抱怨,才能清楚物流服务本身的不足之处,并且及时地作出服务补救,消除客户抱怨,甚至能将客户抱怨转化为客户忠诚。

五、构建物流客户满意度测评指标体系

(一) 构建测评体系的原则

构建客户满意度指数的测评体系应遵循四点原则:客户确定原则、可测量性原则、可控性原则和可比性原则。

1. 客户确定原则

由客户来确定测评指标体系,以此准确把握客户需求,选择客户认为最关键的指标进行测评。

2. 可测量性原则

测评结果是一个量化的值,因此设定的测评指标必须是可以进行统计、计算和分析的。

3. 可控性原则

测评会使客户产生新的期望,促使企业采取改进措施,如果企业在某一领域还不能采取行动加以改进,则应暂不采用这方面的测评指标。

4. 可比性原则

设定测评指标时要充分考虑到竞争者的特性。

(二) 构建测评体系的框架

整个测评体系的框架分为四个层次。每一层次的测评指标都是由上一层测评指标展开的,相应的上一层次的测评指标是通过下一层次的测评指标反映出来的。测评体系的框架为如表8-7所示。

表8-7 测评体系框架

一级指标	一级指标即客户满意度指数
二级指标	二级指标即客户满意指数模型中的六大要素:客户经历的服务质量、客服预期的服务质量、客户对服务价值的感知、客户满意度以及客户抱怨和客户忠诚度
三级指标	根据物流服务的特点,将第二层次中的六个要素展开为具体的测评指标
四级指标	将第三层次的测评指标具体展开为问卷上的一系列问题,是直接针对客户的指标

(三) 构建测评体系的实例分析

结合我国物流行业的特点,针对客户对物流服务质量的感知测评,将二级指标开展为三级指标和四级指标。

(1) 按照服务质量的评估标准,将物流服务质量指标(二级指标)开展为有形性、可靠性、响应性、保证性和移情性5个三级指标。确定三级指标的权重选择主观赋

权值。

（2）基于评估服务质量的 SERVQUAL 量表，主要针对个体消费者的研究，将 5 个三级指标开展为 22 个四级指标，确定三级指标的权重选择主观赋权值。

（3）将每个四级指标的评测分为五个级别：满意、比较满意、一般、不满意、非常不满意。并对每个级别赋值为：100、80、60、40、20。由此评测出客服对物流服务质量的满意度序列。

下面以物流服务质量作为第二指标为例，以服务质量要素作为第三指标，以 SERVQUAL 理论基于服务质量展开的 22 项要素为第四指标，数据结果如表 8-8 所示。

表 8-8　客户满意度评价指标体系

维　度	四　级　指　标	三级权重	四级权重	权　重
有形性	（1）具备现代化设备的程度	0.10	0.25	0.025
	（2）服务设施具有吸引力		0.25	0.025
	（3）服务人员整洁的仪容、服饰		0.25	0.025
	（4）公司拥有完善的设备，能够提供您想要的服务或信息		0.25	0.025
可靠性	（5）公司对客户的承诺能够按时完成	0.30	0.20	0.060
	（6）客户遇到困难时，能够提供帮助		0.20	0.060
	（7）企业信誉良好，值得信赖		0.20	0.060
	（8）准确提供所承诺的服务		0.20	0.060
	（9）正确记录相关服务，业务资料完备		0.20	0.060
响应性	（10）明确为客户提供服务的准确时间	0.25	0.25	0.062 5
	（11）处理业务程序和服务的速度		0.25	0.062 5
	（12）愿意协助解决客户交易过程中的困难		0.25	0.062 5
	（13）能够快捷响应顾客需求		0.25	0.062 5
保证性	（14）服务人员值得信赖	0.20	0.25	0.050
	（15）交易过程中，客户感到放心		0.25	0.050
	（16）服务人员的礼貌程度		0.25	0.050
	（17）服务人员的专业程度		0.25	0.050
移情性	（18）针对客户的个别需求给予关怀和帮助	0.15	0.20	0.030
	（19）服务人员应体贴的与客户接洽		0.20	0.030
	（20）了解客户的真实需求		0.20	0.030
	（21）企业重视客户利益的程度		0.20	0.030
	（22）便利于客户的服务时间		0.20	0.030

物流服务营销

第三节 物流客户关系管理及策略

一、客户关系管理概述

（一）客户关系管理的演进

客户关系管理的理念实际上是来自关系营销的概念，和关系营销相似的还有很多的名词，如数据库营销和一对一营销等。这些名词基本上都是大同小异，主要就是讲究把客户当作一个单独的个体，利用各种营销手段维持良好的客户关系并获取更大的客户终身价值。

1. 从交易营销到关系营销

所谓的关系营销是把营销活动看作是一个企业与消费者、竞争者、政府机构及其他公众发生互动作用的过程。强调客户并不是一次的交易对象，而是合作伙伴，通过关系管理达到持续购买的目的。当产品或服务本身越来越同质化的时候，企业就很难形成差别化的竞争优势。所以，在市场环境的挤压下，关系营销逐渐代替传统的交易营销，成为新的主流营销模式。表8-9对比描述了交易营销与关系营销的区别。

表8-9 交易营销和关系营销的区别

交 易 营 销	关 系 营 销
管理4P营销组合	4C理论为基础
市场导向	关系导向
关注一次性交易	关注客户忠诚的长期交易
较少强调客户服务和承诺	高度重视客户服务和承诺
源于产品利润的最大化	双方合作实现共赢
供需双方缺少沟通	营销组合支持下的互动式沟通
主生产部门关注质量	所有部门关注质量
消费包装品和耐用品	工业品和服务
促销是与客户的唯一联系	内部独特的战略营销手段
客户价格敏感度高	客户价格敏感度低，关注需求满足
市场份额作为客户满意指标	通过关系管理确保客户满意度
客户信息来自定期的客户调查	客户信息来自数据库
很少关注内部营销、面向客户的投入及人力资源界面	职能界面具有战略重要性

关系营销是构建和维持企业与客户之间利益联系的重要手段。且现代的关系营销

与关系管理越来越强调企业基于跨职能流程的营销活动,并且把营销视作一种价值交换活动,而不是单纯的交易关系。理解客户挽留的经济性,以确保货币和其他资源合理地分配在巩固现有客户和开发新客户上;强调内部营销在外部营销获得成功中的战略角色;把关系营销的原则延伸到除客户以外的其他市场;认识到对质量、客户服务和营销进行整合的必要性等。经历过这一阶段,随着市场环境的不断变化,关系营销又向着另一个新的阶段发展——客户关系管理,图8-9描述了交易营销向关系营销的转化以及客户关系管理的定位。

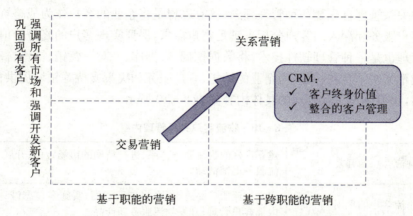

图8-9 从交易营销到关系营销:客户关系管理的定位

2. 从关系营销到客户关系管理

客户关系管理是一种战略方法。它将信息技术和关系营销战略地整合在一起,包括客户终身价值、多市场和跨职能三个关键要素。同时,作为实施关系营销的一种有效平台,客户关系管理并不是关系营销的终结,只是现在关系营销的一个特定阶段。在关系营销向客户关系营销的发展过程中,数据库营销起着承上启下的过渡作用。数据库营销可以看作是直复营销或目标营销的更高级形式,它综合了直复营销和目标营销的部分可行理念,然后在技术和手段上进一步加以运用和实现,同时又体现出关系营销的主体思维。数据营销的根本目的是为营销计划提供科学的决策支持,提高了营销的目的针对性和有效性,在掌握理解客户需求的基础上最大限度地满足客户需求,构建长期的企业—客户关系。

数据库营销是建立在准确的客户信息、竞争对手和企业内部信息基础之上的一种互动的营销沟通方式。数据库营销系统主要由以下三个子系统构成:客户信息服务(customer information & service,CIS),直接响应营销(direct response marketing,DRM)和计算机辅助销售(computer-aided sales support,CASS)。

(1) 客户信息服务。允许客户与企业之间有效迅捷地沟通,提供给客户尽可能多的信息支持,如订单查询、质量抱怨、技术问题等,以便使客户加深对本企业的了解,从而可以更好地选择本企业的产品或服务。

(2) 直接响应营销。它是数据库技术与目标营销的综合应用。在数据库辅助下,企业可以实现与现有客户或潜在客户的直接沟通,如采用直接邮寄、电话营销和直接响应广告等营销手段,以激发客户的响应——发出订单或进一步的信息索求。

(3) 计算机辅助销售。采用计算机互联网技术,共享数据和信息,使得身处不同地域的销售队伍或其他部门人员能够通过计算机直接访问企业的数据库,获取动态更新的客户或潜在客户的相关信息、竞争对手信息和企业自身信息。同时,在内部网中,该子系统的应用也可以有效地优化内部的电子沟通,以实现辅助销售管理。

(二) 客户关系管理的内容与本质

1. 客户关系管理的内容

客户关系管理首先是一种管理理念,核心思想是将企业的客户作为战略资源,通过完善的客户服务和深入的客户分析来满足客户需求,保证实现客户的终身价值;同时客户关系管理也是一种管理软件技术,将数据挖掘、数据库、一对一营销、销售自动化及其他信息技术紧密结合在一起,为企业的销售、客户服务和决策支持等领域提供自动化的解决方案,物流客户关系管理的具体内容如表 8-10 所示。

表 8-10 物流客户关系管理内容

物流客户的开发	建立良好的物流服务体系、进行精确的市场定位、开展多样的物流服务促销活动
物流客户的巩固	建立物流服务品牌、提高客户满意度、实施客户忠诚计划、强化内部客户管理、开发物流服务新产品
物流客户的识别和管理	客户信息资料的收集整理与分类、服务管理、时间管理
物流客户满意度管理	确立以客户为中心的经营理念、提供个性化和及时性的服务、增强客户体验、重视客户关怀

2. 客户关系管理的本质

(1) 客户关系管理的终极目标:客户资源价值的最大化。当今不少企业已从"产品"导向时代转化为"客户"导向时代。客户的选择决定着企业的命运。相应的客户资源与客户关系,以及企业拥有的与客户相关的知识和能力已经成为现代企业的重点战略资源之一。

企业与客户的关系不仅包括了在销售过程中发生的诸如处理订单、发货和收款等单纯的业务关系,还包括了销售前后,即企业营销和售后服务过程中的关系。例如,企业在市场调查活动和市场推广过程中与潜在客户发生的关系、企业与目标客户接触全过程中多对多的关系等。企业就是通过对企业与客户发生的所有关系进行全面管理,以此提升企业的营销能力和客户关系管理能力,扩大目标客户群,控制营销过程中客户抱怨的产生,提高客户满意度及客户忠诚,以实现客户资源价值的最大化。

(2) 客户关系管理的本质:企业与客户的竞合型博弈。一方面社会的进步离不开企业的发展。企业若想要更好的发展就必须扩大企业规模,这就要求企业不断地注入发展资金。企业的资金来源分为自有资金、融资和借贷三类,无论获取哪一类的资金都要求企业具有一定的盈利能力。为此,企业首先要创造和交付让客户满意的产品或服务,提高自身的竞争力,来获得更多的市场份额。另一方面,在剧烈变化的市场环境中,企业为了稳定利润并保持增长,需要不断地寻求新的投入与收益的平衡点。客户也会不断地产生更高层次的需求,也需要不断寻求一种新的需求满足与支出的平衡点,同时还存在企业与客户需求之间的全局平衡。买卖双方以"双赢"作为客户关系存在和发展的基础,供方提供优质的服务与产品,需方回报适当的价格。从实质上来说,企业与客户之间的关系就是一种持续性的在竞争条件下的合作性博弈。

(3) 客户关系管理的特征:企业与客户双向资源的投入与管理。从这一方面来看,客户关系管理是指企业通过向客户提供满意的需求资源回报,从而成功地影响到客户对于企业资源组合的投资,包括企业的经济投资与社会投资,其中社会投资指口碑、客户满意度和忠诚度等社会资源。企业与客户之间存在三个层次的资源交换,分别是情感层面、信息层面和行为层面。这三个层面之间存在密切联系并且相互影响。例如,情感因素决定了客户对不同服务信息的重视程度,同时在一定程度上也决定了客户行为。相应的客户行为也有助于客户对于服务信息的了解和情感上的形成。从客户的角度看,客户的资源投入包括购买行为、口碑沟通、产品和服务咨询、忠诚度等;从企业的角度来看,企业的资源投入包括定价、促销策略、实施忠诚度项目、改进服务质量等,从而对客户的资源投入产生正面影响。因此,客户关系管理最重要的一点就是对客户进行科学的定位和分析,明确客户投入企业中的资源类型以及希望从企业获得的资源回报类型,再针对不同的客户群体实施相应的客户关系管理策略。

目前基于客户价值的客户细分理论被人们普遍认可,主要是针对客户价值生命周期利润(customer-value life-cycle profit,CLP)进行客户细分。

二、物流客户关系管理战略

(一) LCRM 战略目标制定

物流客户关系管理(logistics customer relationship management,LCRM)的战略目标并不是一种空洞的理念,而是有着具体目标并能为企业未来的整体发展提供导向。如图 8-10 归纳了围绕提高客户满意度和忠诚度的四个 LCRM 战略目标。

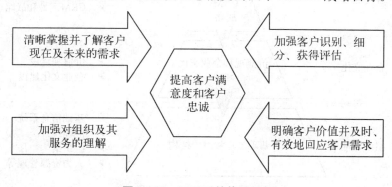

图 8-10 LCRM 的战略目标

(二) LCRM 战略的关键影响要素与支撑

LCRM 战略的管关键影响因素包括业务流程、组织、资源技术、数据库和硬件设备等,其描述如表 8-11 所示。

表 8-11 LCRM 战略的关键影响要素与支撑

影响因素	具 体 描 述
业务流程	所有企业主要的流程都必须从客户战略的角度来重新定位和再造,流程要能够确定是否能够及如何满足客户需求的基本问题
组 织	组织结构变革包括文化转变,是绝大多数建立客户战略的企业所不可避免的。客户对企业评价好坏的主要因素依然是人机互动,而并不完全是技术能力
资源技术	在一个 CRM 项目中,新的硬件设备、操作系统和操作人员是决定物质资源和人力资源投入的重要因素。因此,在具体制定 CRM 战略时,企业必须要仔细考虑技术设计,包括硬件、软件和人员
数 据 库	对于 CRM 战略,需要收集大量的数据,然后对数据进行加工和处理,再使企业员工和客户在不同程度上共享这些数据和信息
硬件设备	客户所访问部门的位置对客户感知有着深远的影响,客户接触中心的设施和网站也会对客户产生间接影响

(三) LCRM 战略实施层次

客户关系管理战略要求整个企业在所有范围内的实施,要具有把前端系统和后台基础设施整合起来,并把不同的软硬件产品与整合的多渠道环境协调起来的能力。这就说明客户关系管理要在多层次上同步实施,这些层次相互支撑协调,使得 LCRM 战略的实施在理念和实际工作中得到全面的贯彻实施。按照逻辑的角度划分,LCRM 战略的实施可分为三个层次,具体如图 8-11 所示。

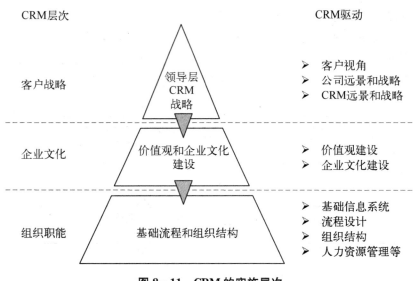

图 8-11 CRM 的实施层次

1. 第一层次

处于第一层次的是企业的领导层,对公司远景和战略起着决策作用,同时也扮演着协调和领导的角色,给企业上下管理层或非管理层指明行动方向。

2. 第二层次

在第二层次中,价值观和企业文化是战略实施的对象。企业文化是 CRM 战略成功实施的重要前提条件。强调以客户为中心、重视客户收益、关注客户个性化需求、建立情感忠诚的企业文化。

3. 第三层次

第三层次包括基础信息系统、流程设计、组织结构和人力资源管理等。运用差异化的方法来管理潜在客户及现有客户在当今客户关系管理中是至关重要的一点。同时,为了使 CRM 的战略思想在实际业务中体验出来,企业还需要围绕着销售、服务、营销、电子商务、供应链规划等重新构建 CRM 战略所需要的业务流程。

三、物流客户关系管理战略的实施

(一) 企业文化变革

1. 打破固有的价值观体系

CRM 可以从某种程度上理解为在信息技术的冲击下企业管理观念的变革,是现代企业提高经营绩效的有效管理。CRM 战略实施的成功与否与企业文化变革有着不可分割的紧密关系。这就要求在 LCRM 中,物流企业需要将传统的管理理念转化为"以客户为中心"的管理理念,并立足于客户利益来界定企业经营理念和确定以客户为导向的经营组织。以我国目前物流行业的现状来看,大多数物流企业的管理理念只是停留在"以客户为中心"的表面,并没有形成"以客户为中心"的核心价值观。对企业职员由上至下地全面贯彻这一管理理念,使其建立全力为客户提供优质服务,保障客服利益的服务意识,形成以客户为中心的核心竞争力。

2. 大客户营销

大客户有两个方面的含义:一是指客户的范围大,不仅包括普通的消费者,还包括一些企业的零售商、批发商和代理商;二是指客户的价值大,不同的客户群体之间存在着客户价值大小上的差异。根据帕累托原理,一个企业 80% 的利润往往是由 20% 的大客户创造。客户细分刚好可以帮助企业精准的定位出大客户,所以每个企业都该对着少数的高价值客户以及极有潜力价值的客户给予高度重视。

(二) 构建客户关系管理系统

客户关系管理分为理念管理和技术支持两大板块。技术方面即通过以数据库和客户信息集合为基础,构建物流客户关系管理系统。数据库中的数据资料既可通过市场调查来获得,也可通过物流企业的业务记录和业务人员个人与客户的接触等渠道获得。物流企业通过客户关系系统对物流客户的相关信息进行整合,并利用企业内部的信息平台,实现企业内部的资源共享,使得每个区域部门都能了解物流客户的基本信息,从而为物流客户提供更加具体周到的优质物流服务,以此提高物流客户服务质量并提升企业在同行业中的竞争能力,有利于获得新物流客户。

(三) 物流客户分析识别

在物流客户关系管理系统建立的前提下,利用数据库囊括的各方面的物流客户行为数据,建立一个整合性的结构化数据模型,并在此模型的基础上,对数据进行标准化、规范化分析,从而达到对物流客户分析、识别的目的。正确的客户分析与识别能够帮助企业有效地调动企业内部的各种资源,协调各个部门的行动计划,明确所有部门的专业分工,从上至下、由内到外地进行有效的衔接和集成,形成强有力的营销计划,从而降低营销成本,同时获得更强、更有利的市场渗透能力。企业要获取最大利益的根本就是要明确知道客户想要的是什么,然后将客户期望的产品或服务有效地、及时地提供给具体的客户。现实中很多企业都没有通过客户细分来识别和量化销售机会,在营销过程中,没有准确的客户定位就没有办法理解客户的真正需求,这样就会致使大量营销资源被投放在没有针对性的、无效的销售工作中,不仅不能够产生预期中的理想效果,还会造成大量的资源浪费,增加销售成本。

强调通过分析物流客户关系管理系统中大量物流客户综合信息,挖掘客户的潜在价值及潜在客户,并以此对物流市场进行分析,针对不同物流客户群体,实施不同的物流客户关系管理策略。

1. 潜在客户

针对潜在客户进行品牌宣传,通过对外宣传降低或者消除潜在客户对物流企业的负面印象,使其了解物流企业的真实情况,并同时通过开展多样化的物流促销活动,短期内,以限时的优惠价格吸引潜在的物流客户。

2. 已开发客户

通过更深层次地了解客户需求,使服务个性化和人性化来增强企业和客户的社会性联系,如增加客户关怀,以网络、通信等方式取得与客户的长期联系,掌握客户需求的变化并在物流服务提供过程中满足,以提高客户的忠诚度。

3. 成熟客户

成熟客户是企业主要的利润来源,其管理重点在于客户关系的维系。可以通过约束性措施来进行客户关系维系,如企业使用经济手段、技术手段和契约手段等设置高的客户退出壁垒或转移壁垒,如支付违约金,或使客户对企业的服务有依赖性,或是通过情感维系锁住客户关系。在物流市场竞争中,设置的退出壁垒一旦消失,则客户会毫不犹豫地转向其他竞争者。如果客户与企业之间存在良好的情感维系,即使退出壁垒消失,客户也仍然会选择原来的物流服务商,而具体什么时间采取哪种策略还得根据具体情况作出具体分析。

(四) 建立战略联盟

物流企业可以利用多年经营形成的业务网络,联合同行业其他企业,如专营仓储、运输等业务的传统物流企业,建立物流联盟,整合各种物流资源,实现优势互补,为客户提供铁路运输、公路运输、水路运输、仓储、装卸、配送、报关、进出口、流通加工等全方位、多渠道、一体化的物流服务解决方案,并能够快速有效地进行物流调度,提高从原材料供应商、制造商到分销商甚至到产品用户整个供应链的物流和信息流的流通效率。

案例分析思考题

现代物流被誉为企业的"第三利润源"。有专家预计,杭州市潜在的物流市场达300亿元。因此,不少企业开始瞄上这块蛋糕。杭州市现代物流协会秘书长钱超英说,该协会成立两年来,目前会员企业已达60家。

但是,由于客户投诉和纠纷不断增加,各物流企业缺少有关客户投诉管理办法,同时又没有相关的物流行业规范,使得纠纷难以妥善解决,杭州市物流行业面临一定的信任危机。

一个案件,曹先生的20件保温材料经由某一物流企业托运至建德,货是送到了目的地,途中却丢了3件。据该物流企业处理此事的宋先生说,由于驾驶员是新手,在运送途中汽车颠簸导致捆绑绳松动而丢失。为此,曹先生不愿支付运费。而托运企业毫无解决的诚意,他们认为,既然不付运费,双方托运合同就不成立,双方谈赔偿就没有基础。

另一案件,于女士向杭州市工商局投诉称,她通过某速递公司杭州分公司邮寄两台打印机,但打印机在途中丢失。在消协调解未果的情况下,双方要通过司法途径解决。于女士的同事说:"物流企业有义务将所托运的物品安全运达目的地,造成货物破损、遗失,物流企业应该承担责任。我们曾碰到类似的情况,一份合同通过快递运送时被快递企业丢失了,对方说,按规定只赔邮寄费的双倍,对于由此带来的其他损失却不愿意承担责任。""如果你不对托运物品做'保价'托运,那么,我们只能赔你邮寄费的两倍。"该物流公司处理此事的赵先生说:"任何物流企业(托运货品时导致货品)遗失是不可避免的。我可以这么说,快递企业整体素质是不太好的。"杭州市工商局发现,综合两个月以来的此类投诉非常多,有关人士指出,物流行业相关规范以及物流企业缺少相应的服务理念和投诉管理机制,成为物流投诉高发、投诉难以解决的主要原因之一。这样就大大降低了物流客户对物流行业的满意度和信任度,也成为我国物流业发展的绊脚石。

思考题:
结合案例与时局谈谈物流客户关系管理。

第九章 互联网下的物流服务营销创新

> **导入案例**
>
> **中联网仓的"土豪营销"**
>
> 2014年3月的一天,物流行业专家黄刚的一条朋友圈卖萌信息引起疯狂点赞:"中联网仓给我发来开仓盛典的邀请函,欣喜打开一看,还真有惊喜,一盒杜蕾斯!写着:发货快如子弹,快感由此而来……搞得我好不尴尬。"就在那一周,GXG千万姐、松鼠老爹、自媒体百万姐等电商大咖陆续在微博微信晒出类似礼盒照片,一时间,收到这小小纸盒似乎成为电商界地位的一种象征,其中还有收到卫生棉的,"一键开启大促模式,流量再大也能HOLD住"的标语让围观粉丝们大呼:搞仓储物流的也玩起互联网思维了!
>
> **互联网思维从营销开始**
>
> 利用社会化网络媒体进行个性化营销是互联网思维最显著的特征。
>
> 雷军小米的粉丝营销可以玩得风生水起,甭管水军不水军的就是各种吸睛、颠覆,还和董明珠打赌;雕爷牛腩的饥饿营销可以玩得档次十足,又是中国首家轻奢餐又是限量试吃,还能跟苍老师来个"偶遇";松鼠老爹的情感营销可以玩得萌态百生,不是主人主人的叫个不停,就是么么哒萌死你,年底还能奖高管每人一辆车;马佳佳的重口味营销可以玩得爆点频出,赚不赚钱是其次的,反正火的时候万科演讲都要被各种剖析讨论。
>
> 那么,搞电商仓储物流的该怎么玩营销呢?中联网仓品牌负责人说:"尽管仓储物流行业相对传统、严谨,但作为国内首家高自动化电商仓配中心,我们非常明确的聚焦电子商务、定位在高端客户,互联网思维的精髓就是用户思维,精准卡位,一切从客户角度出发,贴合他们的需求,自然就能找到属于自己的品牌调性——我们玩的是土豪营销!"
>
> **独创"土豪营销"怎么玩?**
>
> 当然,"土豪营销"只是戏称,土豪一词在网络语言中逐渐走向中性,所有高端、昂贵、上档次的人或事都被以土豪冠之。中联网仓耗资数亿建华东旗舰仓,上的都是进口设备用最好的系统,运营团队都是国际专家,够土豪;目标客户是日均2千单以上的行业大佬,够土豪!土豪找土豪,"土豪营销"到底要怎么玩?
>
> 互联网思维的名言是:得屌丝者得天下,对于中联网仓而言则是"得土豪者得天下",高端电商圈终究是个小圈子,通过最极致的互动体验打造口碑营销,是"土豪营

销"的撒手锏之一。以仓储物流行业最常见的客户参观仓库为例：定制的微信主页直接报名、全程考斯特接送、自主研发的手机语音导游智能讲解、与普通员工一起在豪华的自助餐厅享用午餐零距离感受公司氛围、客户手机没电随时送上充电宝等。参观之后，通过数据运营，线上专属 VIP 微信内容定制推送、线下高端沙龙会议特邀，实现线上线下联动。

虽然土豪们或地位显赫或功成名就，但身在互联网大潮之中，同样也有一颗猎奇、闷骚的屌丝心，所以前文出现的"无节操礼品"只是吸引眼球的手段，真正的核心是要把产品亮点进行最易于传播的"无节操"包装，继而通过社会化媒体最大范围地迅速传播，更加直接有趣地送达潜在目标群体，无论是"发货快如子弹，快感由此而来"跟杜蕾斯的融合，还是"一键开启大促模式，流量再大也能 HOLD 住"跟护舒宝的匹配，包括 3 月 29 日开仓盛典当天首个出仓包裹用保时捷跑车配送，都是利用这一特性，精心策划而来。

打通任督二脉，颠覆需要由内而外

互联网思维的颠覆都是由内而外的，从产品到营销，从渠道到销售，可以打造出另外一个生态圈。立足电商仓储物流行业，中联网仓的互联网思维三大法则是：社会化思维、极致思维、用户思维。外在的社会思维已经用"土豪"营销充分呈现了，那么极致思维跟用户思维这两条内在的任督二脉又是如何打通的呢？

极致思维，就是要把产品打造到极致，正如雷军所言：为发烧而生！全进口的自动化设备配合国际最高水准的系统，通过一年的不断研发磨合内测，最终面市的是 5 万平方米的国内首家高自动化电商仓配中心，日均处理 150 万件货品，针对电商大促，可以一键开启大促模式，峰值处理 200 万件货品，相比现有的第三方电商仓储物流企业而言，从运营理念到规模实力，不会是绝后但已经空前，将处理能力做到了极致，更极致的是，通过科学的成本管理，高投入不等于高报价，与业界平均水准持平的服务价位，令这把利剑极具竞争力。

用户思维，就是用户体验至上，让客户参与到产品开发中来。从项目规划之日起，中联网仓就有专门的研发团队一边走访电商客户收集需求一边进行定制化的项目设计研究，甚至让部分权威电商直接参与到研发过程中来，让设备系统以及运营逻辑都能够完美匹配电商实际需求，带来最震撼的客户体验——超过 10 千米的输送线最大程度减少货品搬运带来的损坏、"傻瓜式"操作播种墙降低人工合单出错率、24 道口高速滑块分完全栋避免暴力分拣等细节的设置，都是用户思维最好的体现。

互联网思维从去年的神乎其神到如今的备受争议，每个人都有不同的理解。冷静来看，其实，互联网思维本身并没有任何问题，他既不是魔鬼也不是万能药水，每一条法则都是早已有之，都是顺应时代潮流的微创新，换言之，不是因为有了互联网，才有了这些思维，而是因为互联网的出现和发展，使这些思维得以集中性爆发，也许明天还会有 A 思维、B 思维大行其道，但是认真做好产品、提供最好的服务，应该是每个人要永远刻在脑中的思维。

物流服务营销

第一节 互联网下的物流服务营销

一、我国物流业困境

经过过去30多年的发展，我国已成为世界第一制造大国和贸易大国，也成为名副其实的物流大国。铁路货物发送量、铁路货物周转量、港口吞吐量、道路货运量、海港集装箱吞吐量、电子商务市场规模、高速铁路和高速公路里程等均居世界第一，航空货运量和快递量居世界第二。物流业已经成为国民经济的支柱产业和最重要的现代服务业之一。2014年，我国快递业务量达140亿件跃居世界第一，同比增长52%，最高日处理量超过1亿件，业务量从2006年的10亿件增长到2014年的140亿件。自2011年3月以来，我国快递业务量已连续46个月累计同比平均增幅超过50%。

总体而言，我国物流增长方式相对粗放，亟待"转型升级"。我国不是物流强国，物流业发展粗放，总体滞后经济社会发展要求。根据世界银行的物流能力指标（LPI），我国物流能力领先于其他"金砖国家"及与我国有相似资源禀赋的亚洲国家，但明显落后于主要发达国家，表现在以下五个方面。

一是物流系统性不强，网络化程度低，呈现分散、独自发展的态势，基础设施的配套性、兼容性较弱。综合交通运输体系尚未完全形成，综合交通运输枢纽建设滞后，不同运输方式难以进行合理分工和有效衔接，沿海和内陆集疏运体系不配套，各种运输方式之间信息不共享，交通运输资源综合利用效率不高；海铁联运比例不到2%（发达国家已达20%）；一些物流需求不旺的地方盲目大量兴建物流园区、物流中心造成闲置；而物流需求旺盛的区域如北、上、广等省市物流企业面临用地困难；仓储设施分布在不同行业和部门，缺乏有效的资源整合；托盘标准不统一，不能一贯化运作；地方保护、部门封锁比较严重，工商、税收、土地、交通等方面存在一些阻碍和限制分支机构设立和经营的问题。

二是与制造业、农业、商贸联动不足。物流速度慢、成本高、渠道不畅、模式陈旧已经成为制约制造业由大变强、解决三农问题、商贸服务和电子商务持续发展的瓶颈。

三是国际化能力不强。与我国高增长的国际贸易相比，物流业还未形成与之相配的全球物流和供应链体系，国际市场份额很低，进出口所需的物流服务很大程度上需要依赖国外跨国物流企业。我国与200多个国家建立起了贸易联系，但国内几乎没有一家物流企业能够提供全球送达业务。

四是物流业整体创新能力弱。物流业企业创新动力不强，研发投入很低，商业模式创新、组织创新、技术创新、管理创新等滞后，尚未进入以创新引领的发展阶段。

五是不可持续问题突出。公路、航空、铁路、水路等运输方式的资源、能源、土地等消耗和大规模排放问题突出；无效运输、不合理运输、过度包装等问题严重；超载、超速造成的严重人身安全和货物损害事故经常发生，给企业和国家带来重大损失。

我国依赖"高投入、高消耗、高排放、低产出、低效益、低科技含量"的传统物流运作模式难以为继,需要利用新技术、互联网思维、模式创新提高效率、降低成本、实现可持续发展,打造物流的"升级版"。

二、互联网对物流业发生的影响

(一)互联网、大数据升级物流的"指挥系统"

首先,在物流信息技术应用上,随着手持终端设备的开发和移动互联网 APP 应用的不断成熟,使物流企业内部运作信息同步,分拣中转、装卸运输、揽收派送等环节更加协同有效。其次,大数据应用使物流企业之间,电商与物流行业之间形成联动机制。例如,菜鸟网络的天网预警雷达和物流路径优化是典型应用,菜鸟是电子商务物流开放数据平台,在电商销售旺季,一方面,菜鸟通过销售数据预测订单产生规模、地点、物流路径,指导物流企业提前配置资源,缓解物流压力;另一方面,菜鸟根据物流压力运输指导电商商家调整营销策略,从货源端减少物流系统压力。目前菜鸟天网预警雷达的预测准确率达95%以上,让物流公司实时掌握整张物流网络每个环节的"未来包裹量预测"和"繁忙度实况预警"。

(二)互联网让物流变得更"聪明"

物流的过程,是社会产成品从厂商转移到消费者的过程,互联网改变的不仅是物流的"动",更重要的在于如何"少动"甚至"不动",这背后是商品流通体系潜移默化的转型升级。首先,智能分仓技术将改变现有物流模式,做到货物"不动"数据"动",大幅提高物流效率,降低物流成本。大数据预测将指导商家进行库存前置,包括品类、规模、地域,以成本最低的方式提前运输到消费地,待消费者下单后,再从最近的电商仓储完成最后一千米配送,做到"订单未下,物流先行"。其次,互联网带来产业布局、城镇化的改变。C2B模式、淘工厂等新事物的出现,标志着由消费者驱动的个性化制造正在崛起。近两年,全国出现了200多个淘宝村,19个淘宝镇,培育了大量的网商、服务商,带动了当地制造业的兴起,吸纳了周边大量劳动力就业,形成了新的产业聚集、新型的城镇化,也标志着依靠工业经济下大零售、大生产为基础的产业布局正在改变。互联网带来三四线城市、农村消费的变化,扩大了物流覆盖半径和纵深。电子商务缩小了城乡差距,使农村用户在网上也可以买到与大城市居民同样的商品、快递送到家门口。互联网带来生产、消费、物流的改变会构筑新的商业流通体系。

(三)新模式不断涌现

物流是一个不断接力的过程,是社会资源实现合理调配的过程,互联网让社会信息从不对称变得对称,实现社会资源的优化配置。近年来,随着大数据的不断发展,物流社会化应用日新月异,从亚马逊推出的出租车顺路送货,到DHL在瑞典试点的众包模式"路人送货",这些都是典型案例。同时,物流智能化趋势也很明显,在运输环节,UPS、Google、DHL和国内的顺丰都自行开发了载货无人机,德国甚至已经开始投入应用;在仓储环节,亚马逊的KIVA拣货机器人标志着电商仓储管理已经进入新时代;在配送环节,各国配送机器人项目也在研发中。

(四)"互联网+"时代下物流的未来

未来三到五年,随着高速铁路、大型高速船舶、绿色航空、新能源汽车、智能交通、智能仓储、新材料技术、节能环保技术,特别是物联网、现代管理科学技术等在物流领域的推广和应用,互联网、移动互联、大数据、云计算将与物流业深度融合,让物流更加"智慧化""智能化",这些都会对物流业的转型升级带来促进作用。

与之相应,政府管理部门、物流企业也要学会用"互联网思维"思考,不断优化行业的管理、运营、市场等各环节,用"互联网+"的"天网"改变物流"地网"格局,构建高效透明、信息对称、价格公开的社会化现代物流体系。

三、促使物流互联网化的原因

长久以来,物流行业依旧按照传统的模式在运作,物流行业在移动互联网的社会化大背景下并没有玩出太多花样。"互联网化"是有效提升企业整体核心竞争力的有效途径,物流企业需要"互联网化"来改变行业现状。随着时间推移,物流互联网化开始逐渐加快速度。

我国物流行业当前正处在初期的成长阶段。据统计,中国的物流市场有3万亿的市场规模,包括有70万家物流公司,物流行业散乱纷杂,整合难度巨大。

互联网化已经改变了餐饮行业、旅游行业、汽车行业和房产行业等,那么互联网改变物流行业也是大势所趋。现在物流行业的局面更像是群雄争霸,各大物流公司都在自己的"局域网"内高筑城墙,但是"局域网"和"局域网"之间很难畅快的互联、互通、互动。因此,物流行业要从"局域网"蜕变为"互联网"还需要更高的技术支持和政策支撑。

(1) 电子商务的快速发展催生了物流行业的崛起。基于互联网化的电子商务交易发展速度,远远大于传统模式下的快递物流发展速度,物流行业提速亟待破局。

(2) 移动互联网时代,人们网上购物、网上订餐等消费习惯逐渐被培养起来,物流的"最后一千米"成了最大的痛点,这一痛点急需物流互联网化来解决。

(3) 早期为服务电商发展起来的"四通一达"在现在看来远远不能满足人们的服务需求。其一,效率问题。以"四通一达"为代表的物流服务商,在配送效率上远远不能满足"即时达""即时送""马上到家"的配送需求。其二,质量问题。传统物流企业曝光出来的暴力分拣、暴力分拆让消费者常常蒙受产品质量损失,对于生鲜这样对物流极高要求的产品,质量问题会越发凸显。其三,服务问题。对于售后服务以及客服问题,消费者经常会遇到第三方物流公司踢皮球的做法。

(4) 物流互联网化将追求更高效、更精细化的分工,传统物流企业很难适应这一角色。传统物流企业大多数局限于落后的工业化思维,更类似于B2C模式,是一种粗犷式发展。物流互联网化带来的是一种互联网思维——用户思维,类似于C2B模式,是柔性发展,更利于资源的最大化利用和配置,提高生产效率。

资本投入成为推动物流行业互联网化的主要动力:一是者如外卖O2O和微店的兴起,大量新运力需求因此产生,原有物流企业无法有效满足这种需求;二是大量及时性需求产生,消费者对配送的速度和个性服务有更高要求,之前成熟的物流体系在工业化思维指导下无法提供柔性服务。

互联网时代人们追求更高的效率、更好的品质和更优的服务。物流的互联网化通过积极推广、共同配送等先进模式，有利于提高货品配送集约化程度和物流设备利用率、降低物流成本、提高流通效率。"互联网化"最为重要的是通过信息化平台和大数据服务，解决物流供需双方痛点问题，有效缓解城市交通问题和环境压力。相信随着技术的成熟和政策的完善物流行业也将会越来越成熟。

四、物流互联网化的特征

互联网时代的到来，使得信息的传播、交流发生了巨大的变化。信息是物流系统的灵魂，互联网技术所推动的信息革命使得物流现代化的发展产生了巨大的飞跃。物流信息化受到空前的重视，物流信息化表现为物流信息的商品化、物流信息收集的数据库化和代码化、物流信息处理的电子化和计算机化、物流信息传递的标准化和实时化、物流信息存储的数字化等。没有物流的信息化，关于物流现代化的任何设想都不可能实现，信息技术及计算机技术在物流中的应用将会彻底改变世界物流的面貌。物流信息化是电子商务的必然要求。

（一）经营全球化

互联网技术的出现，加速了全球经济的一体化进程，致使企业的发展趋向多国化、全球化。跨国企业可以根据自身发展战略与世界各地的经济、政治条件，在不同国家设立制造基地和经营总部，其目的是取得最小的运营成本和最大的市场份额。

全球化的经营导致物流全球化趋势，促进了国际物流的发展，物流网络的规模越来越大，运营越来越复杂。新的形势要求物流企业以及与物流密切相关的制造企业和综合企业及时调整发展策略、制定相应对策。

面对全球化激烈竞争的趋势，企业的战略对策之一是专注于自己所擅长的经营领域，力争在核心技术方面领先；而本企业不擅长的业务则分离出去，委托给该领域有特长的、可信赖的合作伙伴。制造企业把自己不擅长的物流业务分离出去，外包给物流企业的趋势为现在所谓的第三方物流、第四方物流的发展创造了条件。

企业注重核心技术的趋势使物流业务从生产企业分离，为物流企业带来良好机遇，而物流企业也必须重视自己的核心竞争力，精心发展业务、提高服务水平，确实保证委托方的利益并建立本企业的信誉。

现在，世界五百强企业已有400多家进入中国市场，今后必将有更多的跨国公司、大企业进入中国的制造业和流通业。由于和世界经济接轨，中国经济现代化的速度将加快，对于物流业的发展将起到有力的推动作用。

（二）系统网络化

物流系统的网络化是经济全球化电子商务时代物流活动的主要特征之一。完善的物流网络是现代高效物流系统的基础条件，地区性物流网络、全国性物流网络、全球性物流网络是现代物流系统不可缺少的资源。跨国公司要在国际竞争中立于不败之地，必须拥有一个高效率的物流网络系统。

物流网络系统包含通路、节点以及有关的信息系统等,它可以是由政府投资的公用物流网络系统,也可以是由企业投资建设的自用物流网络系统。

当今世界全球信息网络资源的可用性及网络技术的普及为物流的网络化提供了良好的技术支持,物流网络化必将迅速发展。今后数年,我国全国性物流系统的基础建设如各种物流通路、大型物流中心的建设将会有较快发展,现代化的物流配送系统亦将逐步成熟。

（三）供应链的简约化

供应链是指涉及将产品或服务提供给消费者活动的全过程中,上、下游企业所构成的系统。例如,服装供应链是由提供原材料的企业、纺织厂、成衣厂、批发、零售企业所组成的。每一件产品又涉及多条供应链,如汽车就涉及车体钢铁材料的供应链、车窗玻璃供应链、轮胎橡胶供应链以及仪表供应链等。有关各种产品的无数供应链构成了极为复杂的社会经济网络体系。

在同一供应链中的所有企业都需要上游企业供应原材料或货品,同时也不断地向下游企业供应自己的产品,形成了递阶式的体系。供应链的最末端企业,如服装零售店售出每一件商品都是这条供应链上所有企业的一次成功,所以市场竞争实际上不是单个企业之间的竞争,而是一条供应链与另一条供应链之间的竞争。供应链内部上下游企业之间存在贸易关系,也就是说存在利害关系,但是从供应量的角度来看,这些企业之间更重要的是具有相互依存的关系。供应链理论的出现,使得物流科学的应用范围更加拓宽,物流研究与应用达到了新的高度。

互联网技术为供应链所有环节提供了强大的信息支持,生产者、最终消费者和中间经营者都能够及时了解供应链的全部动态,也就是说,供应链具有了更好的透明度。在供应链中,任何多余的环节、任何不合理的流程与作业都能被及时发现。特别是由于互联网提供的信息支持,供应链中原有的多余环节将被消除。因此,供应链将变得更为紧凑。供应链的这种变化将直接影响到企业的经营与发展战略,同样也给物流业带来很大变化。以往商品经由制造、批发、仓储和零售各环节间的多层复杂途径,最终才能到达消费者手里,而现代流通已简化为可以由制造业经配送中心直接送到各零售点。互联网技术提供的信息共享技术,对于加强供应链管理、改善供应链物流系统提供了有力的支持。

互联网时代信息技术的应用改变了企业的管理系统,指令的逐级下达和信息的逐级上报的模式将被各级用网络直接连通的模式所代替,这将引起企业组织从金字塔结构向扁平结构转变的变化。物流企业的业务流程长、活动范围广、外部环境变化多,物流企业现代化对信息技术的需求更为迫切。

（四）企业规模化

在电子商务时代,由于物流的小批量、多品种、快速的特征更为显著,配送的难度更大,必须达到一定规模才能产生相应的经济效益,没有规模就没有效益。为了更快地在规模效益方面领先,企业的兼并、联合趋势加强。当然,在选择合作伙伴时,弱者将被淘汰出局,形成强强联合。物流企业必须依靠自己先进的经营模式、高质量的服务和强大的实施能力为依托,寻求合适的合作伙伴;与此同时也可能有条件被其他优秀的企业选取为合作伙伴,在联合中不断得到发展。

中国企业面临的竞争是国内外两方面的,物流企业也是如此。一些国营储运公司规模虽大但存在体制不灵活的问题;一些新型物流公司大多规模偏小。它们需要在竞争中求联合,依据双赢战略选择战略伙伴,以图结成实业联盟创造规模效益。可以预见,物流企业的强强联合趋势将加强,我国现代化超大型物流企业将出现在社会经济舞台上。

(五)服务一体化

由于物流系统的复杂化和对物流服务水平的要求越来越高,为第三方物流的发展提供了广大的市场。物流是服务行业,服务水平是竞争因素的最重要部分。第三方物流业者最时髦的口号是"提供一体化物流服务",把用户的物流业务从规划设计到运行管理全部承担下来。在保证成本的条件下,使用户拥有一个高效、通畅的物流体系。

在供应链急剧变化的时代,第三方物流业通过增值服务扩大营业额也是重要的手段。加强增值服务是今后物流业发展的一个重要方向。其目的不仅是降低成本,更重要的是提供用户期望以外的增值服务,如配货、配送和各种提高附加值的流通加工服务项目,以及其他按客户的需要提供的服务。

增值服务的内容除一般的装配、改包装之外,还在于不断扩大范围,发展有特色的增值服务。例如,德国 FIEGE 公司对服装进行配送,在送达最终用户之前把衣服烫好、进行商业包装或悬挂在衣架上送达商店;又如,生产吉他的 FENDER 国际公司委托 UPS 公司对其配送系统进行集约化和系统化整合,UPS 的增值服务包括为吉他调好音。

扩大的增值服务不仅仅是增加了物流企业的收入,更重要的是由于承担了上游企业和下游企业所分离出来的业务,使自己成为供应链中不可缺少的组成部分,从而稳定了客户群。

五、物流 4.0 时代物流互联网化的趋势与机会

(一)"物流互联网"时代的到来

目前,互联网的飞速发展已经引发了一场新的产业革命,以互联网为核心,以移动互联网、大数据、云计算、物联网、自动化为基础的技术革命已经可以实现互联网与实体产业网的深度融合,这种融合给传统的实体产业带来了翻天覆地的变革,让实体产业跨入了"产业互联网"时代。

产业互联网,指的是产业与互联网融合,互联网成为产业的主导与控制核心,从而带来的产业互联网化。

产业互联网与虚拟的信息互联网不同,产业互联网是网上与网下融合,实体与虚拟融合,实现现实世界智慧化与网络化。产业互联网首先需要通过物联网技术将物理世界网络化,通过大数据与云计算技术推动物理世界智能化,从而使我们的产业可以实现在线智慧设计、在线智慧制造、在线智慧商务、在线供应链智慧协同、在线智慧物流运作等,让每一个人都可以参与成为创客。

现代物流是具有流动特征的复合型产业,一边连着制造业,一边连着消费者。我们认为,传统的物流产业是物流 1.0 时代;后来随着信息技术的发展,科学技术的进步,使得原料、在制品、制成品从供应到消费地的运动和储存的相关活动信息可以通过许多手段进行更方便地沟通,现代物流各环节可以统一考虑、系统运筹。使得企业可以在研究客户需求信息的基础上,对物流作业各功能性环节的活动进行高效而经济的计划、执行和控制,从而引发了现代物流理念的变革,现代物流进入了一体化物流时代,这就是物流 2.0 时代。当现代物流与制造业信息深度融合与共享,制造业在采购获得、制造支持和产品销售各环节均能以客户需求为导向,不仅实现企业信息系统的快速反应及生产线的柔性制造,同时还可以实现企业信息流、物流、与资金流信息的全面融合,物流就进入供应链管理时代,目前我们正处于这个物流 3.0 的时代。

信息技术发展一直是现代物流变革的核心和关键。移动互联网的发展,产业互联网大潮的推动,云计算、大数据、物联网与物流自动化等技术的成熟,正推动着现代物流业走向互联网化,物流业即将进入物流互联网时代,也是物流 4.0 的时代。这是中国物流产品网与《物流技术与应用》杂志最近首次在全行业倡导物流 4.0 理念。物流互联网大幕开启,必将带来物流业的新一轮变革。

(二)进入"物流互联网"时代的基础条件

2014 年,李克强总理主持召开国务院常务会议,讨论通过了《物流业发展中长期规划》,提出到 2020 年基本建立现代物流服务体系,提升物流业标准化、信息化、智能化、集约化水平,提高经济整体运行效率和效益。这里提出的现代物流发展的"四化"就是中国物流进入"物流互联网"时代的基础和必要条件。

大家知道,互联网的起源就是"标准化",蒂姆·伯纳斯·李通过超文本的 www 浏览协议与标准实现了信息在不同的计算机之间的联网共享,从而创造了互联网。在物流运作的现实世界,要实现物流互联网,物流标准化就是最重要的基础之一。可以讲,没有物流标准化,物流运作实体网络必然难以实现开放与资源共享,不能实现网络化智能运作,与互联网精神背道而驰。

信息化是物流互联网的核心与主线。现代物流变革一直围绕信息化发展而发展。物流互联网对物流信息化的要求更高,首先物流互联网需要实体物流的物品做到联网、可视、可运筹、可优化、可流程智能控制等。只有做到了物流信息化,才能实现物流供求资源与运作资源的网络化的开放与共享,从而创新出无数的商业模式。

智能化是物流互联网的必然要求。没有智能化,物流互联网就不能做到融合,仍是两张皮,贴不到一起;没有智能化,物流互联网不能运筹与优化,物流互联网就失去了存在意义;没有智能化,物流的互联网就是画蛇添足,徒增物流成本,带不来物流效益与效率。

集约化是物流互联网的目的。集约化指集合人力、物力、财力、管理等生产要素,进行统一配置生产要素的过程。集约化以节俭、约束、高效为价值取向,从而达到降低成本、高效管理,获得可持续竞争的优势。集约化与集中管理不同,过去要实现集约化可能需要加强集中管理,但是在互联网时代,通过分布式系统,庞大的网络信息共享,可以在更大网络范围内实现物流的车辆资源、人力资源、仓储资源、货物资源的信息共享和统一调度,做到最优配置。

物流互联网开启了一个新的时代,未来物流互联网到底是一个什么图景?通过物流互联网能够达到什么目的?在这个时代的大幕刚刚开始拉开的时候,我们必定看不到剧目的全貌。如果我们用想象和比喻来描述物流互联网,假设现在的物流系统,就像过去的传统的电话接驳系统,虽然信息也能互相联通,但是我们必须先要打给接线员,由接线员根据你的要求连接到通话对象。物流互联网时代,这些链接过程完全是网络的、智能的、自动的,是通过程控交换机由程序自动完成。在物流互联网时代,我们的物流装载、发货、仓储、配货、分拨、配送都是基于互联网的智能系统来完成。

(三) 物流互联网时代的物流技术与装备

物流互联网时代,需要快速发展的信息技术来支撑,如大数据技术、云计算技术、移动互联网技术,这些也是信息互联网和产业互联网都需要的技术,是通用的信息技术,对此不展开介绍。下面重点对物流运作直接相关的智能物流技术与装备进行分析,主要集中在以下三个方面。

1. 智能感知技术与产品

实体的物流运作要联网,首先需要智能感知技术,如 RFID 技术、传感器技术、视频感知技术、GPS 技术、条码识别扫描技术等,这些技术的产品应用在仓储设备、输送设备、搬运输设备、运输装备、集装单元等方面,主要用来定位感知、过程追溯、信息采集、物品分类拣选等。

目前物流行业装备智能化感知技术的应用主体还不能做到全自动,智能终端识别技术还需要人来操作,智能拣选系统也仅仅起到辅助人工作用,传感器主要用于冷库等特殊仓库的信息感知。

在可视化物流设备方面,通过视频传感器实时感知物流作业状况和仓库管理状况的视频管理系统近年来增长也较快,在先进的自动输送分拣系统、全自动化仓储系统中,红外感知技术、激光感知技术、RFID 感知技术、二维码感知技术等各项智能感知技术都得到了广泛应用。

2. 智能物流技术与装备

目前智能的物流装备技术主要应用在制造业自动化仓库领域,近期智能穿梭车的技术应用发展很快。智能穿梭车与密集型货架相结合,可以大大提高仓储设施的空间利用率,借助于智能的穿梭车可以对密集货架最里面的货物进行智能的搬运出货,这在单品出货量较大的产品领域具有极强的竞争力,是最有效的新技术,但这一技术如果能够互联网化,还有很长的路要走。

智能机器人是最容易联网运作的技术装备,近年来发展很快,借助于激光导引或磁条感知的智能搬运机器人系统在自动化物流中心的应用很多;在物流出入库的堆码垛方面,智能的机器人根据信息指令,对货物进行智能的堆码垛,也是物流技术装备智能化应用的主要领域。

智能终端产品、自动化智能作业机械、智能机器人的发展都很快,这为物流作业与运作的网络化,进一步实现物流互联网化打下了坚实基础。

3. 产品智能追溯技术

产品智能追溯的技术应用在物流领域开展的最早,技术也最成熟,发展得也最快,是最早实现网络化的技术。早在十年前物流行业就开展了对医药、食品等物品的安全追溯系统的研究与应用,借助于条码、RFID等技术,建立双向赋码追溯系统,可以对重点追踪的产品实现双向追溯。

多年来,在食品安全领域、药品安全领域已经建立了数百条双向追溯系统,产生了巨大的社会效益与经济效益。

产品追溯系统一般都是通过在产品赋码,将产品生产、运输、保管、交接等信息写入赋码系统,通过扫描条码或识别RFID信息,实现对产品生产、运输、保管、交接等信息的双向追溯,实现防伪、安全等功能识别,确保食品安全与药品安全,确保产品的真伪等。

智能追溯技术实现了基于互联网对移动的物流作业单元可视化追踪和定位,如果进一步的实现开放与共享,必将会推动物流互联网的发展。

实体物流网络与虚拟的信息互联网有着巨大不同,实体网络更多的作业主体与公司对信息开放与共享有更多的顾虑和风险,目前大部分都是独立的局部互联互通,要实现全面互联互通的物流互联网还有极大的障碍,必须通过技术与模式创新,实现颠覆性改变,才能取得突破。

(四) 物流互联网的巨大商机

物流互联网是先从消费互联网领域开始逐步渗透的,尤其是在电子商务与物流领域,首先面临着物流互联网的巨大变革与创新。

电子商务平台的物流大数据和云计算技术使物流资源整合与优化有了基础,电子商务的互联网思维对电子商务物流提出了更高要求,移动互联网与物联网技术让电子商务从业者感觉到了物流变革具备了基础条件,电子商务从业者具有的互联网思维等优势让他们隐约感到物流互联网暴风雨即将来临。虽然互联网对物流业的变革将是革命性的,到底会带来什么变化大家还都不知道。但是,最近谷歌宣布开始进入城市物流领域;亚马逊也开始全面布局物流;中国马云开始大规模投资中国智能物流骨干网;柳传志、张瑞敏也开始全面进军电子商务物流配送。这些中外企业的顶尖精英都已经感受到了潮流的来临,他们都认为未来的物流是颠覆性的,必将带来无限商机。

现代物流的特点就是系统化和网络化,物流配送的网络是实体网络,俗称"地网",而物流信息网络一般指虚拟的信息系统网络,俗称"天网",未来的物流互联网就是物流的实体网与互联网的虚拟网全面融合,天网与地网对接,产生无限的商机。

物流互联网就像一个刚诞生的孩子,未来有无限可能,更有无限商机,现在物流互联网的大幕刚刚开启,未来发展还无法预测。我们可以进行推想,至少可以看到如下商机与变化。

1. 实体物流网络的流向、流量被"虚拟的天网"控制与引导

借助于电子商务产生的巨大物流信息数据,结合大数据优化技术、云计算分析技术进行分析与优化,整合实体网络物流配送的信息,实现了产品配送提前进行集约化集货,集约化调度,智能化备货,这样可以极大地提升物流作业的效率,让配送更快捷。

要实现实体网络与"天网"融合,需要仓储系统全面感知建设智能仓储系统,需要配送环节全面感知建设货运车联网系统,需要物流环节的节点交接处全面感知建立智能追溯与信息可视化系统,需要在配送终端全面感知建立终端智能配送系统。当然,仅仅全面建立物流实体网络的感知系统,实现实时与信息系统联网与融合还是远远不够的,还要借助于云计算、大数据等技术手段对物流的流向与流量进行全面优化,更要兼顾成本与技术应用的关系,因此难度很大,任重道远,目前刚刚起程,前景空间无限。

2. 基于互联网的车队资源与货运资源对接

基于互联网基础上的实体货运网络的新模式带来的效应绝不仅仅是物流效率的提升,更有很多商业模式创新。例如,标准化的信息平台与车联网技术,带来专线整合O2O新模式;基于互联网平台整合全国各货运物流园区的货运节点,可以带来对车辆与货源的优化与整合的O2O新模式;基于互联网的信息平台整合中小散户车辆资源,可以形成轻资产的货运O2O新模式;此外,基于滴滴打车等车联网模式,可以创新货运车联网的物流运作模式等。

基于互联网的货运资源与车队资源整合创新是多种多样的。例如,有的企业提出了车联通卡的创新,可集成银行信用卡与货运车辆的车联网系统,实现追踪货运车辆的物联网金融创新,实现集成的、网络化和团购模式的融资借贷、资金支付、车辆保险、车辆加油、车辆维修、物流园区消费等多种金融创新服务,利用团购折扣可以为物流企业带来巨大利润。

3. 物流互联网将引导互联网向制造业渗透,推动制造业4.0发展

现代互联网的发展与渗透首先是从信息互联网开始,逐步向消费互联网发展,向销售的互联网推进,电子商务这一销售互联网直接带动了电子商务物流互联网化,沿着物流互联网,互联网将很快向制造业上游渗透,推动制造业4.0的发展。

制造业4.0绝不是现在大家看到的所谓制造业智能化、柔性化与网络化,更深刻的变革将是颠覆性的。可以预计,制造业4.0必将向工业互联网发展,未来将出现开源硬件、云工厂、云设计、云制造。消费客户直接参与消费产品的设计、制造、物流活动,制造业将由互联网智能控制和引领,制造的硬件有可能成为显示应用中的智能互联网终端,甚至有的制造产品因此变为服务业的道具,免费使用,并通过互联网的服务来收费。现在从小米手机、苹果手机、特斯拉汽车已经初见端倪。

第二节 物流服务的互联网营销工具选择

一、网络营销的产生背景

网络营销工具的运行平台是互联网,服务于一切与实现营销目标有关的网络营销活动,其目的是促使网络营销的开展效率更高,效果更好。因此,网络营销工具的产生、发展与互联网的产生、发展以及与企业的网上营销活动紧密相关,不可分割。

1. 互联网的诞生是网络营销工具产生的技术基础

互联网是一种集信息技术、通信技术、计算机技术为一体的网络系统。作为军事和科研用途的互联网,由于其传播范围广、成本低、及时、互动等特点,从诞生起,就为企业

作为发布商业信息、寻找商机的重要手段。网络营销工具一方面充分利用了互联网技术和现代通信技术，另一方面网络营销工具的运行离不开互联网。因此，如果没有互联网技术，就无从谈起网络营销工具。

2. 消费心理和行为的改变是网络营销工具产生的观念基础

网络营销是指以互联网作为营销的媒体、市场或营销工具时，通过创造顾客价值、提高顾客满意度来实现营销的目标和组织盈利的目标，建立有积极影响力的商务模式以促进市场环境的发展。网络营销不仅仅是一种技术手段的革命，它包含了更深层的观念革命。互联网的出现，使得消费观念、消费方式和消费的地位正在发生着重要的变化，使网络消费者心理及需求呈现出新的特点和趋势：一是个性消费成为主流；二是消费者与营销者之间的互动性大为增强；三是网络消费的内容具有层次性；四是追求购物的乐趣；五是消费方式日趋方便快捷；六是注重价格因素。这些新的变化要求使传统的营销手段和方式（工具）已不能满足，需要开发新的营销工具。因此，网络营销工具应运而生，并随着新的消费心理和行为的改变而不断发展创新。

3. 营销环境的变化是网络营销工具产生的现实基础

在这个竞争越演越烈的商业社会里，对许多企业来说，渠道成本非常巨大。在有的行业中，产品渠道成本甚至要占到销售额的五成以上。同时，一些新兴中小企业进入一个行业的门槛也越来越高。商品信息又由于计算机技术和网络的发展而呈现海量化趋势。为了在竞争中占优势，企业不断地推出各种低成本的网络营销手段来开辟新的市场，发现新的市场机会。随之而来的问题是，消费者面对浩如烟海的商品莫衷一是，在选购过程中消耗的时间成本越来越高。商家在进行商品比较或者竞价的过程中，也需要更高效率的能提高自己竞价能力的工具。基于上述种种因素，市场参与各方都有一种寻找能降低成本提高效率新手段的愿望，而在不断涌现的新方法中，网络营销工具就成为双方选择的手段之一。利用一系列网络营销工具开展网络营销，不仅可以节约昂贵的店面租金、减少库存商品资金占用、消除经营规模的限制，而且可以及时收集市场信息、捕捉消费趋势，更好地开发出满足消费者的需求的产品和服务。这些都可以使企业经营成本和费用降低，增强企业的市场竞争能力。

总之，网络营销工具的产生是多种原因综合作用的结果。随着科技的进步、互联网的发展、消费观念和经营理念的变化、市场竞争的改变，网络营销工具将得到不断发展，以便更好地服务于企业网络行销、提高行销效果。有一些公司正在集成网络电视和网络广告，使网络广告具有交互性、智能性和电视广告的特点。

二、网络营销工具含义

虽然在企业开展网络营销过程中得到广泛的应用，但目前为止，网络营销工具并没有明确的定义，绝大多数关于网络营销的论文和著作甚至都没有提及。一般而言，网络营销工具是指企业或个人为实现营销目标而使用的各种网络技术、方法和手段。这样，凡是以网络技术为基础，进行营销活动时采用的技术和手段都可以成为网络营销工具，包括基于搜索引擎的工具、邮件群发工具、网站视频在线客服工具、社会化书签工具，同时也包括时尚的微博、微信工具等。虽然少数工具如邮件群发等由于滥用导致大量的垃圾邮件,在业界或理论界"名声"不好,但是当前国内一些中小型企业开展网络营销过程中采用较多的网络工具手段。

从以上定义可知,网络营销工具具有以下含义。

第一,这种工具是企业及个人为了实现其营销目标而使用的,而不是所有的网络工具。这些工具都能最大限度地满足顾客需求、开拓市场、增加盈利能力、实现企业市场目标,其他诸如杀毒工具、浏览工具等,由于与营销活动没有紧密的关系,所以不是网络营销工具。

第二,这种工具的表现形式是"软件"技术或网络服务,而不是硬件形式。例如,网站是网络营销工具,而电脑或服务器则不是。

第三,这种工具是在互联网上才能得以使用。例如,客户关系数据库、信息统计软件等虽然是很重要的营销工具,且与信息技术紧密相连,但其可以脱离互联网而独立运行,所以都不属于网络营销工具。当然,各种网络营销工具的运用加速了数据库的使用和发展,使数据库营销比在传统环境下更有效、更可靠、更完善。关于数据库内容,一般的营销书籍都有叙述,本书不再赘述。

此外,移动营销技术虽然不一定在互联网上使用,不属于网络工具范畴,但由于其利用了现代信息通信技术,也是高技术含量的现代营销工具,在实际过程中往往和互联网结合起来使用,是新型、有效并得到广泛使用的营销工具。

网络营销工具是在互联网上从事营销活动所使用的工具,充分利用了互联网技术的一切特点,这是传统营销工具所无法比拟的。这些特点包括:① 跨时空性;② 迅捷性;③ 互动性;④ 智能性;⑤ 多样性;⑥ 经济性;⑦ 虚拟性。网络营销工具是以网络技术、信息技术为基础,以互联网为依托,进行营销活动的方法和手段。它的产生有一定的技术、观念和市场基础。

三、物流服务网络营销的常用工具

这里主要简要介绍四种常用的网络营销工具,具体的应用和策略组合在下一节详细阐述。

1. 企业网站

企业网站是一个开展网络营销的综合性工具,是网络营销工具中最基本、最重要的一个,即企业网站是运用其他网络营销手段的平台。企业网站完全是根据企业本身的需要建立的,企业通过自己的位置可以主动发布信息,网站的功能相对稳定,有利于向公众传递企业品牌形象、企业文化等基本信息,同时还能达到以下几方面的目的:发布企业新闻、供求信息、人才招聘等信息;向供应商、分销商、合作伙伴、自己用户等提供某种信息和服务;网上展示、推广、销售产品;搜集市场信息、注册用户信息等。

企业网站的特点如下。

(1) 企业网站具有自主性和灵活性。

(2) 企业网站是主动性与被动性的矛盾同一体。

(3) 企业网站功能需要通过其他网络营销手段才能体现出来。

(4) 企业网站的功能具有相对稳定性。

(5) 企业网站是其他网络营销手段和方法的基础。

企业网站与网络营销的关系表现在以下四个方面。

(1) 从企业开展网络营销的一般程序来看,网站建设完成不是网络营销的终结,而是为网络营销各种职能的实现打下基础,如网站推广、在线服务等。一些重要的网络营销方法如搜索引擎营销、邮件列表营销、网络会员制营销等才具备了基本条件。一般来说,网络营销策略制定以后,首先应开始进行企业网站的策划和建设。

(2) 从企业网站在网络营销中所处的地位来看,网站建设是网络营销策略的重要组成部分。

(3) 从网络营销信息来源和传递渠道来看,企业网站内容是网络营销信息源的基础。

(4) 从企业网站与其他网络营销方法的关系来看,网站的功能决定着哪些营销方法可以被采用而哪些不能被采用。

2. E-mail

电子邮件作为因特网的三大传统服务之一,已经深入人心。经常上网的人几乎都拥有自己的邮箱,并且经常查看自己的邮箱。电子邮件已成为大众的信息传播工具。在网络营销时代,利用电子邮件进行营销是为顾客提供服务的主要手段之一。电子邮件并非专为营销而产生,但当电子邮件成为大众的信息传播工具时,其营销价值也就逐渐表现出来了,其在网络营销中的作用主要表现为:① 企业品牌形象;② 在线顾客服务如 GG 可视商务系统工具;③ 会员通信与电子刊物;④ 电子邮件广告;⑤ 网站推广;⑥ 产品服务推广;⑦ 收集市场信息;⑧ 在线市场调查。

3. 企业 SNS

SNS,全称 social networking services,即社会性网络服务,专指旨在帮助人们建立社会性网络的互联网应用服务。随着各类 SNS 工具的用户数量的持续增长,SNS 已经成为一种网络营销工具。利用 SNS 这种网络信息传递形式开展网络营销活动,已经成为现代社会一种商务时尚。

SNS 是一种延时的通信工具,在情感表达方面比其他的营销手段更加丰富多彩,是一种更加容易增加亲密度的工具。

(1) 了解每个社区的特性。每个社区都会有自己的特点,包括风格、氛围等。要在某个社区做营销,你一定要先去了解这个社区他的特性是怎么样的,明白什么样的话题会在社区当中能被很好地传播,用户对什么信息反感等。当对这些社区的特性有了足够的了解之后,你才可以做针对性的分享,也才能保证你的分享能够得到比较好的传播。

(2) 账户的名称要与你传播的品牌相呼应。你的账户名称就是你在这个社区里面的名片,你在社区当中进行分享、参与的时候也正是你的名片被传播的过程,所以你的账户名称一定是要能够代表你的品牌,这样你的品牌才能够伴随着被传播。

(3) 创建属于你的品牌群组。很多 SNS 社区都是提供了群组的版块的,比如说豆瓣、蘑菇街等，这里也建议大家在选择 SNS 社区进行营销的时候最好选择具有群组模块的社区，因为小组是可以累积到同兴趣的用户的，也会有很多意见领袖的存在，小组会是我们营销的很好资源。

我们要去培养属于自己的品牌群组，通过活动的形式为站添加小组的人气，有了属于自己的品牌群组之后，这个小组的组员都会是你传播品牌最好的渠道。同时，随着你的品牌小组人气的不断上升，你的品牌在整个社区当中的影响力就会得到展现，从而会有更多的人了解到你的品牌，这是一个非常好的良性循环。

（4）多接触所谓的超级用户。任何社区里面都会有一些非常受到关注的用户，我们称之为超级用户，这些用户是我们必须去接触的，如果能够得到他们的一些帮助，我们的品牌传播会非常的迅速。

接触他们的方式要先了解他们的兴趣点，通过相同兴趣的话题来吸引他们的注意力，最好是经常更新他们所关注领域的最新资讯，他们会很愿意去转载给他们的粉丝，这样我们与他们的关系就会变得非常的紧密。之后你再对他们进行营销，成功率会高出很多。

（5）多想想营销策略，创新思路。由于现在做 SNS 社区营销的很多，作为社区的普通用户来说，对于很多的营销、广告都有了相当的判断力，所以大众化的营销手段是很难取得效果的，我们要进行创新，要去多思考更新的营销思路。

4. 网络广告

网络广告是指在 Internet 上传播、发布的广告。它凭借网络技术功能，将企业计划传播的商业信息或非商业信息制作成网页链接在广告主选定的站点上，让受众搜索浏览其内容，以了解广告销售商的更多信息，达到网上广告的目的。

它是广告主为了推销自己的产品或服务在互联网上向目标群体进行有偿的信息传达，从而引起群体和广告主之间信息交流的活动。简言之，网络广告是指利用国际互联网这种载体，通过图文或多媒体方式，发布的赢利性商业广告，是在网络上发布的有偿信息传播。

与传统的四大传播媒体（报纸、杂志、电视、广播）广告及备受垂青的户外广告相比，网络广告具有得天独厚的优势，是实施现代营销媒体战略的重要一部分。网络广告的优越性主要表现在以下六点：① 覆盖面广，观众基数大，传播范围广阔；② 不受时间限制，广告效果持久；③ 方式灵活，互动性强；④ 可以分类检索，广告针对性强；⑤ 制作简捷，广告费用低；⑥ 可以准确地统计受众数量。

第三节　物流服务的互联网营销策略

一、思想上重视网络营销

中小物流企业要想在营销中寻求创新，必须从思想上重视网络对物流的作用。网络营销的最大优势在于它为企业提供了快速、准确、高效的信息收集加工和处理系统,更准确地了解客户的需求,使物流工作由粗到细、由无序到有序,为企业物流决策科学化提供强有力的技术支持。因此,中小物流企业应关注网络营销这一新的营销模式,为寻求企业更好的发展。

二、物流企业营销网站建设策略

企业网站是企业与顾客之间信息沟通的主要通道,也是企业开展网络营销必不可少的前提条件。企业营销网站一般具有企业信息的发布、提供高效的搜索引擎和"购物车"、提供有效的用户反馈渠道、提供良好的售后服务和提供个性化服务等功能。物流企业建立一个独立的营销网站,拥有以公司名称或商标命名的网站域名,并将公司的简介、产品信息、销售以及售后服务等信息发布在网站中,以供用户访问。

(一) 做好营销网站的规划

企业上网前的网络营销站点的规划,就是要将其经营模式和方针在网络环境中重新规划整合,使企业营销体系与互联网的各种功能有机地结合成新的网络营销体系。该体系中包括寻找新的商机,抑制竞争对手,发现、吸引并留住用户,通过不断增加的产品和服务信息为自己的品牌增值等,其具体应包括以下内容:① 网站目标;② 确定网站访问者的范围(人群);③ 确定站点的结构和规划网站信息的内容;④ 建设网站的资金预算。

(二) 营销网站建设内容

首先,要做好网站域名申请注册。主要步骤有:① 决定申请何种级别的域名;② 确定公司网站的域名;③ 选择合适的网络服务商;④ 申请登记注册。其次,要做网站建设的准备工作,包括网站服务器的建设方式、网站服务器的确定和建设站点的资料准备。再次,要做好网站的设计与开发。网站的设计和开发通常包括网站模式设计、网站内容设计、网站管理系统的设计。最后,要重视网站维护,网站的日常维护是一件关系到网站生存的重要工作。通常的网站维护工作有:① 企业信息的定期更新;② 网站页面的更新;③ 有效链接的维护;④ 网站的完善性维护。

(三) 重视网页的设计

网页设计是网站建设的重要内容,也是网站能否吸引顾客、方便顾客的关键。页面设计简单说不过是将文字、图片、表单、动画、声音等信息,按照 HTML 语言的格式和要求进行组织的过程。页面要声情并茂、形象生动、内容完整、平面结构合理,这似乎不是一件易事。

首先,是网站的内容设计,内容对网站建设来说十分重要,丰富而有趣的内容是吸引访问者的必要条件,也是企业网站的立足之本。网页内容可以是文字材料、漂亮的动画、数据图表、多媒体产品等,也可以是指网站所提供的软件下载服务等,还包括了网站所提供的各类服务,以及对它们的组织和构造,如美国的联邦快递公司(FedEx)在其公司的网站上提供了深受用户欢迎的包裹跟踪查询服务,这就是 FedEx 站点最亮丽的地方。

其次,要注意网页设计技巧,注意以下问题:① 主页简洁、生动,主题突出;② 尽量缩短下载时间;③ 树立一致的企业形象;④ 创建菜单栏,提供对关键页面的简捷的导航;⑤ 设置"News"的链接与快速联系;⑥ 注意页面色彩的协调。

最后,是网页结构要合理:① 网页的重点信息是否放在网页的突出、醒目的位置上;② 信息的分类是否科学准确,网页中的主次信息是否有明确的划分;③ 网页中每一个模块是否都有概括性很强而且具有吸引力的标题;④ 网页中各个模块内的信息量是否均衡;⑤ 页面中文字和图形的布局是否做到了重点突出、版面和谐。

三、物流营销网站推广策略

物流企业要重视网站建设外,还要让更多的顾客了解你的网站,这要求企业要不遗余力地推广网站、提升网站的知名度,以增加网站的访客和流量。物流企业的网站推广可以采取以下六项策略。

(一) 利用传统沟通媒体宣传网站

网络营销虽然有其独到的优越性,但也有其局限性。例如,网络作为广告媒体的优势在于其互动性,但互动性也带来了被动性。因为用户除了有目的地搜索外,不会主动上网观看企业设计的网上广告,导致许多广告淹没在浩瀚的信息海洋中。因此,企业必须借助于传统媒体加强网址宣传。企业可以通过付费的方式在传统媒体(报纸、杂志、广播、广告)上宣传企业网站,或者通过组织新闻发布会等公共关系活动来宣传网址。此外,企业也可以在商品的包装、企业名片等物品上印刷公司网址。

(二) 搜索引擎登录及竞价排名

搜索引擎登录及竞价排名目前仍是最主要的网站推广手段。根据中国互联网络信息中心(CNNIC)调查得知,有85%的网民是通过使用搜索引擎得知新网站的,因此通过搜索引擎提高网站的知名度和点击率是物流企业开展网络营销的切入点和着力点。

(三) 利用网络广告宣传网站

在知名网站的首页或内层页面中发布网络广告是网站推广常用的物美价廉的推广方式。企业可选择在一些门户网站、综合性商贸网站、行业性或区域性网站中发布网络广告。网络广告主要分为图形(旗帜广告、按钮广告、全屏游动广告、出式广告等)和文字两大类。

(四) 提供友情链接

友情链接通常是一种免费的互惠式网址链接交换,即企业相互将对方网站的网址以文字或图片的方式链接到自己的网站中。访问者访问一方的网站时,可点击页面中的友情链接到达另一方的网站。相互链接的网站通常具有一定的相关性,便于访问者查找相同或相似类型的网站。因而,这种推广方式也能取得较好的推广效果。

(五) 邮件列表广告发布

邮件列表广告有免费和有偿两种方式。有偿发布方式通常按企业广告所发送的次数以及每次所发送的邮件接收人数来计费。免费发布方式主要有两种:一种是指企业在自己的网站中建立一个提供信息的邮件列表,让访问者自愿将其邮箱地址登记到列表中,再定期或不定期地向登记的邮件列表用户发送有关公司、产品或网站动态的相关信息,以吸引访问者再次访问企业的网站;另一种方式是指企业自行搜集或通过其他渠道取得的与其所在行业或产品相关的潜在顾客公司的邮箱地址,再通过邮件群发软件将其广告信发送给这些潜在顾客。

（六）在线交互式主题活动宣传

企业也可在自己的网站中开展在线交互式主题活动,以吸引现有顾客和潜在顾客访问自己的网站。企业在进行在线市场调查或顾客满意度调查的同时,还可宣传公司的网站,可谓一举两得。

四、利用互联网开展物流合作营销

我国物流企业起步较晚,企业竞争力不能适应当今竞争激烈的时代,所以应该整合物流行业资源,提高物流服务水平,并加强与客户之间的联系。要实现以上目标,有两种方法:一是企业之间的相互兼并,二是企业之间合作营销。在目前情况下,中小物流企业间采用协同合作的方式是比较合适的。

所谓合作营销,是指两个或两个以上相互独立的企业为增强企业竞争能力,实现企业营销战略目标而在资源或项目上开展一系列互利合作的营销活动方式。对于在某些领域具有相对优势而其他方面却不尽如人意的小企业来说,是发展"小而全"的企业,还是重点的专心做好自己的核心业务？目前业界的共识是:短期内加强核心优势业务是首选,非核心业务可交给擅长该方面的企业去做,因为这样做可以集中精力做好核心业务,企业可不断增强实力发展壮大。这样,协同体的各个组成部分能够实现优势互补,并体现出灵活机动的特点,各部分在发展的同时开拓了市场,在互联网的基础上开展合作营销,比一般"大而全"的企业更充满竞争力。

基于互联网的优势,企业可以通过强大的信息技术的支持,运用网络营销的手段与其他互补中小企业相联系,将拥有各种优势的中小物流企业结合起来。互联网可以为中小物流企业提供信息技术服务,弥补各个企业信息不发达所带来的种种不便。互联网信息服务主要作用是搜集、处理、传递客户和物流企业的信息,并且提供货物跟踪的技术支持。一来是信息集中化,双方有更多更好的选择;二来降低成本,虽然完善的信息系统成本很高,但其成本分摊至各物流企业就很低的,同时又能保证服务要求。

中小物流企业进行协同合作发展的好处是显而易见的。第一,可以把资源相对集中,发挥集约化、系统化的优势；第二,可以弥补缺陷,各取所需；第三,物流企业之间形成利益共同体,共享利益；第四,有利于制定统一的物流标准,因各自为政的企业使用的操作规范各不相同,通过协同合作,统一标准,促进物流业的发展；第五,有利于打破不同部门、不同地区的条块分割,建设全国物流合作网。

五、E-mail 营销策略

在所有常用的网络营销手段中,E-mail 营销是信息传递最直接、最完整的方式,可以在很短的时间内将信息发送到列表中的所有用户，这种独特功能在风云变幻的市场竞争中显得尤为重要，而且成本相对比较低廉。E-mail 营销在产品推广、顾客关系和顾客服务、市场调研等方面都具有重要作用。E-mail 营销与其他网络营销手段相辅相成，本身又自成体系，成为一个相对完整的网络营销分支。

E-mail 营销是在用户事先许可的前提下，通过电子邮件的方式向目标用户传递有价值信息的一种网络营销手段。

这里关于 E-mail 营销的定义中强调了三个基本因素：基于用户许可、通过电子邮件传递信息、信息对用户是有价值的。三个因素缺少一个，都不能称为有效的 E-mail 营销。E-mail 营销的一般过程：确立指导思想、确定营销目的、制定内容策略、邮件发送、跟踪营销效果。

按照 E-mail 地址的所有权可以将 E-mail 营销分为内部列表营销和外部列表营销两类。

（一）内部列表 E-mail 营销

内部列表是一个企业利用一定方式获得用户自愿注册的资料来开展的 E-mail 营销。开展 E-mail 营销需要一定的基础条件，尤其是内部列表 E-mail 营销，它需要三个基础条件：E-mail 营销的技术基础、用户的 E-mail 地址资源、要传递的 E-mail 营销信息。因此，内部列表 E-mail 营销的三项基本内容是：建立自己的邮件列表、获得尽可能多的用户加入列表、向用户发送有价值的信息。大型且营销策划人员配备齐全的基于电子商务的物流企业一般适合运用内部列表 E-mail 营销。

（二）外部列表 E-mail 营销

外部列表是指利用专业服务商或者具有与专业服务商一样可以提供专业服务的机构提供的 E-mail 营销服务。

尽管很多网站都开始有各种类型的邮件列表，但由于用户资源、管理等方面的限制，内部列表并不一定完全能够满足开展 E-mail 营销的需要，尤其对于许多中小网站，企业用户资源积累时间比较长，潜在用户数量比较少，不利于迅速扩大宣传，同时由于缺乏专业人员以及投入的资源限制，即使建立了列表，使用列表的效率也比较低，因此为了某些特定的营销目的，通常还需要专业服务商的服务。对于没有建立自己内部列表的企业，与专业服务商合作则是最好的选择。

专业的 E-mail 营销服务商拥有大量的用户资源，可以根据要求选择定位程度比较高的用户群体，有专业的发送和跟踪技术，有丰富的操作经验和较高的可信度，因而营销效果也有其独到之处。

从国内目前的 E-mail 广告市场来看，可供选择的外部列表 E-mail 营销资源主要有：免费电子邮箱提供商、专业邮件列表服务商、专业 E-mail 营销服务商、电子刊物和新闻邮件服务商、专业网站的注册会员资料等。这些服务商及其 E-mail 营销形式各有特点，可根据具体需要选择。

选择 E-mail 营销服务商，需要对服务商重点考察服务商的可信任程度、用户数量和质量、用户定位程度、服务的专业性、合理的费用和收费模式等。服务商是否值得信任是最基本的条件之一，可以通过了解其品牌形象和用户口碑等外在标准来评价，同时至少还需要确认两项基本要素：① 用户 E-mail 地址来源必须是合法的；② 服务商自觉维护许可 E-mail 营销的行为准则，自觉不发送垃圾邮件。

六、企业 SNS 营销策略

开展 SNS 营销的基础是对某个领域知识的掌握、学习和有效利用，并通过对知识的传播达到营销信息传递的目的。与个人 SNS 明显不同的是，企业 SNS 有明确的企业营销目的，SNS 文章中或多或少会有企业营销色彩。企业期望对外 SNS 能达到提高品牌认知、增进对外交流、获得客户反馈的营销目的，还有 20％的企业希望利用 SNS 提高收入，58％的企业希望利用 SNS 来提高在搜索引擎的排名。

（一）SNS 营销基本过程

博客 SNS 营销的基本过程主要有以下四个步骤。

（1）建立企业 SNS。选择访问量比较大或知名度较高的 SNS 托管网站建立企业 SNS 网站，也可选择在多个 SNS 托管网站进行注册，建立一个合适的环境，坚持 SNS 更新。

（2）制定 SNS 营销计划。同其他营销活动一样，SNS 营销也需要一个中长期 SNS 营销计划。主要内容包括从事 SNS 更新的人员计划，每个人的协作领域选择，SNS 的发表周期等，SNS 营销计划实际上是从一个较长时期来评价 SNS 营销工作的参考。

（3）综合合理利用 SNS 营销资源。SNS 营销并非独立的，只是企业营销活动的一个组成部分，应当综合的利用 SNS 资源与其他营销资源。比如，将 SNS 更新与企业网站的内容策略和其他媒体资源相结合，可以发挥更多的作用。

（4）评估 SNS 营销的效果。对 SNS 营销的效果也有必要进行跟踪评价，根据发现的问题不断完善 SNS 营销计划，让 SNS 营销在企业营销战略体系中发挥应有的作用。

（二）SNS 营销作用

物流企业通过 SNS 营销主要可以达到以下六个方面的作用。

（1）SNS 可以自己带来潜在用户。

（2）利用 SNS 内容增加搜索引擎可见性，从而为网站带来访问量。

（3）以更低的成本对读者行为进行研究。

（4）SNS 可以部分替代广告投入，减少直接广告费用。

（5）节省保持用户的费用。

（6）SNS 减少了被竞争者超越的潜在损失。

七、网络广告营销策略

在网络广告飞速发展的情况下，基于电子商务的物流企业研究营销策略，对网络广告营销策略的研究必不可少。

（一）网络广告形式

网络广告的形式一般分为两大类：文字广告和图形广告。图形广告又可以分为图标广告和旗帜广告两种。

1. 文字广告

文字广告就是以文字的形式扩大企业或产品的知名度。这些文字的广告可以放在 Web 页上，可以是企业的名称，也可以是产品或服务信息等，点击后链接到广告的主页上。这种文字链接形式的广告通常出现在分类栏目中或其他链接站点。文字广告还可以通过电子邮件的形式定期传送给顾客，也可以在新闻组或电子公告板上发布，这两种形式一般是用来宣传新产品。

2. 图形广告

图形广告是指一种用图标、旗帜或图像等图形做成的网络广告，它又有动态和静态之分。

图标广告是一种以企业徽标、产品名称、商标牌号或其他图形为图标做成的网络广告，可以是静态图标，也可以是动态图标，点击它可链接到广告主的站点上。随着多媒体技术运用和提高，丰富图文旗帜广告越来越受到网民的青睐。所谓丰富图文旗帜广告是在动态图标的基础上强调更高的互动性、更好的视觉和听觉效果及三维动画效果的网络广告。另外还有浮动图标，它可以随着鼠标的滚动而自由浮动，很容易吸引网民的注意力，当然也容易使浏览者产生厌烦。

旗帜广告是图标广告的一种扩展形式，这种广告是在页面的顶端、底端或中间出现的静态或动态长条状图片，因其像一面旗帜，故称为旗帜广告。旗帜广告允许客户用极简练的语言、图片介绍企业的产品或宣传企业形象，创意绝妙的旗帜广告对于建立并提升客户品牌形象有着不可低估的作用。

（二）网络广告发布

网络广告的发布主要有以下四种方式。

1. 自建公司网站发布网络广告

建立企业自己独立的网站是一种常见的网络广告形式，同时企业网站本身就是一种活的广告。企业网站不能只提供广告信息，要建成一种反映企业自身经营的形象网页，必须提供一些非广告信息，能给访问者带来其他利益，如可下载的免费软件、访问者感兴趣的新闻等。实际上，做网络广告的最根本手段是建立公司主页，而其他形式的网上广告仅仅是为了提供链接到公司主页的多种途径，以扩大公司网页的访问规模。

2. 利用网络内容服务商（ICP）发布广告

一般来说，自建网站发布广告范围十分有限，而利用 ICP 发布广告，则可以大量扩大广告的目标受众。ICP 由于提供了大量的互联网用户需要的、感兴趣的、免费的信息服务，因此能吸引大量的网民，是网上最引人关注的站点，同时也提供了很多广告展位。国内有许多这样的 ICP，如新浪、搜狐、网易等。

3. 利用互换链接发布网络广告

企业为了提高网站的访问量，可以与其他企业进行互换链接。双方各自在自己网站的首页放置对方的广告图标并提供"友好链接"，任何一方若不满意可以随时中止。

4. 利用专类销售网发布广告

这是一种专类产品或服务直接在 Internet 上进行销售的方式。将企业的产品或服务广告直接与同类产品或服务的相应销售网络关联,从而无须付出太大的代价就可以将公司的产品或服务及时地呈现给全球的相关用户。

另外,还可以利用电子邮件、电子杂志、公告栏、新闻组发布企业广告。

物流企业要不断创新营销理念和优化营销活动,以客户为核心,以物流资源链为服务手段,以市场占有率和建立客户忠诚度为导向,开展针对性的营销策略,注重客户的保有与开发,实现客户的系列化、个性化物流服务,注重客户关系的维护,提高物流服务质量,根据客户的行为来猜测客户的物流需求,并为其设计物流服务,建立长期的、双赢的客户关系。良好的营销策略可以使物流企业获得长期的、稳定的客户,增强物流企业的市场竞争力。

同时,引进国外资金、物流技术、物流治理人才及治理经验,有利于我国现代物流企业从国际市场获取物流发展所需要的各种资源,形成具有国际竞争力的竞争规模和品牌,在国际物流服务市场的激烈竞争中发展壮大。

案例分析思考题

美乐乐"限时达":用互联网思维构建物流体系

说起"限时达",很多人会不由自主想起京东的"211 限时达"承诺。正准备 IPO 的京东,近年来虽在物流体系构建上所耗不菲,而物流占比费用却逐年下降,现仅为 6.6%,而亚马逊、当当、唯品会分别为 9.5%、13.1%、19.9%。

送货速度一直是家具电商的短板,以京东送货实力之强,尚难以把家具品类纳入"京东配送"体系并作出限时送货的承诺。近期,家具电商美乐乐却率先在物流配送领域提速,并作出家具最快 7 日送达并安装完毕,送货延期每天赔付 1‰ 的美乐乐版"限时达"服务承诺,这引起了广泛的关注。

持续建仓:为了离客户"更近"

京东的送达速度,曾让拥有 30 多架货运专机的顺丰快递感叹不已。不久前,一位顺丰的高管曾在演讲中谈到,顺丰要把一件货物从北方运往南方客户家中,即使动用飞机运输依然赶不上京东,因为京东就把仓库建在客户家门口。

据京东商城招股书显示,目前京东在全国已在 14 个城市建成 61 个仓库和前端配送中心,在 460 座城市建有 1 453 个快递站。京东物流"快"的秘诀就在建仓。当仓库距消费者越来越近,运输距离就越来越短,送货速度便能够越来越快。

再来看看美乐乐。据美乐乐官网显示数据,美乐乐的仓库由 2012 年的 8 个增长到 2013 年年末的 14 个,体验馆由 2012 年的 130 余家,增加到 2013 年的 270 余家。

美乐乐 CEO 高扬曾这样定位线下体验馆:"美乐乐体验店很简单,它不管营销,只管客人进店后做好服务,下了单后把顾客的售后服务做好,功能相对简单和专注。"也就是说美乐乐体验馆实质上承担着的是家具售后的物流配送功能。

同为互联网企业的美乐乐,建仓的特点与京东趋同,增加仓库的数量实质上是为了不断缩短商品与消费者之间的物理距离。美乐乐新增线下体验馆,实际上也是不断构建物流配送网点的过程。

互联网企业的建仓思路与传统企业大有不同。新建仓库对于传统家具商而言实际上是库存转移的过程,而互联网企业却是为了增加仓库与仓库之间库存商品的通达性。

用"去中心化"方式建设仓储

按照物流经典理论,在构建物流网络的过程中,仓储节点的设置最好为"CDC&DC(中央配送中心)—RDC(区域配送中心)—物流配送网店"三级。而京东和美乐乐在构建物流体系时都是采用了"RDC(区域配送中心)—物流配送网店"二级配送体系。三级配送体系在国内传统家具品牌商中较为流行,以国内某知名家具品牌为例,其在制造基地设置了1个CDC,在全国设立了5个RDC,及通过加盟、自营等方式开设了3 000多所专卖店。

形成三级配送体制的原因之一在于商品来源单一化,如上文所讲的制造型家居企业,一般都会在制造基地设立一个中心仓作为商品的储备及配送枢纽,而商业企业则不然。由于商品需要在全国甚至全球采购,单独设立一个CDC就显得有些得不偿失。若按照"制造工厂→CDC→RDC→配送→客户家中"的流程,或会增加不必要的运输距离。举个例子,如工厂在江苏、CDC在广东、RDC在江西、配送站及客户在福建,商品折返运输不但会造成成本的增加,更会导致送货时间的延误。

美乐乐在仓储布局则采用了二级仓储中转体系的方式。我国家具产业主要分为京津、苏南、广东、四川四个聚集区,因此美乐乐必须要在全国甚至全球范围内进行采购,若按品牌制造商的全国分销体制设置CDC则弊端明显。

美乐乐不设中心仓的作法,实际上是将每个仓库都作为区域订货的中心仓,而数据则通过"虚拟中心仓"的方式进行调拨。这种方式恰好也体现了互联网商业的特点,这便是"去中心化"。

"牛奶送货法则":将量大变为"更快"

何为"牛奶送货法则"呢?牛奶送货员总是拉着的牛奶,在所负责送货区域划一条固定的线路,挨个向线路上的订奶户送牛奶。线路上订奶的人越多,送奶人的送货效率就越高,送一趟货的收益也就越高。

美乐乐RDC在向实体店送货的方式或多或少也在遵循"牛奶送货法则"。并且,其"限时达"的实现的推出与继续提速,也要依赖这种送货法则。

按美乐乐体验馆一位店长透露的情况,RDC一般为3、4天发一辆17.5米的货车,按照预先规划好的线路,对沿途的各家体验馆进行配送,再由体验馆送到消费者家中。因此,按这种送牛奶的方式送货,如果将发货速度变快,在单次送货量饱和的前提下,便只能增加送货的次数。

因此"送牛奶"就必须要满足两个条件:一是"订奶量"不下降,"订奶的人"越来越多,就是需要配送货物的物流节点越来越多;二是"订奶的人数"不下降,每个人的"订奶量"越来越大,也就是往每个物流节点送的货越来越多。

如前文所说,美乐乐将体验馆看作承担配送功能的物流节点。美乐乐在2013年体验馆数量和总销量均实现了翻倍,也就是说,一货车能装的家具是一定的,一旦门店数量和销量增加,发车的频率便必须增加。通过运用这种送货方式,美乐乐将销量与送货速度进行了挂钩,两者之间是正相关的关系。销量越大,送货速度越快,因此消费者的口碑便会更好。

物流的"飞轮效应"

按照这种建仓特点和送货体制,美乐乐仓库建得越多,离终端消费者的物理距离便越近,同时,体验馆数量及销量越高,发货频率便越高,到货速度便也越快。

按照这种不断建仓和总销量持续增长,美乐乐今年的发货速度还能继续提升。换而言之,美乐乐"限时达"的指标,有可能由现在的"7天"继续缩短,最终达到与传统家具卖场持平甚至超越传统卖场的水平。送货速度的飞跃可以有效提升客户的下单体验,强化品牌的口碑效应,增加销量,进而实现良性循环。这就是所谓的"飞轮效应",轮子从静止到启动颇为费力,若一旦转速上升,加速便颇为容易。一家企业在布局上所费不菲,而一旦布局完善,投入便能有效降低,效益骤然提高。

美乐乐的物流布局中"去中心化""快""重口碑"等特点,似乎显示了其源自基因的互联网企业特点。尤其是2013年,美乐乐"飞轮"的"转速"似乎正逐渐提高。

思考题:

结合以上案例讲述互联网下物流的新发展。

主要参考文献

[1] 蔡琪:"企业的差异化营销战略",现代商贸工业,2011年12月。
[2] 曹礼和:《服务营销》,武汉大学出版社,2004年。
[3] 曹雨、刘甜:"浅谈物流服务营销策略",2012年第六届中国中部地区商业经济论坛征文,2012年。
[4] 初夏:"快速构建高效的电商服务解决方案",http://www.cctime.com/html/2015-4-2/201542151384716.htm,2015年4月2日。
[5] 单友成、李敏强、赵红:"面向客户关系管理的客户满意度指数模型及测评体系",天津大学学报,2010年3月15日。
[6] [美] 菲利普·科特勒、加里·阿姆斯特朗:《市场营销》,俞利军译,华夏出版社,2003年。
[7] 菲利普·科特勒、托马斯·海斯、保罗·N.布卢姆:《专业服务营销》,中信出版社,2003年。
[8] [美] 菲利普·科特勒:《科特勒谈营销——如何创造、赢取并主宰市场》,高登第译,浙江人民出版社,2002年。
[9] 冯正平:《图解市场营销》,经济管理出版社,2004年。
[10] 龚红:"第三方物流企业客户满意度管理的应用",三明学院学报,2011年10月20日。
[11] 胡理增:"物流企面向供应链管理的物流企业客户关系管理研究",南京理工大学,2006年10月1日。
[12] 黄福华、李坚飞:《物流营销》,东北财经大学出版社,2009年。
[13] [美] 科特勒等:《市场营销原理亚洲版》,何志毅等译,机械工业出版社,2006年。
[14] 梁小庆:"物流企大众物流中心物流服务质量改善研究",吉林大学,2011年11月1日。
[15] 刘传江、石勉:《市场营销学》,中国人民大学出版社,2013年。
[16] 刘建清、王俊凤、邓亚卿:"浅谈物流服务营销",中国商贸,2010年6月。
[17] 刘梅:"互联网时代下的市场营销",http://www.ciotimes.com/application/yxgl/marketing20080816093.html,2008年8月15日。
[18] 罗家仁、李仲良:"对物流客户关系管理(LCRM)分析及其实施策略",物流技术,2010年4月15日。
[19] 马骊:"论物流企业的服务营销",特区经济,2006年11月。

[20] 马龙龙、李智：《服务营销与管理》，首都经济贸易大学出版社，2004年。
[21] 迈克尔·所罗门、卢泰宏、杨晓燕：《消费者行为学》，中国人民大学出版社，2014年。
[22] 佩恩：《服务营销精要》，中信出版社，2003年。
[23] 彭志忠、李蕴：《客户关系管理》，山东大学出版社，2005年。
[24] 沈小静：《市场营销学》，中国城市出版社，2005年。
[25] 田莉、张毅芳：《现代物流市场营销》，安徽大学出版社，2009年。
[26] 田宇："论物流服务质量管理——兼与王之泰教授商榷"，物流科技，2001年5月15日。
[27] 王春阳："现代物流企业客户关系管理浅论"，中国商贸，2010年11月21日。
[28] 王富华、邱花："对我国物流企业客户满意度的初步研究"，甘肃社会学科，2005年12月30日。
[29] 王永贵：《客户关系管理》，北京交通大学出版社，2007年。
[30] 威廉·G.奇克蒙德、小雷蒙德·迈克里奥德、法耶·W.吉尔伯特：《客户关系管理》，中国人民大学出版社，2010年。
[31] 冼日明：《营销睿智》，企业管理出版社，2002年。
[32] 熊凯、刘全宏：《物流营销》，北京大学出版社，2013年。
[33] 徐华中："论物流服务营销策略组合"，《商业现代化》，第460期，2006年3月。
[34] 许德昌、王谊：《服务营销管理》，西南财经大学出版社，2005年。
[35] 易兵："概述物流服务营销"，企业导报，2010年11月。
[36] 用户2942384083："十大成功营销案例"，http://blog.sina.com.cn/s/blog_5ee927e50100yvm8.html，2011年12月12日。
[37] 张红星、董鸿亮："物流服务促销策略研究"，物流论坛，2007年。
[38] 张文彪："体验式营销拓展移动互联大市场"，互联天地，2013年。
[39] 张月莉、郭晶：《服务营销》，中国财政经济出版社，2002年。
[40] 周正嵩："物流企业服务质量评价模型构建及应用研究"，江苏大学，2012年11月1日。
[41] 朱红灿："国外公共服务渠道策略与进展研究综述"，CPA中国行政管理集萃，2013年11月23日。
[42] 邹艳芬、胡宇辰、陶永进：《运营管理》，复旦大学出版社，2013年。

图书在版编目(CIP)数据

物流服务营销/崔爱平编著. —上海:复旦大学出版社,2016.9
信毅教材大系
ISBN 978-7-309-12341-8

Ⅰ. 物… Ⅱ. 崔… Ⅲ. 物资市场-服务营销-高等学校-教材 Ⅳ. F252.2

中国版本图书馆 CIP 数据核字(2016)第 123928 号

物流服务营销
崔爱平　编著
责任编辑/王雅楠　宋朝阳

复旦大学出版社有限公司出版发行
上海市国权路 579 号　邮编:200433
网址:fupnet@fudanpress.com　　http://www.fudanpress.com
门市零售:86-21-65642857　　团体订购:86-21-65118853
外埠邮购:86-21-65109143
上海浦东北联印刷厂

开本 787×1092　1/16　印张 14.5　字数 310 千
2016 年 9 月第 1 版第 1 次印刷

ISBN 978-7-309-12341-8/F·2276
定价:32.00 元

如有印装质量问题,请向复旦大学出版社有限公司发行部调换。
版权所有　　侵权必究